UNIVERSITY OF NORTH CAROLINA AT CHAPEL HILL
DEPARTMENT OF ROMANCE LANGUAGES

NORTH CAROLINA STUDIES
IN THE ROMANCE LANGUAGES AND LITERATURES

*Distributed by:*

UNIVERSITY OF NORTH CAROLINA PRESS

CHAPEL HILL

North Carolina 27515-2288

U.S.A.

NORTH CAROLINA STUDIES IN THE
ROMANCE LANGUAGES AND LITERATURES
Number 263

# RESONANT THEMES

# RESONANT THEMES

## Literature, History, and the Arts in Nineteenth- and Twentieth-Century Europe

*Essays in Honor of Victor Brombert*

EDITED BY
STIRLING HAIG

CHAPEL HILL

NORTH CAROLINA STUDIES IN THE ROMANCE LANGUAGES AND LITERATURES
U.N.C. DEPARTMENT OF ROMANCE LANGUAGES

1999

**Library of Congress Cataloging-in-Publication Data**

Resonant themes: literature, history, and the arts in nineteenth and twentieth-century Europe: essays in honor of Victor Brombert / edited by Stirling Haig.

p. – cm. – (North Carolina Studies in the Romance Languages & Literatures; no. 263).

English and French.

Includes bibliographical references.

ISBN 0-8078-9267-X

1. European literature – 19th century – History and criticism. 2. European literature – 20th century – History and criticism. 3. European literature – Themes, motives. 4. Literature and history – Europe. 5. Arts, European. I. Brombert, Victor H. II. Haig, Stirling. III. Series.

PN761.R47 1999 99-42035
809.8'994'09034 – dc21 CIP



Cover design: Heidi Perov



ISBN 0-8078-9267-X

DEPÓSITO LEGAL: V. 4.347 - 1999

ARTES GRÁFICAS SOLER, S. L. - LA OLIVERETA, 28 - 46018 VALENCIA

# TABLE OF CONTENTS

# ACKNOWLEDGMENTS

Generous support in aid of the publication of this volume was received from Princeton University (the Edward C. Armstrong Fund and the Center for Excellence in French Studies) and the University of North Carolina at Chapel Hill (the University Faculty Research Fund and the Committee for Scholarly Publications).

# INTRODUCTION

The unifying purpose of the essays gathered here is manifestly the desire to honor the achievements of a renowned teacher-scholar, to weave a garland of homage and respect for one whose writings have profoundly enriched our understanding and appreciation of 19th- and 20th-century European literary culture. But beyond this time-honored and noble gesture – it is indeed the most authentic and sincere expression of collegial esteem – they seek to constitute a dialogue of critical practices unrestricted by boundaries of geography, language, or genre. To that end, they enact the range of approaches that resonate with the eclecticism that Victor Brombert has never shied from advocating. Thus in his introduction to *The Hidden Reader*, Victor Brombert wrote of method that it "should never be a tyrannical prescription, but be a supple way of using available approaches and of testing them in an almost experimental way." He went on to call for a blending of "thematic, structural, and deconstructive approaches." More pointedly, he wrote this:

> Above all, ever since my student days, I have felt an aversion for all critical discourses that forced an arbitrary reading on a text without regard for how that text asked to be read. Even more appalling seemed to me the dogmatic self-assurance of critics more interested in hearing themselves, and each other, than in tuning in to the special music of a work and the unique voice of an author. The lack of humility before a work of art and the refusal to accept the role of attentive interpreter seemed to me something of a heresy – if this word did not also smack of dogmatism and intolerance. Such an attitude, which was nothing but

> a determination to treat the work as a mere pretext for the critic's intellectual prowess, seemed to place the practitioner above, or rather outside, the central purpose of his practice. I kept thinking of musicologists who preferred to discuss musical structure rather than hear music performed, doctors more interested in pathology than in patients, theologians more concerned with doctrine and with excommunicating one another than with faith and the spiritual life. It did not take much imagination to see the link between all perverse excesses of abstraction.

The authors of the present articles might be said to have taken to heart this injunction to attend to the text, to its voice and special music – and particularly to the call to acknowledge the primacy of the text. And eschewing a single method in favor of a happy eclecticism, our contributions range over a variety of critical stances, of periods, of national literatures, and of genres. (Indeed, as indicated in our title, they are not restricted to the literary.) Literary history is represented here, as is narratology, *critique génétique*, the history of ideas and esthetics, *nouvelle critique*, and thematic approaches. Chronologically, the thirteen essays of this volume seek to represent the period most central to Victor Brombert's writings, and thus reach from Romanticism to Modernism and Existentialism. Victor Brombert's love of all that is lyrical – in poetry, and in its inseparable complement, the human voice – finds an echo in studies of texts that were originally written in that rich constellation of modern European languages that he cherishes: English, French, German, Italian, and Russian. Genres abound: poetry (Jean Gaudon, Beth Archer Brombert, and Carol Rigolot), obligatory in the case of a scholar whose earliest writing on modernism dealt with T. S. Eliot and was followed by work on Baudelaire; theater (Georges May), as is appropriate for the lover of amateur theatricals; studies of great narrative works by Mme de Staël, Pushkin, Stendhal, Flaubert, Hugo, Villiers de l'Isle-Adam, Mann, Proust, and Camus (Simone Balayé, Caryl Emerson, Jacques Neefs, Jean-Pierre Richard, Stirling Haig, Albert Sonnenfeld, Gérard Genette, Gerald Prince), for the critic of masterly studies of the novel; and genre boundaries, here ignored as arbitrary, are dissolved in studies that deal with music (Peter Brooks) and painting (Carol Rigolot).

If the range is broad, the essays are not unconnected, for they speak to one another in a variety of pleasing ways: thus the vocal and the lyrical resonate in the essays on Mme de Staël, Musset, Verdi, Villiers, and Mann. And can Pushkin go unmentioned where music is concerned? Or Stendhal? What of Musset's intense interest in Mozart? Swann's *petite phrase*? Esthetics and narrative technique go hand in hand, as the pieces on Proust and Camus demonstrate. Birds and their relationship with the human and with art appear in analyses of Hugo and Saint-John Perse. More ties emerge as we elaborate certain titles. Thus Jacques Neefs' "Les Silences du récit" treats compositional practices in Stendhal's *Vie de Henry Brulard* and Flaubert's "Un Cœur simple" and may be related to Gerald Prince's study of narrative practices in *L'Étranger*; Peter Brooks' "Body and Voice in Melodrama and Opera" is mainly about Verdi's *Don Carlo,* but it reverberates with Jean Gaudon's essay on Musset and Mozart's *Don Giovanni* and with the musical obsessions of the Mann protagonists discussed by Albert Sonnenfeld. Jean-Pierre Richard's "Scènes d'oiseaux" treats Hugo's bird scenes in *Les Travailleurs de la mer* and is complemented by Carol Rigolot's analysis of birds and bird imagery in Audubon, Braque, and Saint-John Perse. Gérard Genette's essay, "Combray-Venise-Combray," which deals with "l'esthétique combracienne," may be linked with Neefs' genetic study, in that "Combray," long celebrated as the symphonic overture of the *Recherche*, may also be conceived as an *avant-texte* in the formation of esthetic principles over the whole of the Proustian œuvre.

Yet a dozen (a baker's dozen) essays cannot hope always to strike the same note; nor can they do adequate homage to the breadth of Victor Brombert's scholarly contributions. Readers familiar with his bibliography will easily spot the omissions – Balzac, Baudelaire, Sartre, to name a few. Still, we are pleased and proud to offer this wreath to a man whose great books on Flaubert continue to be cited more than 30 years after their publication, whose stature as the leading Stendhal scholar of the United States is secure, and whose centenary book on Hugo was hailed as simultaneously learned and enjoyable – the very hallmarks of Victor Brombert's humane and cultured approach to literary criticism.

# SELECTED BIBLIOGRAPHY OF VICTOR BROMBERT

## Books

*The Criticism of T. S. Eliot* (1949)
*Stendhal et la voie oblique* (1954)
*The Intellectual Hero: Studies in the French Novel, 1880-1955* (1961)
*The Novels of Flaubert* (1966)
*Stendhal: Fiction and the Themes of Freedom* (1968)
*Flaubert par lui-même* (1971)
*La Prison romantique* (1976)
*The Romantic Prison: The French Tradition* (1978)
*Victor Hugo and the Visionary Novel* (1984)
French version: *Victor Hugo et le roman visionnaire* (1985)
*The Hidden Reader: Stendhal, Balzac, Hugo, Baudelaire, Flaubert* (1988)
*In Praise of Antiheroes: Figures and Themes in Modern European Literature, 1830-1980* (1999)

## Editor

*Stendhal: A Collection of Critical Essays* (1962)
Balzac, *La Peau de chagrin* (1962)
*The Hero in Literature* (1969)
Flaubert, *Madame Bovary* (1986)

## Contributions to Other Volumes

*Ideas in Drama*, John T. Gassner, ed. (1964); *The World of Lawrence Durrell*, Harry T. Moore, ed. (1962); *Romanticism*, David Thornburg and Geoffrey Hartman, eds. (1973); *Die Romanische Novella*, Wolfgang Eitel, ed. (1977); *The Author and His Work*, Louis Martz and Aubrey Williams, eds. (1978); *Essais sur Flaubert*, Charles Carlut, ed. (1979); *Writers and Politics*, Edith Kurzweil and William Phillips, eds. (1983); *Flaubert and Postmodernism*, Naomi Schor and Henry F. Majewski, eds. (1984); *Writing in a Modern Temper*, Mary Ann Caws, ed. (1984); *Hugo le fabuleux*, Jacques Seebacher and Anne Ubersfeld, eds. (1985); *Nineteenth-Century Literary Criticism* (1985); *Charles Baudelaire*, Harold Bloom, ed. (1987); *Albert Camus*, Harold Bloom, ed. (1989); *André Malraux*, Harold Bloom, ed. (1989); *A New History of French Literature*, Denis Hollier, ed. (1989); *Nineteenth-Century French Poetry*, Christopher Prendergast, ed. (1989); *Dilemmes du roman*, Catherine Lafarge, ed. (1989); *Literature, Culture, and Society in the Modern Age* (1991); *Literary Generations*, Alain Toumayan, ed. (1992); *Dix Etudes sur Baudelaire*, Martine Bercot and André Guyaux, eds. (1993); *Studi in Onore di Mario Matucci* (1993); *George Sand et son temps* (1994); *Pratiques d'écriture* (1996).

## Author of Articles on

Pascal, Balzac, Hugo, Baudelaire, Malraux, Sartre, Camus, Büchner, Gogol, Dostoevsky, Italo Svevo, Max Frisch, Primo Levi; contributor to *Partisan Review*, *The Hudson Review*, *The Romanic Review*, *Revue des Sciences Humaines*, *PMLA*, *New Literary History*, *American Scholar*, *The New Republic*, *L'Arc*, *Critique*, *Times Literary Supplement*, *2Plus2*, *Yale French Studies*, *Rivista di Letterature Moderne e Comparate*, *Raritan*, *The Yale Review*, *Revue d'Histoire Littéraire de la France*, *Ontario Review*, *Revue de Littérature Comparée*.

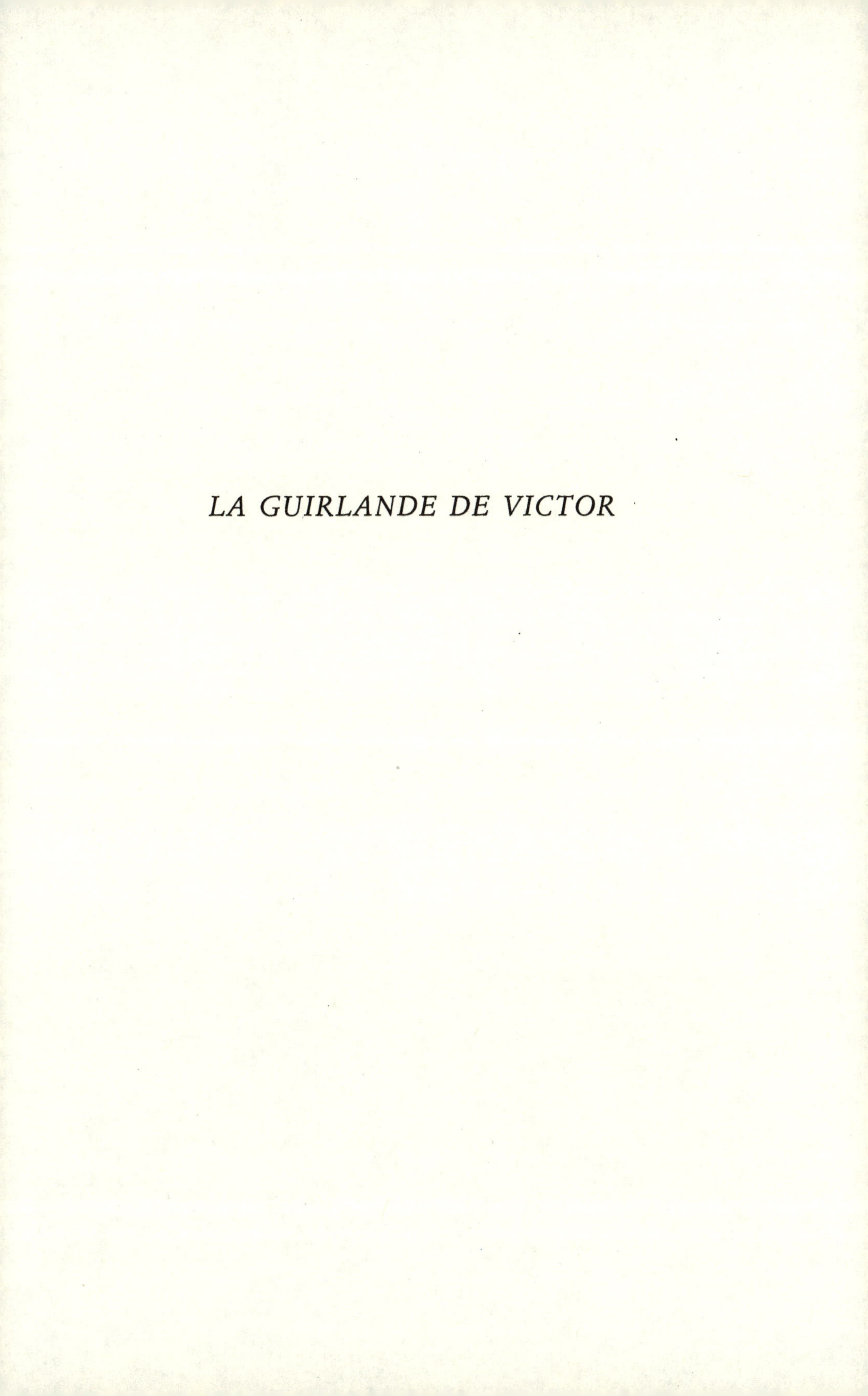

*LA GUIRLANDE DE VICTOR*

# L'IMPROVISATION DE CORINNE AU CAPITOLE: LES STROPHES SUR LES POÈTES ITALIENS. MANUSCRITS INÉDITS DE MADAME DE STAËL

*par Simone Balayé*

L'Italie tient dans l'œuvre de Mme de Staël une place considérable dont *Corinne* est l'expression épanouie. Elle ne s'y intéressa pourtant guère avant son voyage de 1805 au cours duquel elle se documenta pour le roman qu'elle projetait depuis son voyage en Allemagne dans l'hiver de 1803-1804. Elle en savait tout de même assez à travers les beaux-arts et la littérature pour que se produisît une cristallisation, favorisée par ses rencontres avec des Allemands, voyageurs et collectionneurs, amateurs de l'Italie, dont le plus célèbre est Goethe [1]. C'est alors que s'imposa non seulement le thème de son nouveau roman mais encore l'idée de le situer en Italie: un lord écossais, intelligent mais très attaché aux traditions et à la société de son pays, rencontre une poétesse célèbre qu'il abandonnera pour une femme plus conforme à la vie sociale de son pays. Ce thème est cher à Mme de Staël qui connaissait bien elle-même la difficulté des êtres hors du commun à vivre dans la société et l'avait déjà traité sous un autre angle dans *Delphine*. A Weimar, elle s'y trouva confrontée de manière tout à fait inattendue en assistant à la représentation d'une comédie féerique, *Das Donauweibchen*: un chevalier abandonne une ondine immortelle et sans âme pour une simple femme, humaine comme lui. Elle fit aussitôt un plan de roman, dont l'héroïne serait, plus encore que Delphine dans le roman précédent, une femme exceptionnelle vouée elle aussi à l'exclusion sociale et au malheur. On peut dire que dès son séjour à Weimar, l'Italie partout présente apparut à Mme de Staël comme le

---

[1] Voir Simone Balayé, *Les Carnets de voyage de Madame de Staël: contribution à la genèse de ses œuvres*. Genève: Droz, 1971.

pays idéal où situer cette intrigue encore vague dont l'héroïne, demi-anglaise demi-italienne, deviendra au fil du temps un poète italien célèbre, doublé d'une improvisatrice[2].

C'est dire combien importante fut la décision soudainement prise en Allemagne, suivie de la révélation de l'Italie. Mme de Staël, qui venait se documenter, fut saisie par la beauté de ses paysages, la grandeur des souvenirs antiques. Mais, pour le présent, elle vit aussi un pays conquis, divisé, un peuple amoindri dont elle pressentit pourtant l'avenir comme on ne l'avait pas fait avant elle et comme elle n'y avait pas songé dans *De la littérature*. C'est pourquoi *Corinne* est un roman aux multiples facettes et l'un des plus importants parmi ceux que leurs auteurs ont situés dans ce pays de tous les rêves.

Dans les carnets de voyage de Mme de Staël, on voit qu'elle avait d'abord songé à faire de Corinne une poétesse, qui aurait récité des œuvres de grands poètes comme le faisait Monti qu'elle admirait et qui l'aida à s'initier à la littérature italienne[3]. Mais elle ne pensa pas tout d'abord à donner à Corinne le don d'improviser, ce d'autant plus que Monti méprisait les improvisateurs[4] et qu'elle-même ne les découvrit pas tout de suite. Dans *De la littérature*, elle avait même condamné ce genre[5], à un moment, il est vrai où elle connaissait encore mal la littérature italienne. Enfin, elle décida, à la suite de rencontres diverses, de faire à Corinne ce don supplémentaire, exalté par le génie[6]. Mme de Staël le définit dans une conversation de Corinne d'une manière qui vaut d'être rappelée précisément ici:

---

[2] Balayé 93 et ss.

[3] *Correspondance générale*, éd. Béatrice Jasinski. Le tome V, 2° (Paris: Hachette, 1985) contient de nombreuses lettres de Mme de Staël à lui qui le montrent bien. Voir aussi Balayé 113; dans les notes de voyage, on voit aussi Mme de Staël projetant de faire lire par Corinne un poème de Filicaia (217) et des vers de Properce (215).

[4] Geneviève Gennari, *Le Premier Voyage de Madame de Staël en Italie et la genèse de Corinne*. Paris: Boivin, 1947.

[5] *De la littérature*, éd. Axel Blaeschke. Paris: Classiques Garnier, 1988: 171.

[6] Elle rencontra notamment la signora Mazzei à Florence; elle la trouva "tout à fait extraordinaire. Elle improvise sans chanter, sans s'arrêter une minute ..." (Lettre à Souza, 15 mai 1805) *Corr. gén.* V, 2° 558-59. Geneviève Gennari (142) montre bien aussi en quoi le souvenir d'une autre inspiratrice, Maria Maddalena Morelli (Corilla Olimpica) qu'avait bien connu Bonstetten, vieil ami de Mme de Staël, put inspirer celle-ci. Elle était morte à Florence en 1800 et le général Miollis lui fit rendre "les honneurs poético-militaires à l'Accademia fiorentina". Elle rencontra aussi des improvisateurs ridicules et en met un en scène lors du voyage de retour en Italie accompli par Oswald et son épouse.

> Quelquefois l'intérêt passionné que m'inspire un entretien où l'on a parlé des grandes et nobles questions qui concernent l'existence morale de l'homme, sa destinée, son but, ses devoirs, ses affections; quelquefois cet intérêt m'élève au-dessus de mes forces, me fait découvrir dans la nature, dans mon propre cœur, des vérités audacieuses, des expressions pleines de vie que la réflexion solitaire n'aurait pas fait naître. Je crois éprouver alors un enthousiasme surnaturel, et je sens bien que ce qui parle en moi vaut mieux que moi-même; souvent il m'arrive de quitter le rythme de la poésie et d'exprimer ma pensée en prose; quelquefois je cite les plus beaux vers des diverses langues qui me sont connues. Ils sont à moi, ces vers divins dont mon âme s'est pénétrée. Quelquefois aussi j'achève sur ma lyre, par des accords, par des airs simples et nationaux les sentiments et les pensées qui échappent à mes paroles. Enfin je me sens poète, non pas seulement quand un heureux choix de rimes ou de syllabes harmonieuses, quand une heureuse réunion d'images éblouit les auditeurs, mais quand mon âme s'élève, quand elle dédaigne de plus haut l'égoïsme et la bassesse, enfin quand une belle action me serait plus facile: c'est alors que mes vers sont meilleurs. Je suis poète lorsque j'admire, lorsque je méprise, lorsque je hais, non par des sentiments personnels, non pour ma propre cause, mais pour la dignité de l'espèce humaine et la gloire du monde[7].

Ce passage est typique de la grandeur et du rayonnement de la poétesse inspirée, typique aussi de Mme de Staël elle-même dans ses plus grands moments d'enthousiasme.

Le roman s'ouvre en Ecosse sur la mélancolie d'Oswald en deuil de son père. Il part pour l'Italie. Il va rencontrer Corinne, non pas dans un palais romain, mais dans une foule en liesse qui l'acclame lors de son couronnement au Capitole. Pour elle, on a repris la tradition des triomphes faits aux poètes anciens[8]. Oswald, surpris, voit une jeune femme très belle, à la contenance modeste et imposante, vêtue de blanc, assise sur un char triomphal traîné par des chevaux blancs. Le cortège va jusqu'au Capitole où elle va recevoir la couronne de laurier des poètes. Suivant l'usage, l'assistance demande à Corinne d'improviser un poème et lui donne comme sujet la gloire et le bonheur de l'Italie. L'épisode s'inscrit dans la trame du roman: après un début grandiose, qui célèbre les beautés de son pays

---

[7] *Corinne* (III,3), éd. S. Balayé. Paris: Gallimard (Folio), 1985: 84-85.
[8] Gennari 140-41.

d'adoption, Corinne, qui est anglaise et italienne par ses origines, à qui l'Italie a apporté la gloire et un certain bonheur, découvre dans l'assistance Lord Nelvil en deuil: elle infléchit aussitôt la suite de l'improvisation vers la mélancolie particulière aux peuples du Midi qui ont aussi leur part de peine et de tragédie, afin de lui montrer que ce pays si joyeux possède aussi un pouvoir consolateur. C'est dans la première partie du poème où se mêlent la beauté des œuvres et le tragique de certaines existences, que se situent les treize strophes consacrées aux plus grands poètes anciens de l'Italie.

On a déjà étudié ce qui se dit de la littérature italienne dans *Corinne*, mais de manière encore insuffisante à l'exception de trop rares travaux dont le plus accompli est la thèse tout à fait remarquable de Christine Pouzoulet sur Dante comme figure de poète national, de Fauriel à Quinet en passant par Mme de Staël et ses amis [9]. A cette lecture, on peut voir que Mme de Staël a eu des intuitions étonnantes qu'elle exprime à travers le personnage central de son roman, poète national fictif qui appelle au renouveau de l'Italie politique, artistique, littéraire: Corinne devient l'héritière de Dante, des poètes et des penseurs qui lui ont succédé jusqu'aux temps modernes. Suivant une idée que Mme de Staël exprimait déjà dans l'*Essai sur les fictions* en 1795, la forme fictionnelle intéresse le lecteur aux idées évoquées; elle ne l'effraie pas comme le ferait un traité savant. Ainsi, au cours du roman, crée-t-elle des occasions de parler de la littérature ancienne et moderne sans jamais oublier que ce sont ses personnages qui s'expriment dans leurs conversations et se répartissent les idées pour et contre, de même que pour les beaux-arts, la religion ou la politique. L'analyse de Christine Pouzoulet lui a permis de replacer les paroles du roman dans un grand courant d'idées qui montre l'ampleur de la pensée de Mme de Staël. Il resterait à en examiner la fonction dans le roman, en étudiant les opinions exprimées par les personnages, ce qui les oppose ou les accorde dans le cadre de l'intrigue.

[9] "La Construction du modèle de Dante comme poète national de l'Italie romantique: de Madame de Staël à Quinet, l'exemple de Claude Fauriel (1772-1844) et du réseau de ses relations" (thèse soutenue à l'Université de Paris III en 1996). Il faut aussi se reporter à une étude du même auteur intitulée "Pour une renaissance politique et littéraire de l'Italie: enjeux du modèle de Dante chez Madame de Staël et Sismondi". *Le Groupe de Coppet et l'Europe 1789-1830, Actes du Ve Colloque de Coppet 1993.* Paris: J. Touzot, 1994: 291-307.

Mme de Staël parlait déjà des écrivains italiens en 1800 dans *De la littérature*, mais elle les connaissait encore peu comme la plupart des lecteurs français d'alors qui jugeaient la littérature italienne plutôt démodée et ignoraient à peu près tout des modernes. Elle cite Pétrarque, lui aussi couronné au Capitole, comme "le premier poète qu'ait eu l'Italie" [10], l'Arioste, "peut-être le plus grand" [11] et le Tasse [12]. Dante paraît à peine. Pour Mme de Staël, toute à son sujet de 1800, croyant à la perfectibilité et voulant la prouver dans le domaine qu'elle traite, ni les institutions ni l'état politique et religieux de l'Italie ne favorisent les progrès de cette littérature. La philosophie ne s'est pas suffisamment développée; l'absence de la mélancolie ôte un puissant soutien à la pensée et à la poésie elle-même embellie par une langue trop éclatante qui, en favorisant la musique du style, endort les idées [13]. C'est tout cela qui va changer grâce à une meilleure information.

Après *De la littérature* et parallèlement à son initiation à la littérature allemande, Mme de Staël se penche sur les lettres italiennes tout en travaillant à *Delphine* publiée en décembre 1802. Puisqu'elle commence *Corinne* dans l'été de 1805, date de la première version de la cérémonie au Capitole, on voit le travail considérable qu'elle a accompli pendant ces années et qu'elle continue en 1806 pour mieux connaître entre autres les grands écrivains italiens. Pour ce faire, Mme de Staël ne manque pas d'amis connaisseurs de l'Italie, dont Wilhelm August Schlegel, Wilhelm von Humboldt, Fauriel, Sismondi, Bonstetten. Enfin, elle découvre avec admiration l'œuvre de Vincenzo Monti, le plus grand poète italien vivant et son principal initiateur [14] (Alfieri est mort en 1803, date qu'elle choisit pour la mort de Corinne); il suscite son enthousiasme pour Dante en lui déclamant des épisodes de *L'Enfer* lors de son passage à Milan en janvier 1805 [15], enthousiasme qui ne se dé-

---

[10] *De la littérature* 1: 169. Voir aussi Pouzoulet 831-33; 1155.

[11] *De la littérature* 1: 169.

[12] *De la littérature* 1: 171 et ss.

[13] *De la littérature* 1: 1155-57.

[14] On peut voir dans le manuscrit A: "Il faut lire tous les titres de la gloire littéraire et scientifique de l'Italie dans un ouvrage de Monti; il est lui-même, Monti, par ses rares talents l'un de ses titres les plus brillants". Ce passage est barré dès le manuscrit B.

[15] Elle cite elle-même dans une note de *Corinne* les épisodes d'Ugolin et de Francesca da Rimini auxquels elle ajoute la mort de Clorinde dans *La Jérusalem délivrée*.

mentira plus [16]. C'est par là que Monti sera si important pour Mme de Staël, celui qui aura suscité chez elle, au-delà de la connaissance, l'amour des poètes italiens.

Or, en 1807, le roman souligne avec force les entraves politiques et religieuses, parmi d'autres, apportées à l'épanouissement du génie italien; Mme de Staël constate qu'il peut accéder par ses voies propres à la méditation philosophique des Anglais et des Allemands et qu'il possède sa forme particulière de mélancolie; c'est ce qu'exprime la deuxième partie de l'improvisation du Capitole. Par rapport à sa hiérarchie un peu trop systématique de la perfectibilité en 1800, elle reconnaît à la littérature italienne, désormais mieux connue d'elle, une place de premier plan.

Dès la première rédaction de son roman, elle en sait suffisamment pour considérer Dante comme le plus grand de tous les poètes italiens, honteusement ignoré en France. L'improvisation de Corinne contient l'éloge lyrique du poète de *L'Enfer*, du *Purgatoire* et du *Paradis*. Dans la version définitive, neuf strophes lui sont consacrées, une seulement au Tasse, une à l'Arioste, deux à Pétrarque (contre une dans la deuxième version). On mesure l'évolution des connaissances de Mme de Staël. Schlegel, dans son compte rendu de *Corinne*, louera l'auteur d'être la première en France à signaler "d'une manière aussi profonde qu'inimitable" la grandeur de Dante [17].

Pour elle, Dante est "l'Homère des temps modernes", comme elle l'appelle à partir de la deuxième version de l'improvisation [18]. Mme de Staël retrouve la naïveté d'Homère chez Dante, poète d'"une nouvelle enfance de la civilisation". L'Homère des temps modernes aussi "de par sa position fondatrice dans la description non plus du monde naturel, mais du monde surnaturel, de l'au-delà chrétien propre aux Modernes". Il est le poète de la lumière divine, celui qui fait sortir le monde de son obscurité. Sans prédécesseur et sans modèle littéraire, il est le poète primitif, le poète naïf à la manière des anciens, idée souvent reprise ensuite. Dans son utilisation de la doctrine de la perfectibilité adaptée à la littérature, Mme de

---

[16] Lettre à Monti, 23 juin 1805. *Correspondance* V, 2°, 606: "J'étudie le Dante avec ardeur".

[17] "Une étude critique de Corinne", traduite par Axel Blaeschke et Jacques Arnaud. *Cahiers Staëliens* 16 (1973): 64.

[18] Pouzoulet 657-60, dont je m'inspire pour ce qui suit.

Staël utilise Dante pour démontrer la valeur du Moyen Age dans lequel elle refuse de voir un temps d'obscurantisme [19], puisque le savoir et le goût de ce temps ont pu produire un si grand poète.

Dans *Corinne*, moins attachée sans doute à la perfectibilité trop systématique de *De la littérature*, plus proche du réel italien, Mme de Staël fait comprendre comment Dante est l'incarnation de l'Italie et comment Corinne, personnage fictif, est devenue son héritière. Dante annonce la régénération de l'Italie dégradée [20], comme Corinne la prédit des siècles plus tard. Il est poète mais aussi homme politique et guerrier; en lui, se joignent le génie de l'homme d'action et de l'écrivain, symbole et guide d'une nation. Corinne, comme femme, ne peut jouer ce double rôle; du moins elle exerce son droit d'écrivain sur le plan littéraire et sur le plan politique. Le poète d'autrefois et la poétesse contemporaine ont tous deux conscience de la grandeur ancienne de l'Italie et de son destin. Ainsi, Corinne présage et appelle le Risorgimento [21] et le romantisme italien. [22]

Dans l'improvisation, Mme de Staël retient trois autres poètes, Pétrarque, l'Arioste, le Tasse. Pétrarque est pour elle, comme le Dante, le poète de l'indépendance italienne, le patriote [23] et le savant érudit. Un peu négligé dans la version A de l'improvisation, il tient une place beaucoup plus importante à partir de la version B; curieusement, elle écarte le poète de l'amour parce qu'elle trouve trop de maniérisme dans le *Canzoniere* [24]. C'est pourtant à ces poèmes qu'elle emprunte l'épigraphe de *Corinne*: "udrallo il bel paese, /Ch'Apennin parte, e'l mare circonda e l'Alpe" [25]. De l'Arioste, elle aime la gaieté, le brillant. Il est le poète heureux de la joie et du bonheur, "l'arc-en-ciel" après les guerres, "le sourire de la nature".

Enfin le Tasse, pour lequel elle eut toute sa vie une grande prédilection, n'occupe pas dans l'improvisation la part qu'on pourrait imaginer. Elle songea un moment à faire composer par son héroïne

---

19 Pouzoulet 673-74; *De la littérature* 1: 146-47.

20 Pouzoulet 905.

21 Pouzoulet 1017, 1112.

22 Ce que confirmeront les écrits de Mme de Staël en 1815-1816 publiés en traduction dans la *Biblioteca italiana*.

23 Pouzoulet 1125.

24 *De la littérature* 1: 169. Par exemple, elle trouvait alors trop affecté le sonnet sur la mort de sa mère.

25 Sonnet CXLVI.

un poème sur la mort du poète et son couronnement[26], que Corinne rappellera dans l'improvisation au Capitole; dans l'œuvre staëlienne, le Tasse apparaît, malheureux, génial et fou, héros romantique par excellence, symbole de l'écrivain persécuté par l'homme d'état.[27] C'est ainsi qu'on le retrouve dans la belle analyse de la pièce de Goethe, *Torquato Tasso*, où elle dit notamment: "Le Tasse, brave comme ses chevaliers, amoureux, aimé, persécuté, couronné et jeune encore mourant de douleur à la veille de son triomphe, est un superbe exemple de toutes les splendeurs et de tous les revers d'un beau talent".[28]

Dans ce roman du génie malheureux, la préférence de Mme de Staël va aux deux grandes figures tragiques, Dante et le Tasse, qui sont tous deux des mises en abyme de Corinne elle-même. Elle considère que la première place appartient à Dante, parce qu'il a su créer le monde poétique le plus puissant dans le langage le plus saisissant, d'où le plus grand nombre de strophes à lui consacrées. De plus, même si la vie tragique du Tasse, son amour sans espoir pour une princesse ne sont pas sans évoquer la femme de génie qui lui succède au Capitole, l'exil de Dante et sa mort loin de sa patrie symbolisent mieux encore la vie de Corinne. Il représente aussi, de manière moins visible, Mme de Staël, elle-même persécutée par la politique et condamnée, comme lui, à un exil sans fin.

En connaissant mieux Dante, Mme de Staël découvre chez lui une imagination plus grande encore que celle du Tasse. Le premier, il a su créer avec un lyrisme tout-puissant, un monde poétique enté sur le christianisme, appuyé sur le savoir de son temps, mettant en scène des forces politiques qui s'opposent avec violence et dont il est la victime. La vie du Tasse met en scène le génie poétique et le génie politique, l'homme d'état qui brise l'écrivain dont le malheur est un sujet central dans l'œuvre de Mme de Staël. Le duc de Ferrare avait enfermé le Tasse dans la maison des fous. Les Florentins avaient chassé Dante et l'avaient laissé mourir loin de sa patrie. L'empereur des Français avait exilé l'un des plus grands écrivains de son règne. Corinne, écrasée par la société anglaise, est retournée

---

[26] Balayé 206.

[27] Voir sur ce thème favori de Mme de Staël, Simone Balayé, "Les rapports de l'écrivain et du pouvoir, Madame de Staël et Napoléon". *Madame de Staël: écrire, lutter, vivre*. Genève: Droz, 1994.

[28] *De l'Allemagne* 3: 55-64.

à sa vraie patrie. Mais le poète génial est vaincu par son amour pour un émissaire de la société qui lui avait interdit l'éclat de la gloire et voulait la réduire aux vertus privées, justement la vie que Mme de Staël refuse. En somme, la vie publique et privée des écrivains de génie est vouée au malheur, c'est ce que dit le roman, c'est ce que résument les strophes sur les poètes anciens de l'Italie dans une remarquable mise en abyme. L'Italie, cadre tragique pour les deux poètes anciens, devient un paradis perdu pour leur descendante comme pour eux. L'amour de cette créature de soleil pour un émissaire de la froide société nordique la transforme en victime même du pays merveilleux qu'elle avait déserté. Elle perd jusqu'à son talent; elle n'est plus rien et n'a plus qu'à mourir.

## L'ÉTABLISSEMENT DES TEXTES

On peut supposer que *Corinne* connut quatre versions; il reste très peu de choses de la première, si peu que, dans l'édition critique, on ne la fait pas entrer dans la numérotation des manuscrits subsistants (A, B, C) [29] qui se trouvent dans une collection particulière. La vraie première version n'existe pas pour l'improvisation du Capitole, mais la version A diffère considérablement de la version B, copie abondamment corrigée par l'auteur et proche de la version C, elle-même presque conforme à la publication, au moins pour le passage qui nous intéresse ici.

Le texte du manuscrit A présente une caractéristique curieuse: il est écrit d'un seul tenant; il possède un certain élan poétique rompu par quelques passages qui seront supprimés en B. C'est dans le manuscrit B qu'apparaissent les strophes avec des numéros qui seront supprimés dans le mansucrit C où elles sont plus nombreuses. C'est donc dans le deuxième manuscrit qu'apparaît une forme plus poétique qui se présente comme si elle était la traduction en prose des vers que Corinne a improvisés en italien, traduction toute fictive bien entendu. Il en est de même de l'improvisation du cap Misène et du dernier poème de Corinne. Dans les trois cas, le style diffère du reste du roman de façon quasi indéfinissable mais sensible, effet évidemment voulu par l'auteur.

---

[29] L'édition critique est en cours sous la direction de Lucia Omacini avec la collaboration de Simone Balayé.

Ces remarques m'ont conduite à publier ici les deux premières versions des strophes concernant lès poètes qui enrichissent, la première surtout, la connaissance que nous avons des idées de Mme de Staël sur les grands poètes italiens et leur expression. L'orthographe de Mme de Staël a été modernisée; on a ajouté une ponctuation, l'auteur n'en mettant pour ainsi dire pas, et on n'a gardé, de toutes les ratures assez nombreuses, que les plus significatives, celles qui montrent le mieux l'évolution du style et de la pensée.

## Manuscrit A

Pourquoi suis-je ici? Pourquoi mon humble front va-t-il être décoré du laurier que Pétrarque a reçu et qui fut suspendu sur le cyprès du Tasse?[30] C'est que vous voulez encourager le talent, c'est que vous l'aimez avec passion avec jalousie. Il fut persécuté parmi vous non par les passions viles mais par les passions violentes qui honorent au moins ce qu'elles haïssent. Oui, j'accuse les Florentins d'avoir exilé le Dante. L'imagination, le caractère italien ne peuvent être jugés que dans ses vers. C'est lui qui a pressenti ce que nous pourrions être; c'est lui seul qui a trempé dans le Styx le génie de l'Italie, et l'on sent en le lisant une âme profonde comme les abîmes dans lesquels il s'est plongé. Le Dante avoit vécu dans le siècle des républiques et de la liberté italienne[31]. Il avoit fait la guerre, il souffrit les calamités qu'entraîne l'énergie du caractère, et son poème tout idéal est cependant empreint de cette force de sentiments qui ne s'acquiert qu'au milieu des combats réels de la destinée humaine. L'imagination du poète, qui n'a point ressenti les passions profondes de l'homme, ne peut créer que des héros dessinés[32] en rêvant, mais les ombres du Dante ont une vie plus forte que celle des vivants. Tous les souvenirs de la terre les poursuivent encore[33]. Ils regrettent l'existence, ils s'agitent dans le feu comme dans le vide. On dirait que le Dante, banni de sa patrie, a transporté dans un monde chimérique[34] les peines qui le dévoraient. Ses ombres demandent des nouvelles de l'existence comme le Dante lui-même[35] s'informe de ce

---

30 Le passage qui suit jusqu'à "rêvant" est supprimé en B.

31 On pensera à l'*Histoire des républiques italiennes au Moyen Age* que Sismondi commence à publier précisément en 1807.

32 par les nuages *rayé*.

33 A partir d'ici rayé en B jusqu'à "un caractère" ou très résumé. On notera que figure dans cette rature la masse accablante des écrits imprimés quelques lignes plus bas.

34 Ces trois mots sont supprimés en B.

35 même [demande des nouvelles de l'exil *rayé en B*].

qui se passe à Florence et l'enfer s'offre à lui sous les couleurs de l'exil. Les ombres antiques qu'il appelle pour accroître le cercle de ses illustres malheureux, semblent toutes revêtues du costume florentin. C'est son défaut, c'est aussi sa force que cette puissance de ses sentiments personnels qui se réfléchit de mille manières dans sa poésie. Il avait lu peu de livres: l'imprimerie n'était pas découverte de son temps. Il n'avait pas connu le malheur d'être accablé par ces armées de phrases et d'idées que tant d'écrits divers ont amassées depuis des siècles autour de nous et qui laissent à peine le moyen de se tracer une route à soi parmi tant de routes battues. Rien n'est prolongé, rien n'est développé dans les vers du Dante; ils peignent tout ce qu'ils expriment. On n'y voit jamais la pensée séparée du tableau qui la représente et, quand le sentiment s'unit à ses peintures, je ne sais quelle émotion profonde s'empare de l'âme en lisant. Ce n'est pas le poète qui a cherché à nous émouvoir, ce n'est pas lui qui a pensé à l'effet qu'il produirait sur nous, mais il nous révèle tout à coup son âme longtemps comprimée; il la révèle par je ne sais quel mot imprévu quoique naturel, par je ne sais quelle circonstance simple et cependant mystérieuse qui semble contenir le secret de tout un caractère. Le Dante espérait que son poème le ferait rentrer dans sa patrie[36]. Il montre souvent dans ses vers ce noble orgueil du talent qui, dans le silence de la retraite, entend le bruit de la gloire et se croit certain à l'avance d'avoir la renommée pour médiateur, mais il mourut trop tôt pour jouir de l'effet prodigieux de son ouvrage. A peine put-il prévoir les immortels succès qui se préparaient pour son nom. Une cité[37] sur les bords de la mer a recueilli ses cendres et une ingrate patrie a suspendu son image dans ses temples. Ainsi la vie passagère de l'homme s'use dans les combats contre l'envie et quand la gloire a triomphé, quand on aborde enfin sur une plage plus heureuse, le tombeau s'ouvre derrière le port et, vers le déclin de la vie, le retour du bonheur est presque toujours le signal de la mort[38]. Au Dante succéda Pétrarque, le poète de cet amour qu'exprime notre beau ciel, puis l'Arioste, le plus parfait modèle de cette brillante gaieté inspirée par nos beaux jours et qui surpasse encore leur éclat, de cette gaieté qui n'a rien d'offensant ni d'hostile, puisqu'elle n'est point excitée par les ridicules ni les inconvenances sociales, mais qui ressemble à la sérénité du ciel quand les nuages sont passés, à l'arc-en-ciel bigarré dans ses couleurs mais harmonieux dans son expression, à l'arc-en-ciel message aimable du retour du beau temps; c'est le sourire de la nature

[36] Depuis "il monte" jusqu'à "signal de la mort" correspond à peu près à la strophe 12 de B.

[37] Ici, note de Mme de Staël: "Ravenne".

[38] Depuis "Au Dante" jusqu'à "persiflage social" correspond à peu près à la strophe 16 de B.

et non l'ironie de l'homme; c'est la gaieté poétique et non le persiflage social[39]. Vient ensuite le Tasse moins heureux que l'Arioste, beau, sensible, chevaleresque comme son poème, capable d'amour, digne de l'inspirer, soupçonné de folie par ses contemporains, tant il est vrai que le génie est constamment en désaccord avec la vie commune. Il languit dans une indigne prison; il put à peine trouver un asile dans cette Italie dont il devoit être la gloire, et ce fut au dépens de tout son bonheur qu'il posséda le talent d'attendrir et d'émouvoir. Ce talent ne se pend pas comme une lyre qui cesse de résonner quand les doigts ne l'agitent plus; cet instrument divin, c'est le cœur dont les battements répondent pour toutes les impressions de la vie et qui n'alimente le talent que par le sacrifice du bonheur. Oh! Qu'il dut souffrir, ce Tasse quand il se vit sans secours, sans amis et, pensoit-il aussi, sans gloire. Que n'entendait-il la voix des siècles qui honore son nom et proscrit ses persécuteurs. Il faut choisir entre le présent et l'avenir: l'auréole immortelle ne se place que sur les tombeaux. Romains, c'est vous qui l'avez consolé. Il devait recevoir ici même la couronne qui l'aurait dédommagé de ses longues peines et, la veille de ce jour, la mort l'a réclamé pour sa terrible fête[40], inconcevable mystère de notre destinée: les élus parmi les mortels semblent destinés à souffrir et le bonheur n'est jeté qu'à des âmes passagères qui n'ont en elles aucune étincelle divine. Le ciel est jaloux de la terre et ne veut point que ses favoris soient heureux sur les rives trompeuses de la vie.

## Manuscrit B

### 5

Pourquoi suis-je au Capitole? Pourquoi mon humble front va-t-il[41] recevoir la couronne que Pétrarque a portée et qui reste suspendue au cyprès funèbre du Tasse? Pourquoi, si vous n'aimiez assez la gloire, ô mes concitoyens, pour récompenser son culte autant que ses succès.

---

[39] Depuis "Vient" jusqu'à "sur les tombeaux" correspond à peu près à la strophe 14 de B. Il y a interversion entre la strophe sur le Tasse et celle sur l'Arioste. Pétrarque est développé en B.

[40] fête [où tous les projets humains sont déjoués *rayé en B*].

[41] va-t-il [être décoré] [porter] *rayé en B*.

6

Hé bien [42], si vous l'aimez cette gloire des talents [43] qui choisit trop souvent ses victimes parmi ses vainqueurs [44], pensez avec orgueil à ces siècles [45] qui virent recommencer votre splendeur [46]. Le Dante, l'Homère des temps modernes, poète [47] sacré de nos mystères religieux, héros de la pensée, plongea son génie dans le Styx pour aborder à l'enfer et son âme fut profonde comme les abîmes qu'il a décrits.

7

L'Italie aux jours de sa puissance revit tout entière dans le Dante animé par l'esprit des républiques. Guerrier autant que poète, il souffle la flamme des actions [48] parmi les morts et ses ombres ont une vie plus forte que les vivants d'ici-bas.

8

Les souvenirs de la terre les poursuivent encore, elles s'agitent dans le feu comme dans le vide, leurs passions sans but s'acharnent sur leur cœur [49]; on diroit que le Dante, banni de son pays, a transporté dans les régions imaginaires les peines qui le dévoraient. Ses ombres demandent sans cesse des nouvelles de l'existence comme le poète lui-même s'informe de sa patrie et l'enfer s'offre à lui sous les couleurs de l'exil.

9

De l'enfer au purgatoire du purgatoire au paradis [50], tout à ses yeux se revêt du costume de Florence. Les morts antiques qu'il évoque semblent

---

[42] Depuis "Hé bien" jusqu'à "splendeur" ajouté en B.

[43] Ces deux mots sont rayés en C.

[44] En C: "les vainqueurs qu'elle a couronnés".

[45] En C: "ces siècles du Moyen Age".

[46] En C: "virent la renaissance des arts".

[47] En C: "poète du christianisme".

[48] dans un monde imaginaire *rayé en B*.

[49] Ceci a été corrigé en C: "encore leurs passions sans but s'acharnent à leur cœur sur le passé qui semble encore [plus mobile que leur immobile avenir *rayé*] moins irrévocable que leur éternel avenir". La suite constituera une nouvelle strophe.

[50] Ce début est rayé en C.

renaître aussi toscans que lui. Ce n'est point les bornes de son esprit mais la force de son âme qui fait entrer l'univers dans le cercle de sa pensée et le monde qu'il crée est complet, animé, brillant[51] comme une planète nouvelle aperçue dans le firmament.

10

[52] Dans son triple poème, un enchainement [mystérieux *rayé*] mystique de cercles et de sphères révèle à nos regards dans son triple poème ce que l'esprit pouvait à peine concevoir. Historien fidèle de la vision, il inonde de clartés les régions[53] les plus obscures et tour à tour par le feu, les couleurs et la lumière, il entrouvre l'enfer, il embellit le monde, il s'élève jusqu'au séjour divin et le ciel même à sa voix étincelle de rayons et d'étoiles, de vertus et d'amour.

11

Ses magiques paroles sont le prisme de la nature. Toutes ses merveilles s'y réfléchissent, s'y divisent, s'y recomposent. Les sons imitent les couleurs, les couleurs se fondent en harmonie. La rime sonore ou bizarre, rapide ou prolongée, est inspirée par cette divination poétique, beauté suprème de l'art, triomphe du génie qui découvre dans la nature tous les secrets en relations avec le cœur de l'homme.

12

A sa voix, tout sur la terre se change en poésie: les objets, les idées, les lois, les phénomènes animés, personnifiés semblent un nouvel Olympe de nouvelles divinités mais cette mythologie de l'imagination s'anéantit comme un[54] paganisme[55] à l'aspect du paradis, de cet océan de lumières où l'âme semble se perdre dans l'éternel éclat qui l'éblouit.

---

[51] En C, elle a rayé depuis "et le monde" et l'a remplacé par "historien fidèle... triple poème", transporté plus tard dans la strophe 12. Le plan a été très bouleversé entre B et C.

[52] Tout ce qui suit est rayé en C et remplacé par des lignes qui figuraient à la fin de la strophe suivante depuis "à sa voix" jusqu'à "océan de lumières".

[53] de sa pensée *rayé*.

[54] nouveau *rayé* et remplacé par autre *rayé à son tour*.

[55] devant l' *rayé*.

13

Le Dante espérait de son poème la fin de son exil. Il comptait sur la renommée pour médiateur, mais il mourut trop tôt pour recueillir les palmes de la patrie. Ainsi, la vie passagère de l'homme s'use dans les revers et, si la gloire triomphe, si l'on aborde enfin sur une plage plus heureuse, la tombe s'ouvre derrière le port et le destin à mille formes par le retour du bonheur[56] annonce souvent la fin de la vie.

14

Ainsi, le Tasse infortuné que vos hommages, Romains, devaient consoler de tant d'injustices, beau, sensible, chevaleresque, rêvant les exploits, éprouvant l'amour qu'il chantoit, s'approcha de ces murs comme[57] de sa Jérusalem avec respect et reconnaissance, mais la veille du jour choisi pour le couronner, la mort l'a réclamé pour sa terrible fête. Le ciel est jaloux de la terre et rappelle ses favoris des rives trompeuses du temps.

15

Dans un siècle plus fier et plus libre que celui du Tasse, Pétrarque fut aussi, comme le Dante, le poète valeureux de l'indépendance italienne. Ailleurs on ne connaît de lui que ses amours; ici, des souvenirs plus sévères honorent à jamais son nom[58]. La patrie l'inspira mieux que Laure ellemême[59]. Il ranima l'antiquité par ses[60] veilles et, loin que son imagination mit obstacle aux études les plus profondes, cette puissance créatrice en lui soumettant l'avenir, lui révéla les secrets des siècles passés; il éprouva que connaître sert beaucoup pour inventer et son génie fut d'autant plus original que, semblable aux forces éternelles, il sut être présent à tous les temps.

---

[56] "par le retour du bonheur" est rayé en C.

[57] Ajouté en C: "ses héros". Allusion évidente à *La Jérusalem délivrée*.

[58] et peut-être dans ses vers le penseur est-il plus poète encore que l'amant *rayé*.

[59] La suite constitue la strophe 18 de C.

[60] recherches savantes *rayé*.

16

[61] Notre air serein, notre [62] climat riant ont inspiré l'Arioste [63]. C'est l'arc-en-ciel qui parut après nos longues guerres. Brillant et varié comme ce messager du beau temps, il semble se jouer familièrement avec la vie. Ce n'est point les travers de la société qu'il peint, mais les caprices de la poésie [64] et sa gaieté légère et douce est le sourire de la nature et non pas l'ironie de l'homme.

---

[61] Nos beaux jours et notre ciel brillant <air serein> ont aussi leur poète rayé.

[62] nature riante *rayé.*

[63] est le plus charmant modèle dans sa gaieté brillante et variée semble se jouer familièrement avec la nature; ce n'est point les *rayé.*

[64] L'imagination *rayé.* La suite jusqu'à "poésie" est rayé en C.

# LA SÉRÉNADE D'UN GRAND POÈTE: LE *DON GIOVANNI* D'ALFRED DE MUSSET

*par Jean Gaudon*

Les amateurs de Musset boudent Mozart. L'auteur d'une monographie qui a contribué à dévoyer plusieurs générations d'étudiants n'a pas l'air de connaître *Don Giovanni.* Un article plus récent cite à propos de bottes les noms de quatorze compositeurs, de Gluck à Ravel, sans mentionner Mozart. Un tour de force.

Le 14 mars 1833, deux mois avant la parution des *Caprices de Marianne*, Musset écrivit pour la *Revue des Deux Mondes* un compte rendu du *Gustave III* d'Aubert, sur un livret de Scribe, dans lequel il disait crûment ce qu'était devenu l'opéra moderne et ce qu'il pensait des «amateurs».

> Que nous importe, à nous, qui venons nous accouder sur un balcon, deux heures après dîner, que l'art soit en décadence, que la vraie musique fasse bâiller, que les poèmes de nos opéras dorment debout [...] que nous importe qu'on en soit venu, pour attirer la foule, jusqu'à faire de nos opéras des concerts, et de nos concerts des opéras ; qu'on nous donne un acte de l'un, un acte de l'autre, qu'on mutile *Don Juan* (Don Juan !); qu'on n'ait plus ni le sens commun, ni l'envie de l'avoir, qu'avaient du moins nos pères; que les principes soient à tous les diables et madame Malibran en Angleterre? [1]

Toucher au *Don Juan* de Mozart, le chef d'œuvre absolu pour lequel tout adjectif est inutile, est le crime suprême, inexpiable. Un point d'exclamation suffit à le dire.

---

[1] Je cite d'après l'édition très imparfaite de Philippe van Tieghem (Paris: Editions du Seuil, 1963. Collection l'Intégrale, pp. 855b-856a.

La passion de Musset pour *Don Giovanni* lui était venue de bonne heure et je crois qu'elle lui est toujours restée[2]. Une des quatre pièces majeures qui constituent les *Contes d'Espagne et d'Italie*, une « comédie » avec didascalies et divisions en scènes[3], «Les Marrons du feu», en est, si l'on s'en tient aux textes, le premier témoignage.

Rafael, amant de la Camargo, a échappé à un naufrage. On penserait au début de l'acte II du *Dom Juan* de Molière, si le naufragé, le «seigneur Rafael Garuci», n'était ramené chez sa maîtresse, la Camargo, une danseuse. Aucun rapport avec le personnage historique dont Casanova disait qu'elle était «la première danseuse qui ait osé sauter» et «qu'elle ne portait pas des culottes» [sic]. Nous savons déjà que dans le «yacht» qui a chaviré, Rafael était avec une autre femme, peut-être même deux. Pour éprouver son amour, la Camargo lui annonce qu'elle va se marier. Rafael tombe dans le piège et manifeste avec un peu trop d'éloquence son approbation: fureur de la danseuse qui est amoureuse du roué.

Un autre libertin, l'abbé Annibal Desiderio (Musset ne se prive de rien!) donne la sérénade à la Camargo. Rafael sort de la maison et lui cède dédaigneusement la place «toute chaude». Les deux hommes échangent des mots et décident de se battre. On retrouve là, dans une tonalité bouffonne, la même situation que dans «Don Paez», un poème qui précédait, dans les *Contes d'Espagne et d'Italie*, «Les Marrons du feu». Mais avant de s'entre-égorger (comme le faisaient, le plus gravement du monde, les deux rivaux dans «Don Paez»), ils dînent ensemble.

Rafael et l'abbé sont à table. Rafael raconte ses amours avec la Camargo, de façon légère, vulgaire. Attristé et aviné, l'abbé s'endort. Arrive une lettre de la Camargo. Rafael, que l'amour passionné de la danseuse importune, décide d'envoyer l'abbé à sa place. Il réveille Annibal et propose qu'ils échangent leurs vêtements. On est passé du *Dom Juan* de Molière à *Don Giovanni*. Annibal n'est pas Leporello, mais la situation est structurellement la même : le «don Juan», las d'une vieille amante dont il est rassasié, donne à un bouf-

---

[2] Pour des raisons qui ne relèvent que très obliquement de la biographie, je me suis borné dans cette étude à la période antérieure à la rencontre de Musset et de George Sand. J'ai donc laissé de côté *La Matinée de Don Juan*, publiée par *La France littéraire* en décembre 1833.

[3] La forme dialoguée est souvent, au dix-huitième siècle, une forme narrative, en particulier chez des auteurs mal famés, comme Crébillon et Nerciat.

fon la possibilité de la posséder. Que le bouffon soit un prêtre pimente la situation.

Dans cet épisode cruel, Da Ponte avait sérieusement malmené la vraisemblance. Nos réactions étant souvent entachées d'une espèce de réalisme extratextuel, que certains puristes jugent déplorable, nous acceptons difficilement que la pauvre Elvire ait pu, jusqu'au bout, confondre le maître et le valet. Certes, rien n'est dit, mais lorsqu'elle revient sur la scène en compagnie de Leporello, après la sérénade à la servante et les trois scènes qui suivent, ils se conduisent comme un couple de tourtereaux grotesques qui sortent du lit[4]. La Camargo, elle, est trop amoureuse de Rafael pour se laisser abuser. Elle résiste et tempête. L'abbé, n'ayant plus rien à espérer, raconte le complot et révèle que Rafael est en train de souper avec une fille. La Camargo demande la tête de Rafael (c'est à cause de cela, je pense, que l'on parle ici et là d'une «parodie» d'*Andromaque*). Elle se donnera à lui à cette condition.

A l'auberge Rafael fait si bruyamment la fête que l'aubergiste au nom shakespearien, Palforio, vient lui faire des remontrances. Rafael le tue. C'est l'occasion, pour Musset, de greffer une autre scène de l'opéra. Le «sergent» qui vient arrêter Rafael a son signalement : «C'est une plume verte/Avec des bas oranges». Dans *Don Giovanni*, le héros, déguisé en Leporello, donnait lui-même son véritable signalement : «*Un gran cappello/Con candidi pennacchi*». Puis, il rossait Masetto après lui avoir pris ses armes. Rafael, rosse donc le sergent et commente la scène : «C'est du don Juan, ceci». Les critiques ont oublié de gloser cette phrase et c'est bien dommage car un étourdi, un ignorant ou même un éditeur distrait pourrait penser ou donner à penser qu'il s'agit de la pièce de Molière. L'abbé survient alors, poignarde Rafael, et jette son cadavre à la mer. Quand il vient demander à la Camargo sa récompense, elle exige pour preuve du crime un anneau dont elle sait que l'abbé ne pourra pas le retrouver. «Dure» et «inexorable», elle sort, plus Her-

---

[4] Le rôle d'Elvire était considéré par les grandes cantatrices de l'époque, comme le moins désirable des trois. La Malibran, par contrat, s'était réservé Zerline, ce qui avait obligé la Sontag à passer de Zerline à Donna Anna. La superbe interprétation d'Elizabeth Schwarzkopf a, de nos jours, redonné de l'intérêt à ce rôle ingrat, auquel les grandes cantatrices se soumettent souvent d'assez mauvaise grâce. On a l'impression que sans l'extrême spécialisation des voix, elles préféreraient, comme les *divas* de l'époque romantique, laisser le rôle à des chanteuses ayant besoin de faire carrière. Les «héroïnes» de *Don Giovanni* sont classées de façon rigoureuse: Anna est tragique, Zerline touchante, Elvire ridicule.

mione que jamais. L'abbé conclut dans le style des pièces de Clara Gazul, alias Prosper Mérimée :

> J'ai taché mon pourpoint, et l'on me congédie.
> C'est la moralité de cette comédie.

Je ne suis pas absolument certain que cette «moralité» rende compte des manipulations que Musset inflige, dans «Les Marrons du feu», à la fable de don Juan. La part de Molière y est négligeable, car les conséquences du naufrage sont radicalement différentes. On pourrait tout aussi bien penser au personnage de Byron que la tempête jette sur des côtes inconnues dans les bras de la touchante Haydée, mais le rapprochement serait peu pertinent. C'est bien de *Don Giovanni* qu'il s'agit, réduit à des épisodes farcesques, dans un contexte dramatique d'une extrême violence. On dirait que Musset cherche à insérer un *dramma giocoso* tiré au maximum vers le «bouffon», dans un scénario de tonalité shakespearienne, et d'utiliser cette trame originale, grinçante et dépourvue de tout comique réel pour créer les conditions d'une éclosion de la poésie. Dans ce cadre taillé à la hache éclatent des moments d'un étrange lyrisme, où les trois personnages chantent une autre chanson. Ce n'est pas ici le lieu d'analyser ces airs inventés par Musset, qui est peut-être plus mozartien qu'il n'y paraît. La distinction qu'il fait, dans la lettre du 7 janvier 1830, entre les «récitatifs» et ce qu'il appelle «le reste» est ici pleinement justifiée et parfaitement respectée. Le «reste», ce sont ces « airs », celui de Rafael, celui de la Camargo, et surtout celui de l'abbé Annibal. Ceux pour qui le Musset des *Contes d'Espagne et d'Italie* n'est qu'un fantaisiste désinvolte y trouveraient matière à réflexion sur les enjeux réels du lyrisme d'un poète extraordinairement conscient, qui est aussi attentif à la qualité de la voix qu'aux contrastes qui la mettent en valeur[5].

L'existence des «Marrons du feu» prouve que Musset connaissait, à cette époque, le *Don Giovanni* de Mozart. Etait-ce dans sa version véritable, celle donnée aux «Italiens» ou celle de l'arrangement, en français, que l'on joua à l'Odéon à la fin de 1827 et au

---

[5] Cette lettre est adressée par Musset à son oncle Guyot-Desherbiers (*Correspondance d'Alfred de Musset*, édition procurée par Marie Cordro'ch, Roger Pierrot et Loïc Chotard, t. I, pp. 35-36). La distinction entre l'air et le récitatif, appliqué à la poésie, est dans l'air du temps. Elle est employée, entre autres, par Emile Deschamps dans la préface de ses *Etudes françaises et étrangères*.

début de 1828[6] ? Ce travestissement–cette trahison–était intitulé *Don Juan* et décrit comme un «opéra en quatre actes, d'après Molière, musique de Mozart». Il était spécifié dans l'annonce qu'entre le 3ème et le 4ème acte, l'orchestre exécuterait l'ouverture de la *Flûte enchantée.* Castil-Blaze, qui avait commis ce forfait, n'était pas le premier venu, et son «adaptation» fut bien accueillie par certains critiques, en particulier celui de la *Pandore* du 26 décembre 1827. La liste des personnages donne une première idée de la manière dont est conçu ce pot-pourri, puisqu'elle comporte, outre Don Juan, le Commandeur et Elvire, des personnages nommés Sganarelle, Lorédon, Lucas, Monsieur Dimanche et La Violette. Les deux autres femmes se nomment dona Eléonore et Jeannette.

Voir le vrai *Don Giovanni* était un peu plus difficile, car l'Opéra royal Italien le donnait, à cette époque, très irrégulièrement, presque toujours avec des cantatrices et des chanteurs prestigieux. En mars 1828, pour une seule représentation, Mademoiselle Sontag avait chanté Zerline. En mars 1829, il y avait eu deux représentations, avec Maria Malibran en Zerline et la Sontag en donna Anna. Madame Buffardin, qui avait été une médiocre Elvire dans les représentations de l'Odéon était de la distribution. Les rôles masculins étaient tenus par des vedettes, Bordogni, Zuchelli, Zuccoli. Si les racontars approximatifs de Paul de Musset sont à peu près exacts, c'est nécessairement à une de ces trois représentations du «véritable» *Don Giovanni*[7] que Musset a pu assister[8].

En ce qui concerne «Les Marrons du feu», on pourrait pencher pour la représentation de l'Odéon. La tradition de l'*opera buffa* y était restée d'autant plus forte que les voix étaient rarement à la hauteur, et l'adaptation de Musset est furieusement, férocement bouffonne. Aux « Italiens » la conception opposée, celle d'un *Don Giovanni* plus proche de l'*opera seria*, était en train de gagner du terrain, et cela grâce à la Sontag dont l'interprétation de donna Anna

[6] L'Odéon donnait des représentations lyriques depuis 1824. C'est au cours de l'année 1828 que ce privilège mal établi fut supprimé, sur la demande, semble-t-il, du nouveau directeur, Lemetheyer. La troupe d'opéra disparut.

[7] La fidélité absolue à la partition n'est pas, à cette époque, le principal souci des musiciens. Il y a des coupures, des interpolations, des emprunts à d'autres partitions. Mais les «Bouffes» sont *grosso modo*, respectueux de la tradition.

[8] Il suffit, ce qui est probable, que «Les Marrons du feu» aient été écrits avant «Mardoche», et que ce dernier poème soit bien une addition tardive, à la demande de l'éditeur. Le séjour en Normandie au cours duquel Musset est censé avoir écrit «Mardoche» est attesté.

est restée, pour de nombreuses années, l'exemple même d'une interprétation passionnée[9]. Il est cependant difficile de concilier cette interprétation avec l'Ottavio de Bordogni, qui était, selon la *Pandore* du 26 décembre 1827, «très amusant, surtout quand il apercevait le corps du commandeur gisant par terre. Il avait là un mouvement de corps et de bras que les habitués du théâtre italien n'ont pas encore oublié[10]». Bien que cet article se réfère à un cycle de représentations antérieur, un *Don Giovanni* qui réunissait la Sontag et Bordogni devait être, stylistiquement aussi bigarré que le costume de Rafael. Il est donc historiquement impossible de décider, dans l'état actuel de nos connaissances, si Musset a vu *Don Juan* à l'Odéon, avec un Ottavio insuffisamment enjoué, ou *Don Giovanni* aux Bouffes. Peut-être a-t-il vu les deux.

Le second Don Juan de Musset est le seul dont l'histoire littéraire officielle a daigné retenir la trace. C'est celui de *Namouna, Conte oriental* en trois chants, un long poème de huit cent quatre-vingt-deux alexandrins qui appartient à la première livraison du *Spectacle dans un fauteuil.* On croit qu'il fut composé juste avant la publication du recueil, en décembre 1832 (il avait alors vingt-deux ans). Musset avait eu l'occasion, depuis «Les Marrons du feu», de voir d'autres représentations aux Italiens, en particulier celles de janvier 1830, dont celle du 14 avec Garcia en don Juan. Le père de Marie Malibran et de Pauline Viardot, qui avait débuté comme ténor, était devenu un grand don Juan. Le 14 janvier 1830, Henriette Sontag avait chanté sa dernière donna Anna à Paris, flanquée de la Malibran en Zerline[11]. Musset avait aussi pu assister à des repré-

---

[9] Fétis, bien qu'il fût un admirateur presque inconditionnel de la Malibran, disait de Sontag qu'elle était «la véritable donna Anna de Mozart, sensible, énergique, grandiose». La cantatrice incarnait évidemment une nouvelle conception du rôle, influencée par la nouvelle célèbre de E.-T.-A. Hoffmann (voir plus bas).

[10] Cet étrange éloge est destiné à opposer l'ancienne interprétation de Bordogni «il y a huit ans environ» (aux «Bouffes», c'est-à-dire aux «Italiens»), à celle de Duprez à l'Odéon. Ce dernier don Ottavio a le tort, aux yeux du critique, de n'être «pas aussi gai que son devancier».

[11] Dans son célèbre poème «A la Malibran», Musset ne cite pas son interprétation de Zerline. Il est vrai qu'il n'avait que l'embarras du choix, et que pour le grand public, Maria Malibran était avant tout l'interprète des grands rôles de Rossini puis de Bellini. En faisant le recensement de toutes les allusions à *Don Giovanni* dans les proses narratives de Musset, on s'aperçoit que les interprétations qu'il choisit d'évoquer sont imaginaires : faire chanter ensemble, dans *Emmeine*, la Sontag, la Heinefetter et l'immense ténor que fut Rubini ne peut-être, de la part de Musset, qu'un hommage à des chanteurs qu'il admirait, car Rubini n'a chanté Ottavio à Paris qu'après la retraite de Sontag.

sentations en février 1831, avec la Malibran et Madame Méric-Lalande, et même entendre Rubini en Don Ottavio et Lablache en Don Juan en novembre 1831.

*Don Giovanni* apparaît dans le poème presque fortuitement. Musset vient de présenter le «héros», Hassan, de cette façon paresseuse et désinvolte que l'on qualifie parfois de byronienne. Le portrait de ce Français de France qui s'est fait musulman est d'ailleurs fort réjouissant et ne doit rien à l'image de Musset telle que nous la connaissons. Il est brun. Il est riche. Le « caractère » du personnage se résume en une brochette d'antithèses qui manifestent un état permanent d'ambivalence, à moins qu'il ne s'agisse d'une forme de cyclothymie aiguë ou d'une indifférence généralisée. «Très joyeux» et «très maussade», «futile» et «posé», «naïf» et «blasé», «sincère et rusé», Hassan ne se laisse pas cerner. Pour mieux faire comprendre cette ambivalence, Musset a recours à une comparaison :

> Vous souvient-il, lecteur, de cette sérénade
>
> Que Don Juan, déguisé, chante sous un balcon ?
> – Une mélancolique et piteuse chanson
> Respirant la douleur, l'amour et la tristesse.
> Mais l'accompagnement parle d'un autre ton.
> Comme il est vif, joyeux ! avec quelle prestesse
> Il sautille! – On dirait que la chanson caresse
>
> Et couvre de langueur le perfide instrument,
> Tandis que l'air moqueur de l'accompagnement
> Tourne en dérision la chanson elle-même,
> Et semble la railler d'aller si tristement.
> Tout cela cependant fait un plaisir extrême, –
> C'est que tout en est vrai, – c'est qu'on trompe et qu'on aime;
>
> C'est qu'on pleure en riant; – c'est qu'on est innocent
> Et coupable à la fois; – c'est qu'on se croit parjure
> Lorsqu'on n'est qu'abusé; c'est qu'on verse le sang
> Avec des mains sans tache, et que notre nature
> A de mal et de bien pétri sa créature:
> Tel est le monde, hélas! et tel était Hassan.

L'interprétation de la sérénade est sans doute aberrante. Musset ne sachant pas assez bien l'italien pour s'attacher au détail du livret, le caractère convenu et légèrement sirupeux du texte de Da Ponte est occulté. Pour qui se contente d'écouter la musique, rien ne suggère une volonté parodique. Or, Musset écoute. Il comprend que la traduction de l'émotion musicale est nécessairement faible et probablement infidèle. Parler de «mélancolique et piteuse chanson», empreinte de «douleur» et de «tristesse» n'est en effet qu'une manière de cerner ou de désigner l'indicible. Quant à l'amour, nous savons, dans ce contexte, ce qu'en vaut l'aune. Les mots du poète, sans rapport avec le livret, n'ont en réalité pas de prise sur la musique. Ils ne peuvent qu'être un halo sonore, un accompagnement de valeur incertaine, que Musset, ici, a voulu sans prétention. Le hiatus entre la musique et les mots, en amont (le livret) et en aval (la glose poétique) est dans le droit fil de la conviction de Hoffmann, telle qu'il l'illustre dans son *Don Juan*. Pour lui, l'écoute *musicale*, lorsque l'on ne s'autorise pas du livret pour créer des effets comiques de bas étage, dit plus et autre chose que le texte de Da Ponte. Hoffmann, qui était aussi compositeur et chef d'orchestre, considérait donc que le pouvoir qu'avait Mozart de compenser les carences de la parole était une des composantes essentielles de son génie. «Si l'on considère le poème de don Juan sans y chercher une pensée plus profonde, si l'on ne s'attache qu'à la fable qui en fait le sujet, on doit à peine comprendre que Mozart ait pensé et composé sur ce motif une semblable musique[12]». C'est dire que la musique en allant au-delà des mots, peut évoquer d'autres sentiments, d'autres sensations et même, peut-être, raconter une autre histoire. Quoique don Juan joue pleinement, dans la scène du balcon, son rôle de *burlador*, sa sérénade n'est pas, musicalement, parodique. Elle est, comme Hassan, «horriblement sincère». Et aussi «très rusée». Musset a compris que Mozart ne visait pas le décalque des paroles par la musique, et que l'accompagnement à la mandoline suffisait à traduire les grincements de la situation.

Le premier chant de *Namouna* se clôt sur une parodie de Virgile plus dépoétisante que tous les travestissements inventés par Scar-

---

[12] Il faut regretter que la traduction française de Béguin et Laval utilise, pour traduire l'allemand «tiefere Bedeutung» le terme d'*allégorie*. C'est évidemment plus frappant et plus propice aux analyses formelles, mais ce n'est pas ce que dit Hoffmann. Les traducteurs ont souvent la fort mauvaise habitude de reprocher à leurs prédecesseurs leurs infidélités. Il est vrai que Loève-Veimar avait fait des coupures ou des résumés, mais il a parfaitement traduit cette phrase. Toussenel, dont on vante l'exactitude, a moins coupé, mais sa traduction est ici plus plate : «Si l'on ne considère que superficiellement le poème de Don Juan...».

ron. Elle fait monter d'un cran la provocation dont l'auteur de *Mardoche* et de *Namouna* n'a cessé de se rendre coupable. La dégradation des valeurs «poétiques» atteint son zénith par des moyens éprouvés. Je n'ose imaginer les réactions de tous les lecteurs, de l'Arsenal ou d'ailleurs.

Après quelques nouvelles divagations fécondes et passablement déroutantes, Musset consacre une bonne partie du Chant deuxième à des variations sur le personnage littéraire du «roué». Il décrit avec brio la première des deux espèces qu'il croit avoir identifiées: Lovelace, «beau comme Satan, froid comme la vipère» est le conquérant narcissique, qui n'aime que lui-même: un bourreau. Cet homme est d'autant plus dangereux qu'il est irrésistible et qu'il sert de modèle aux «cœurs de vingt ans». Face à ce roué anglais, qui combine le personnage de Richardson et les séducteurs à la Byron, Musset place «le roué français», qu'il appelle dédaigneusement «le don Juan ordinaire». Ses commentaires sur ce deuxième spécimen sont étonnamment méprisants. La strophe sur Molière, dans laquelle Musset évite de le désigner par son nom, est si parfaitement assassine que les critiques anesthésiés sont restés muets devant cette offense à celui qui est considéré comme intouchable[13]:

> Quant au roué français, au don Juan ordinaire,
> Ivre, riche, joyeux, raillant l'homme de pierre,
> Ne demandant partout qu'à trouver le vin bon,
> Bernant monsieur Dimanche, et disant à son père
> Qu'il serait mieux assis pour lui faire un sermon,
> C'est l'ombre d'un roué qui ne vaut pas Valmont.

Monsieur Dimanche et Don Juan invitant son père à s'asseoir sont deux scènes du *Dom Juan* de Molière, qui lui appartiennent en propre[14]. Musset ajoute alors un séducteur d'un troisième type:

> Il en est un plus grand, plus beau, plus poétique,
> Que personne n'a fait, que Mozart a rêvé,
> Qu'Hoffmann a vu passer, au son de sa musique,

---

[13] L'attitude du narrateur de *Namouna* n'est pas celle du narrateur d'*Une Soirée perdue*, qui date de 1840.

[14] La scène de Monsieur Dimanche est insérée dans la version française de *Don Giovanni* que Castil-Blaze fait imprimer en 1821 et que l'on représente à l'Odéon en 1825 et 1828. Il est vrai que cette curiosité est donnée comme «sur les paroles de Molière», «musique de Mozart».

Sous un éclair divin de sa nuit fantastique,
Admirable portrait qu'il n'a point achevé,
Et que de notre temps Shakespeare aurait trouvé.

La culture, j'entends l'idée que l'on s'en fait, est soumise à des fluctuations continuelles que les critiques maîtrisent mal. Je serais tenté de gloser ici le nom de Shakespeare que nous sommes censés connaître, pour rappeler qu'il est, pour le «temps» de Musset, un mot de passe autant qu'une référence critique. Etre le Shakespeare des temps modernes est le vœu proclamé de Hugo et, depuis son adolescence, le souhait explicite du jeune homme qui n'allait pas beaucoup tarder à écrire *Lorenzaccio*.

Après la strophe qui permet à l'auteur de réunir les noms de Mozart, d'Hoffmann et de Shakespeare, l'historique du personnage est évidemment arrivé à terme. En constatant la distance incommensurable entre le livret de Da Ponte et la musique de Mozart, le magicien Hoffmann avait arraché le personnage de Don Juan à la tristesse répétitive de la grivoiserie dont le «catalogue» de Leporello est à la fois l'écume et le point final. Le valet n'est qu'un statisticien. Don Juan, lui, est ailleurs.

> La nature pourvut Don Juan, comme le plus cher de ses enfans, de tout ce qui élève l'homme au-dessus de la foule commune, condamnée à souffrir et à travailler; elle lui prodigua tous les dons qui rapprochent l'humanité de l'essence divine; elle le destina à briller, à vaincre, à dominer. Elle anima d'une organisation magnifique ce corps vigoureux et accompli ; elle fit tomber dans cette poitrine une étincelle de ce feu qui réchauffe d'idées célestes; il eut une âme profonde, une intelligence vive et rapide. [15]

Pour Hoffmann, Don Juan est un combattant satanique.

> C'est une suite effroyable de notre origine, que l'ennemi de notre race ait conservé la puissance de consumer l'homme par l'homme

---

[15] J'utilise la première traduction qui ait été, à ma connaissance, publiée en français, sous le titre «Une représentation de Don Juan. Souvenir musical», dans la *Revue de Paris* en septembre 1829 (p. 65). Bien que le traducteur ne se soit pas fait connaître, il s'agit de Loève-Veimar, qui inclut le même texte (en l'appelant, cette fois-ci, «Don Juan») dans le huitième tome de ses *Contes fantastiques de E.-T.-A. Hoffmann*, annoncé dans le *Journal de la Librairie* le 20 mars 1830, avec le tome VII, sous le numéro 1522.

> lui-même, en lui donnant le désir de l'infini, la soif de ce qu'il ne peut atteindre. Ce conflit de Dieu et du démon, c'est la lutte de la vie morale et de la vie matérielle. – Les désirs qu'enfantait la puissante organisation de don Juan l'enivrèrent, et une ardeur incessamment entretenue fit bouillonner son sang, et le porta sans cesse vers les plaisirs sensuels, avec l'espoir d'y trouver une satisfaction qu'il chercha en vain [16].

L'amour insatiable dont il est la proie est un piège infernal. Cela se lit sur son visage, où «le singulier jeu des muscles de son front lui donne une expression diabolique». Dans une vision devenue manichéenne du bien et du mal, don Juan, serviteur du Malin, ne cherche plus la «joie des sens» mais fait de la possession charnelle «une insulte audacieuse à la nature humaine et à son Créateur».

Pour Musset, ce prolongement théologique est précisément ce qui fait obstacle à la naissance du Don Juan moderne. Pour lui, qui, à cette époque, ne cède rien à la transcendance, le combat entre le ciel et l'enfer est un thème archaïque [17]. Il est donc nécessaire de prendre ses distances par rapport à Hoffmann, pour créer un Don Juan «plus grand, plus beau, plus poétique» qui ne sera pas prisonnier de cette problématique métaphysique. Pour cela, une mobilisation de tous les moyens de la rhétorique, de la prosodie et de la syntaxe sont nécessaires. L'agressive désinvolture de l'entrée en matière, les affectations de paresse, l'apparence d'improvisation continuelle, les «arts poétiques» en trompe l'œil sont autant d'éléments textuels qui réclament attention.

Sans transition, le narrateur présente à ses lecteurs un «jeune homme»

> Pensif comme l'amour, beau comme le génie.

Il «vient d'avoir vingt ans». Avec lui, sa «maîtresse enivrée» est «prête à s'endormir». Drôle de Don Juan!

---

[16] *Revue de Paris*, pp. 65-66.

[17] Une expression très étrange écarte radicalement la christianisation du personnage. Le «jeune homme» décrit par Musset est un «rameau tremblant de l'arbre de la vie / Tombé, comme le Christ, pour aimer et souffrir». *Rolla*, qui reprend la question avec une tout autre vigueur, se profile à l'horizon. Pour le rapport négatif de Musset avec le christianisme, voir notre article «Lecture de *Rolla*» dans *Alfred de Musset, Poésies*. Textes réunis par José-Luis Diaz (Paris: SEDES, 1995), p. 46. La présence, *sotto voce* du *Don Giovanni* de Mozart est une des retombées surprenantes de l'obsession mozartienne de Musset dans un poème où on ne l'attend pas.

Il ne serait pas inutile de s'appesantir quelque peu sur les strophes idylliques, euphoriques, angéliques, qui peignent le «beau jeune homme». Les moments où la poésie semble ronronner sont ceux où le lecteur naïf ou inattentif baisse la garde. Or, Musset est une fine lame. C'est le calomnier que de croire qu'il s'adonne à cette poésie de coiffeur pour dames en tirant à la ligne pour s'acquitter d'une commande de librairie. Attention, donc, à «cet enfant du ciel», à «l'amour éternel», à «la sainte poésie» et même à ce shampooing à l'ambroisie

Sur ses cheveux plus doux et plus blonds que le miel.

Le caractère pléthorique et apparemment académique des images et des adjectifs peut être le *signe* d'un déficit lyrique, au même titre que les clichés qui engluent le personnage dans une matérialité hyperbolique étrangère au Don Juan d'Hoffmann :

Ce palais, c'est le sien; – le cerf et la campagne
Sont à lui; – la forêt, le fleuve et la montagne
Ont retenu son nom en écoutant l'écho.
C'est à lui le village, et le pâle troupeau
Des moines. – Quand il passe et traverse un hameau,
Le bon ange du lieu se lève et l'accompagne.

Quatre filles de prince ont demandé sa main.
Sachez que s'il voulait la reine pour maîtresse,
Et trois palais de plus, il les aurait demain;
Qu'un juif deviendrait chauve à compter sa richesse,
Et qu'il pourrait jeter, sans que rien en paraisse,
Les blés de ses moissons aux oiseaux du chemin.

Hugo avait parfois usé de ces hyperboles souriantes dans les *Orientales.*

Si c'était là le Don Juan promis, il ne serait encore qu'un personnage aux contours indécis, porte-drapeau d'une poéticité démodée que Musset ne se prive pas de chahuter par ses enjambements, ses troupeaux de moines, ses anges en carton et ses débauches d'adjectifs. Où donc est passé «l'éclair divin» qui luisait dans «la nuit fantastique» d'Hoffmann?

L'auteur des *Contes d'Espagne et d'Italie* n'a jamais eu besoin d'artifices rhétoriques pour passer d'une tonalité à la tonalité contraire. La vision de taverne qui suit sans transition les strophes dérisoirement idylliques est, dans son misérabilisme pittoresque, tout aussi conventionnelle, mais ses allures d'*ecce homo* à la Buñuel font tout à coup passer un frisson d'un autre ordre:

> Eh bien ! cet homme-là vivra dans les tavernes
> Entre deux charbonniers autour d'un poêle assis;
> La poudre noircira sa barbe et ses sourcils;
> Vous le verrez un jour, tremblant et les yeux ternes,
> Venir dans son manteau dormir sous les lanternes,
> La face ensanglantée et les coudes noircis.

En prenant le contre-pied de la vision édénique, barbe et sourcils noircis par la poussière et «coudes noircis» remplaçant les cheveux blonds, charbonniers prenant la relève des princesses et des reines, tremblement, «yeux ternes» et «face ensanglantée» venant geler sur le visage du beau garçon le sourire d'un «cœur plein d'espérance», Musset arrache don Juan à l'euphorie des fades années de bonheur. Plus rien de commun avec Hassan, jouisseur sans angoisses. Pourquoi fallait-il que le jeune poète, que l'on croyait béni des dieux, troquât le palais pour le bouge et les nuits à la belle étoile pour les lanternes du paysage parisien? Pourquoi cette parodie des «chants de l'innocence» et le réalisme stylisé et poignant des «chants de l'expérience», comme deux volets qui se complètent et s'opposent? S'agit-il, encore une fois, de la défense et de l'illustration d'une ambivalence fondamentale, poussée jusqu'à ses conséquences réelles, ou d'une véritable fracture, irréductible, inéluctable? Serait-ce la condition nécessaire pour que naisse le don Juan moderne?

L'effet produit par l'intrusion du tableau parisien est d'autant plus fort que cette strophe formidablement dissonante est immédiatement suivie par une série de références à *Don Giovanni*, avec un épisode infidèle à la lettre mais d'une grande justesse de ton, et le rappel de deux scènes précises: celle du déguisement que l'on trouvait dans *Les Marrons du feu* et celle de la mort du commandeur, qui n'est pas chez Molière:

> Vous le verrez sauter sur l'échelle dorée,
> Pour courir dans un bouge au sortir d'un boudoir,
> Portant sa lèvre ardente à la prostituée,

Avant qu'à son balcon donne Elvire éplorée,
Dans la profonde nuit croyant encor le voir,
Ait cessé d'agiter sa lampe et son mouchoir.

Vous le verrez, laquais pour une chambrière,
Cachant sous ses habits son valet grelottant;
Vous le verrez, tranquille et froid comme une pierre
Pousser dans les ruisseaux le cadavre d'un père,
Et laisser le vieillard traîner ses mains de sang
Sur des murs chauds encor du viol de son enfant.

Le lecteur est dorénavant en possession de tous les éléments qui lui permettent de donner un sens actuel à la «biographie» traditionnelle de don Juan. Il a aussi la possibilité de détourner la tête, comme tout le monde. Car ce personnage qui n'a aucune vengeance personnelle à exercer continue à être aimé, honoré, accepté par la société, alors même qu'à la différence du personnage de Mozart et d'Hoffmann, il est profondément avili. Ce don Juan-là n'est donc ni un libertin «banal» ni le champ clos où se livre le combat du jour et de la nuit, du bien et du mal, de Dieu et de Satan. Il est le scandale même, l'incarnation de la transgression.

Musset est assez narcissique pour créer, entre lui et sa créature, des effets de miroirs. Mais il ne franchit jamais le seuil fatal de l'identification. Il s'inscrit modestement dans le catalogue des écrivains qui ont fait de don Juan leur étude et en apostrophant son «personnage»:

Insensé que je suis! que fais-je ici moi-même?
Etait-ce donc mon tour de leur parler de toi,
Grande ombre, et d'où viens-tu pour tomber jusqu'à moi?

Ce virage est proprement stupéfiant. Qui est ce «moi» qui s'érige en intermédiaire et qui s'étonne de sa propre audace? Qu'a-t-il de plus à dire que les autres? Rien, qu'une déclaration d'amour qui confère au narrateur fictif un droit illusoire :

C'est qu'avec leurs horreurs, leur doute et leur blasphème,
Pas un d'eux ne t'aimait, don Juan ; et moi je t'aime
Comme le vieux Blondel aimait son pauvre roi [18].

---

[18] L'air extrêmement célèbre extrait du *Richard Cœur-de-Lion* de Grétry (on le

C'est ainsi que le poète, le créateur du don Juan moderne, rejoint la troupe presque indistincte des victimes, avec leur passion et leur ridicule. Se mettre dans la position du «vieux Blondel» et chanter comme lui, pour proclamer son amour,

O Richard, ô mon roi,
L'univers t'abandonne

est sous la plume d'un poète de vingt ans une référence lourde de conséquences.

Dans ce don Juan sans complaisance, la présence simultanée d'une déclaration d'amour sans retenue et d'une prise de distance ironique est évidemment la clef de la «modernité» du personnage. Musset qui se disait, à seize ans, misanthrope, a poussé jusqu'au bout l'exploration poétique de la malédiction du désir, qui dénie à don Juan la possibilité de trouver au fond de l'océan la perle qui n'existe pas, et a, en même temps, anéanti le personnage. Don Juan, dans *Namouna*, n'existe pas davantage que la femme idéale. On peut le chanter, l'adorer, inventer son image, sans pouvoir le faire exister autrement que par le manque. Face à tous les «fantômes» de ses amantes, don Juan n'est qu'un «spectre», une «ombre». Mais le poète, parce qu'il ne s'est pas identifié avec son héros, tire son épingle du jeu. En choisissant de se faire, en quelque sorte, le porte-parole des amoureuses déçues et bernées de l'éternel errant, Musset se hisse au niveau des plus grands, et je crois bien que Baudelaire, au lieu de se débarrasser de lui par quelques formules méprisantes, n'aurait pas été mal inspiré de reconnaître qu'il y avait là quelques-unes des «fleurs du mal» de la veille. Sainte-Beuve, qui a commis beaucoup de péchés de vanité, mais qui ne prenait pas toujours des vessies pour des lanternes, savait ce que valait Musset. Il avait su reconnaître ce génie dont il pensait qu'il ne lui faisait pas d'ombre. Beaucoup plus tard, au temps où la sagesse est censée l'emporter sur les engouements de jeunesse, il s'est souvenu que le Don Juan de *Namouna* a été l'occasion des «deux cents vers les mieux lancés et les plus osés que la poésie française se fût jamais permis» [19], et dont il faut bien reconnaître qu'ils ont gardé tout leur pouvoir:

chantait encore dans mon enfance) a pour le lecteur de l'époque des résonances difficiles à apprécier. Il s'agit ici d'un «opéra comique» très français, largement au-dessous de *Don Giovanni*, sur la valeur duquel Musset ne se fait aucune illusion.

[19] Dans son article nécrologique sur Alfred de Musset, dans *Le Moniteur*, 11 mai 1857. Repris dans les *Causeries du lundi*, t. XIII, 1857.

Qui me déroulera cette liste homicide,
Cette liste d'amour si remplie et si vide,
Et que ta main peuplait des oublis de ton cœur!

Trois mille noms charmants ! trois mille noms de femmes!
Pas un qu'avec des pleurs tu n'aies balbutié!
Et ce foyer d'amour qui dévorait ton âme,
Qui, lorsque tu mourus, de tes veines de flamme
Remonta dans le ciel comme un ange oublié,
De ces trois mille amours, pas un qui l'ait noyé!

Elles t'aimaient pourtant, ces filles insensées
Que sur ton cœur de fer tu pressas tour à tout;
Le vent qui t'emporta les avait traversées;
Elles t'aimaient, don Juan, ces pauvres délaissées
Qui couvraient de baisers l'ombre de ton amour,
Qui te donnaient leur vie, et qui n'avaient qu'un jour!

Peu à peu, Musset s'est affranchi du texte qui lui a servi de modèle et de la musique qu'il aimait, pour créer une *allégorie* fondée sur les mythes anciens du désir inextinguible, des voyages infinis, des cruautés désespérées, de la recherche du diamant, de la perle, de ce qui n'existe pas. Il l'a fait sans chercher de compensations dans l'au-delà boueux des mysticismes vagues, sans défaillance.

Tu n'as jamais médit de ce monde stupide
Qui te dévisageait d'un regard hébété;
Tu l'as vu, tel qu'il est, dans sa difformité;
Et tu montais toujours cette montagne aride,
Et tu suçais toujours, plus jeune et plus avide,
Les mamelles d'airain de la Réalité.

Il n'y a rien au bout de ce voyage. Rien qu'un Destin où le joueur perd sa chemise. Un Destin qu'il va bien falloir, *dans la réalité*, appeler un hasard.

Tu perdis ta beauté, ta gloire et ton génie
Pour un être impossible, et qui n'existait pas.

J'ai parlé d'allégorie. Musset, avant Baudelaire et souvent dans le même sens que lui, a développé et exploité cette forme très ancienne de la rhétorique, et l'a façonnée en une forme nouvelle que l'on pourrait appeler l'allégorie subjective ou lyrique. Dans ce registre, le don Juan de *Namouna* est à la même hauteur que le pendu du *Voyage à Cythère*. A nous de reconnaître tout ce que la poésie moderne doit à ce poète emballé, qui garde, à travers les insolences, l'extraordinaire tension de son discours. Cette étonnante création qu'on s'évertue à noyer dans le magma de la religiosité romantique, ce guide dans le «gouffre sans fond» de l'*indifférence*, comment s'étonner qu'il ait été ravalé à n'être qu'un avatar sans grande originalité d'un *type*?

Maintenant, c'est à toi, lecteur, de reconnaître
Dans quel gouffre sans fond peut descendre ici-bas
Le rêveur insensé qui voudrait d'un tel maître.
Je ne dirai qu'un mot, et tu le comprendras:
Ce que don Juan aimait, Hassan l'aimait peut-être;
Ce que don Juan cherchait, Hassan n'y croyait pas.

Revenir à Hassan, le «héros» oublié qui a laissé sans réponse, comme Don Juan, l'amour de sa Donna Anna-Namouna, permet à Musset de s'en tirer par ce qui est, *ad libitum*, une pirouette ou la plus profonde des conclusions. Hassan ne cherche rien, parce qu'il ne croit à rien, ni à l'amour ni aux femmes. Plus que don Juan, il est un descendant plutôt généreux du sultan Schariar, à la cruauté près. L'histoire finit en queue de poisson. Le narrateur ne veut plus rien, ne sait plus rien, ne dit plus rien.

Et si la vérité ne m'était pas sacrée,
Je vous dirais que....
Qu'.....
Qu'....
............
Que.....
Je vous dirais surtout que......
................
Et que.......................................
Mais le hasard peut tout..........................................

Le Destin, notion noble, était réservée à Don Juan. Pour Hassan, il s'appelle le hasard.

Je citais en commençant *Les Caprices de Marianne*. Les amoureux de Mozart, lorsqu'ils aiment aussi Musset, ont certainement souri lorsqu'ils ont entendu Claudio étayer les soupçons qu'il entretient sur la vertu de sa femme par une quasi citation de l'*odor di femina* qui annonçait l'entrée d'Elvire:

> CLAUDIO : Je crois que Marianne a des amants.
> TIBIA : Vous croyez, monsieur ?
> CLAUDIO : Oui ; il y a autour de ma maison une odeur d'amants.

Difficile devant cette entrée en matière, de ne pas prolonger la rêverie. Encore des sérénades, deux personnages qui changent d'emploi, une femme qui les confond. Le don Juan bariolé s'en tire. L'autre personnage, qui n'est pas un Leporello, mais un jeune homme amoureux, est assassiné par le mari ridicule et meurtrier. Le théâtre «de prose», comme disent les Italiens, invente avec bonheur l'alternance poétique des récitatifs et des airs. *Don Giovanni* y est-il pour quelque chose? J'aimerais poser la question autrement. Comment *Don Giovanni* pourrait-il ne pas être le modèle de ce théâtre étourdissant de gravité, de fantaisie et d'invention, que l'on a dit, peut-être à juste titre, shakespearien, mais qui est aussi mozartien? Après tout, c'est Musset qui le dit. Dans *Namouna.*

# PUSHKIN, TOLSTOY, AND THE POSSIBILITY OF AN ETHICS OF HISTORY

*by Caryl Emerson*

In a 1992 essay on new developments in historiography, Sidney Monas addressed the ancient struggle between poets and historians to depict the world.[1] Those two poles – objectivity and free imagination, *Wahrheit* und *Dichtung* – have been "staring at each other, sitting together and spitting at each other, for many centuries now. . ." Yet the feud is impure and in many ways still poorly defined. After all, Monas notes, "writers of fiction and poetry tend to speak not of a free but a 'disciplined' imagination" . . . [and] "Tolstoy did not simply 'make up' *War and Peace*, though his 'sources' differed from those used by the historians . . . When Stephen Dedalus in James Joyce's *Ulysses* says 'History is a nightmare from which I am trying to awake,' he means the process of history (conceived as 'battles and great men'), not, directly, the writing of it. In short, it seems to me that novelists and poets have on the whole shown more respect for history and the writing of it than historians have for 'Dichtung.'" Monas concludes: "And this is a pity."

Keeping Monas's comment in mind, I would like to reconsider the attitude toward history held by Russia's greatest poet, Alexander Pushkin, and by her greatest novelist, Leo Tolstoy. My larger purpose is to raise again the issue that confounds so many in our field, from the literary scholar turned New Historicist to the practicing historical novelist: namely, those minimal increments of literary form or literary device that are unavoidable in any historical

[1] Sidney Monas, "Introduction: Contemporary Historiography: Some Kicks in the Old Coffin," in H. Kozicki, ed., *Developments in Modern Historiography*. New York: St. Martin's, 1992: 1-16, esp. 2.

narrative. Can this inevitability be turned to advantage? A more compact focus is that narrower boundary between "poetry proper" and prose, and it is, I fear, more devious. For it is my suspicion that poetry – which, if it is to persuade at all, must believe absolutely in the tools of its trade – not only exempts its supreme craftsmen from certain epistemological doubts when they begin to practice history, but even prompts them toward a honorable and true method for transcribing historical events. As corollary to this thesis, I suggest that the psychological novel, Tolstoy's proud terrain and the triumph of nineteenth-century Russian prose, is a less successful school for would-be historians. For it goes both too far, and not far enough, in preparing its pupils to register an agreed-upon historical reality, generating a tension that might well prompt a complete rejection of all written texts of history. The latter occurred with Leo Tolstoy.

Certain factors in the biographies of these two great writers encourage comparison. Each contemplated his first historical project at a time of political crisis for Russia. Pushkin, already a famous poet, was attracted by historical drama and ballad in the mid-1820s, after his Southern exile and during the growing ferment of the Decembrist movement; he then more seriously committed himself to archival research and historical writing after the Polish Rebellion of 1831. For Tolstoy, the sequence is reversed. Virtually unknown as a writer in his mid-twenties, still an army officer on site during the disastrous Crimean War of 1854, Tolstoy considered writing a serious history text – but never did, settling instead for a critique and deconstruction of history from within the novelistic genre only later in his career, after the first of his unsuccessful attempts to exit from literature altogether. Both Pushkin and Tolstoy had been enthralled with Nikolai Karamzin's *History of the Russian State*, the nation's first rigorous, readable, colorful, fully scholarly historical narrative, written by a master of Sentimentalist prose, whose final posthumous volume was in print by 1829. And yet each had problems with the historical profession as it was practiced in their time, in Russia and in Western Europe, and each hoped that his own writings would function as a corrective. Finally, both were drawn to illustrate their methodology with a period of profound military crisis, national risk and ultimate heroism in *Russian* (not world) history. Pushkin's most extended historical exercise is his *History of Pugachev*, 1834, an account of the fantastically destructive Cossack-led rebellion in the early 1770s, midway through Catherine the Great's reign; thirty years later, Tolstoy embedded his comments on history-writing in the Epilogue of his novelistic epic on the Napoleonic campaigns and the 1812 invasion of Russia, *War and Peace* (1860s).[2]

To be sure, the parallel alignment of these two texts is not entirely just. Tolstoy, after all, set out in *War and Peace* to debunk all official histories, whereas Pushkin – granted official access to government archives in the last five years of his life, and grateful for it – sincerely attempted to create a true (if of necessity only a partial) one. But the issues they raised en route to their mature historiographical positions are quite similar. The best work on Pushkin as historian is currently being done by David Bethea; and although Bethea does not encumber his image of the poet with anachronistic comparisons to later masters, the questions he attributes to Pushkin are precisely the ones that will subsequently cause Tolstoy such anguish: "What forces . . . exist 'out there' in phenomenal reality to give shape to a uniquely Russian peasant revolt before the historian actually puts pen to paper and shapes his version into narrative? Are these forces recuperable? Is there such a thing as an historical 'plot' . . . which the historian does not create but finds in the materials, and if so, is it tellable in a coherent fashion?"[3] Or, to put a Tolstoyan spin on these matters, what is the appropriate way to describe those whom history remembers as prime movers and "great men" – either as villains or as heroes? What is the proper ratio of general laws to historical particularity and (even more contested) the relation of general laws to "chance"? And finally, how might these factors best be fit into a maximally truth-bearing narrative that grants its narrator sufficient authority and, as it were, "light" (or enlightenment) to be worth the candle? In considering these issues, my focus will be less the theory of history that each writer espoused – which would entail in each case complex, disputed hypotheses on causality, fate, human agency, chance and free will, un-

---

[2] See, for these parallels, Yakov Gordin, *Lev Tolstoi i russkaia istoriia.* Tenafly, NJ: Ermitazh, 1992: 28-29, 41.

[3] David M. Bethea, "*The History of Pugachev:* Pushkin and Post-Karamzinian Historiography," in David M. Bethea and Sergei Davydov, *The Poet Descends to Despised Prose: History and Fiction in the Later Pushkin* (U. of Wisconsin P, forthcoming). For related ideas, see David M. Bethea, "Pushkin's Pretenders: From the Poet in Society to the Poet in History," in Peter Rollberg, ed., *And Meaning for a Life Entire: Festschrift for Charles A. Mose.* Columbus, OH: Slavica, 1997: 61-74.

manageable in a brief essay – as their ideas, or better their intuitive grasp, of the ways history might be *written up,* that is, their thoughts on the very possibility of an ethical, accurate, responsible recording of an historical event.

Here Tolstoy, that prosiest of writers and a man who disliked and distrusted poetry, is by far the more famous and (I believe) cruder polemicist. This should not surprise us, since Tolstoy's preferred route – saying "no" to all received models – is easier than designing one's own sort of "yes." Thus the weight of my commentary will fall on the remarkable Pushkin, the born poet turned historian who, without ceasing to be a poet, devised an approach to history that was, I will argue, more affirmative, more scrupulously objective, and less sentimental than Tolstoy's. It was also, for its time, far more radical. And thus I hope to demonstrate, in the narrow sense and with these two players only, the wisdom of Monas's perhaps whimsical judgment, that the poetic in temperament have tended to show more respect for history than the historians have shown for *Dichtung.*

Two provocative synthesizing works by American scholars might provide a starting-point. In his 1987 interpretation of *War and Peace* entitled *Hidden in Plain View*, Gary Saul Morson argues the nay-sayer's case: that Tolstoy's positive agenda was exceptionally thin.[4] It consisted, in fact, of a single integrated impulse: systematically to discredit any authority or hierarchy that could be grasped by consciousness and "heroicized" as an explanatory or causal principle in history. Morson buttresses his argument with parallels, dear to Tolstoy, between histories for nations and war stories for soldiers on the battlefield. Amid the most chaotic conditions, Morson argues on Tolstoy's behalf, our minds will construct sequences that "hang together" – and for that reason alone are they remembered; the very structure of human memory is already false to the fullness of an event, and thus all honest attempts at recuperation are doomed to be fraudulent. Somewhat more optimistically, in his 1994 book *An Obsession with History*, Andrew Wachtel reminds us that Russians who write histories have tended to stress Russia's uniqueness among nations and thus her exemption from the usual

[4] Gary Saul Morson, *Hidden in Plain View: Narrative and Creative Potentials in Tolstoy's "War and Peace."* Stanford: Stanford UP, 1987.

pan-European measurements and chronologies.[5] Russia's ability to "jump out of time," to fit nowhere, to be (as one of her first philosophers, Pyotr Chaadaev, put it) both nothing and everything at once, both empty of significance and full of the purest, most exciting potential, marked out for her a fate unavailable to other European states. Feeding this exceptionalism was a remarkable tolerance for combining history and literature, for creating "intergeneric dialogues" between the two disciplines, at precisely the time that Western Europe was professionalizing and separating them out. "It is not exactly that Russians do not believe in the importance of historical narrative," Wachtel writes; "it is simply that they have not trusted historians to provide it" (16). What, then, might neophytes (like Pushkin) and non-professionals (like Tolstoy) provide in its stead?

Each writer, in his respective decade, formulated an efficient credo for himself while criticizing (often quite severely) important rival historians or historiographical schools. To take the better-known Tolstoyan position first. In *War and Peace*, Tolstoy found almost nothing to endorse in the famous – mostly French – authorities whom he had consulted on the so-called "facts" of Napoleon's invasion. His reproach to the professional historians is as follows. Of the many false laws to which the human mind is prone and which lead to the writing of faulty histories, the "law of retrospection" is among the worst. Based on the groundless assumption that humanity is progressing toward some more perfect state, it presumes that the results, wisdoms and values of the historian's present day were in place and available for the inhabitants of an other earlier time. Since, however, we in our own present day could not abide such judgment from future "transcribers" of our reality – since, that is, we insist upon conceiving of ourselves as conscious and free – and since historical events are so manifestly bloody, wasteful and unprogressive, the only way we can "explain" these events in any orderly way is to resort to two highly suspicious categories, *chance* and *genius*. Tolstoy wholly disbelieves in chance, which he considers nothing more than a covering term for our ignorance of the multiplicity of causes; the honest historian of a secular

[5] Andrew Baruch Wachtel, *An Obsession with History: Russian Writers Confront the Past*. Stanford: Stanford UP, 1994.

age should humbly renounce any claim to know ultimate purpose. Tolstoy is also wholly against "genius," which, in his view, utterly misrepresents the way power works in the world. Power – that which moves nations – is cumulative and accretive; it cannot be reduced to the will of a single "great personage" at the top of a power-pyramid. In fact, by virtue of being the most distanced from direct action, the ones trapped at the top are the least free and the least effective. And if historians cannot answer what force it is that moves nations, Tolstoy insists, they cannot be relied upon to answer anything at all.

Worth noting at the outset is the fact that Tolstoy's stock cast of characters in an "historical event" – and his preferred hunting-ground for "historical cause," which he then ridicules and depersonalizes – is an autocratic government mobilized for total war. "History" is either the marionette-like maneuverings of an imperial bureaucracy hopelessly out of touch or the random escapes and savageries of a battlefield. Tolstoy's model for the exercise of power is a military hierarchy. And his illustration of human agency is of the most primitively simple sort, a caricature of human intelligence: it is either a unit of manual labor – a peasant behind a plow or pushing a log – or, more frequently, a man with a gun (this represents power) as opposed to a commander-in-chief who orders others to kill but does not physically do so himself (this represents impotence). What Tolstoy specifically avoids in his historical ruminations are traces of situations where one would think the psychological novel had equipped him superbly to examine: the subtle interaction of public personalities, delicately timed and honorably intentioned; the passing exaltation that yields up – if only for a moment – an insight into large or coordinated movements of minds or bodies, and perhaps serves as inspiration for them; the interplay between public reputation and its beneficial private effects. In short, he will not attend to that middle layer which would seem to offer so much to the open-minded and curious student of human affairs, namely: what did these historical personages themselves, without cynicism, in all sincerity, even if conflicted and inconsistent, think they were doing; how are they revealed in terms of their own beliefs? But no: precision, humility and psychological acumen are reserved for the private or fictional sphere, which Tolstoy fills with coincidence, happenstance and true love after the manner of all good novels. In *War and Peace*, those who feel at home in history –

that is, who admit the possibility of serving the whole, and who believe they know why and whom they serve – are usually exposed as deluded fools. Historical understanding becomes possible, in Tolstoy's view, only when we acknowledge our helplessness before "the infinitesimally small units" into which life breaks down. "There can be no cause of an historical event except the one cause of all causes," Tolstoy writes. "But there are laws . . ."[6]

"To study the laws of history," Tolstoy continues, "we must entirely change the subject of our observation, must leave aside kings, ministers and generals, and study the common, infinitesimally small elements that influence the masses" (988). But leaving out kings and generals is not, one could argue, the problem. The problem is Tolstoy's apparently untroubled move from human material at the top – which is denied any dignity – to mere mechanical "elements" at the bottom, which can only act bluntly and blindly, out of a sort of animal or clan self-interest. This is the reduction that appears to provide Tolstoy with his ethics of history: by definition, historical activity cannot be ethical at the higher levels and it cannot be conscious at the lower levels. How much of this vast militarization and depersonalization of metaphors for the working of history is an accidental byproduct of his subject matter (Napoleon's invasion and the cost it exacted), and how much is organically crucial to Tolstoy's theory, is not easy to say. Military historians certainly called him on this matter in the 1860s. To them and to other astonished reviewers, Tolstoy saw inevitability, collective dehumanization, violence, fraudulent loyalty mixed with blind chance – in short, a debased battlefield – in *all* events of abstract historical scope; and individuals in "non-historical" life, that is, individuals living and planning for life in an orderly, free, and conscious state, lived by wholly other standards. Or put another way: War and Peace are run by wholly different rules. To drop out of one is to drop in to the other. Real life is the life of the bees and the swarm and in that context, individual flying insects are not counted (indeed, not even clearly seen); and what we *do* see and *do* count, the generals and kings, we are encouraged to dismiss as fraudulent. All this is unmistakably the voice of Tolstoy himself, hollowing out the middle realms of meaning,

[6] Reference is to the Ann Dunnigan translation of Leo Tolstoy, *War and Peace.* New York: Signet Classic, 1968: 986, 1178-79; further page references included in text.

denying the reality of transitional states – and, although the ethical life is its goal, it is marked by Tolstoy's characteristic unkindness toward institutions, social conventions, and isolated products of the intellect.

Let us now consider Pushkin's *History of Pugachev.*[7] Pushkin chose as his subject matter a military adventure that was, if anything, more savage, senseless and destabilizing than Russia's experience in 1812 (he called the Pugachev Rebellion just that, "merciless and senseless"). Like Tolstoy, Pushkin too was extraordinarily alert to the pressure of popular discontent on so-called "political leaders," and he emphasized that Pugachev – like Tolstoy's later image of Napoleon – was no initiator of a master plan, was not in control, but once his region had become a powderkeg "only a leader was missing," and "a leader was soon found" (368). Both Pushkin and Tolstoy treated this mortal threat to the legitimate government in terms of waves that rose up and then subsided; and at the peak of this bloody wave, the Battle of Borodino during the War of 1812 and the defense of Tatishcheva during the Pugachev Rebellion, neither the government nor the enemy knew who had been the winner until long after the event. Pushkin's tale of the modest, honorable General Bibikov, recalled by the Empress Catherine to defend Kazan', whose firm leadership amid demoralization and chaos turned the tide against Pugachev's rebel army (although the man himself did not survive to celebrate the victory), reminds one of Tolstoy's magisterial, mystical portrait of Fieldmarshal Kutuzov.

And yet the contrasts between the two writers are even more instructive. Unlike Tolstoy, Pushkin had a basically positive attitude toward the explanatory potential contained in chance, in genius, and in "great men" – an outgrowth, surely, of Pushkin's unembarrassed aristocratism and absolute freedom from class guilt. Although both writers found fault with many of the same positivist, "progressive" French historians, Pushkin, unlike Tolstoy, was suspicious of depersonalization for ideological purposes. This is not to say that Pushkin, in trying to understand the rebellion, embroidered his account with poetry. Quite the contrary; being a master

[7] References here, and elsewhere in the footnotes or text, to "A History of Pugachev" in *Alexander Pushkin: Complete Prose Fiction,* trans., with an Introduction and Notes, by Paul Debreczeny. Stanford: Stanford UP, 1983: 359-438.

poet, he knew what poetry could do; and he was extremely careful in his handling of rumors and legends. He specifically disdained any didactic or poetic digressions from the historian's pen. Indeed, in his rebuttals to a (largely unfriendly) 1835 review, Pushkin remarked with special irritation that although the reviewer, a minor historian of the Don Cossack region named I. P. Bronevsky, "regretted that the *History of the Pugachev Rebellion* was written so palely, coldly, drily, without the flaming brush of Byron, etc." – in fact, a precise use of facts and strict authorial restraint was what made his account of this terrible event unique, not an illustration of his own feelings or (perhaps more culpable) of universal laws. "The political and moralizing ruminations with which Mr. Bronevsky embellished his narrative are weak and vulgar," Pushkin wrote in a counter-review of his opponent's work. "They do not compensate readers for an insufficiency of facts, precise information and a clear exposition of events."[8]

How are we to understand Pushkin's irritation here? For his era, the poet espoused radical ideas about the particularity (that is, the "non-generalizability") of historical conditions, historical agents, and cultures. He would have resisted instinctively any attempt to frivolize the exercise of power, or the miraculousness of chance, by replacing those realities with something as presumptuous as a search for universal laws. A neoclassicist by temperament in Russia's Romantic Age, belonging to a generation that had built up meticulous personal identities by working with conventions, parodic masks and social codes, Pushkin accorded those structures considerable respect (they constituted part of a man's honor). Tolstoy, in contrast, was the first major Russian writer not to pass through the Romantic school. Very early on, he felt that "honor" could only be had *outside* a societal network: each individual was obliged to define it for himself, for it depended more upon one's autonomy, discipline, and attitude toward work than upon social codes; and if humanity was to be united at all, Tolstoy felt, it would have to be through universalizing virtues that override particularities. Peasants or manual workers everywhere would understand one another, and everywhere a person in Napoleon's position would be a fool.

[8] I. P. Bronevskii, "Ob 'Istorii pugachevskogo bunta' (Razbor stat'i, napechatannoi v 'Syne otechestva' v ianvare 1835 goda)," in A. S. Pushkin, *Sobranie sochinenii v desiati tomakh.* Moscow: Khudozhestvennaia literatura, 1976: VII 130-45, esp. 144.

Pushkin was not an essentialist, and he was far less insulted by the reality of social constraint. His purpose was to register, as fully and conscientiously as his sources permitted, the multiple perspectives and rumor-laden reality of the (still fresh) cataclysm. Since Pushkin brought so many points of view to bear on the events he depicted and recorded so little of his own, his history has been considered by many tedious and dimly motivated. He does not psychologize the participants, but rather announces the atrocities coolly. His perspective is almost entirely external; it examines, as it were, the working-out of three words in the Epigraph to his *History* that refer to the career of the rebel Pugachev: *derzost', sluchai, udacha* – daring, chance, luck.[9] It was the proper interaction of those three factors, and not a passionately intrusive narrator of the Tolstoyan sort who denies retrievable causes while pursuing mathematical laws, that was, in Pushkin's view, a surer route to an ethical history. How, then, might the reality of "daring, chance, and luck" be communicated in a history text?

In answer to this question, David Bethea has offered the intriguing hypothesis that Pushkin's "metaphorical" instincts as a poet made it easier for him to work in categories of *simultaneity,* even while composing a necessarily linear historical narrative.[10] This gift for feeling "at home" with multiple, simultaneous pressures on an event (such as, indeed, are registered on a poetic word) served both to bind Pushkin to the present-tense of whatever he was depicting – one of his criteria for historical honesty – as well as to release him from the need to pass judgment. As an added benefit, Pushkin could honor the audience of his *History* by treating it not as a recalcitrant or gullible pupil being fed a lesson but by expecting from it the patience, subtlety, and adult interpretive gifts required by the reader of a poem. Here, perhaps, we can see Pushkin's "poetic" advantage as an historian over the fiercely metonymic prose-writer

[9] Pushkin chose as epigraph a passage from the account of Pugachev's atrocities by the Archimandrite Platon Liubarskii, spiritual leader of the Kazan' Monastery of the Savior at the time of the Rebellion. It opens with this sentence: "To render a proper account of all the designs and adventures of this imposter would, it seems, be almost impossible not only for a historian of average abilities but even for the most excellent one, because all of this imposter's undertakings depended, not on rational considerations or military precepts, but on daring, happenstance, and luck" (362).

[10] Cf. n. 3, Bethea, "*The History of Pugachev*: Pushkin and post-Karamzinian Historiography."

Tolstoy, who had to solve everything cognitively, linearly, logically on the level – or declare it unsolvable.

We may now sum up Tolstoy and Pushkin on the writing of history by introducing one more final document. Perhaps the most famous statement Pushkin made on the topic of "proper histories" is contained in his 1830 review of Nikolai Polevoi's *History of the Russian People* – a second-rate project that was itself a rebuttal and attempt to modernize, in the spirit of the popular French Romantic historians Guizot, Cousin, and Thierry, the work of Polevoi's (and Pushkin's) great predecessor, Nikolai Karamzin.[11] The French historians whom Polevoi admired were not mere factographers: they believed that history was progressive, moral, "scientific," and that the duty of the historian was to discover historical laws beneath chaotic particulars. The bloodiest conflict could release energy, or fuel, for historical progress – and thus was meaningful, if not inevitable. In his review of Polevoi, taking just this aspect of Guizot to task, Pushkin writes:

> Remember that Russia has never had anything in common with the rest of Europe; her history requires another formula than the thoughts and formulas deduced by Guizot from the history of the Christian West. Don't say: *It could not have been otherwise.* If that were true, then the historian would be an astronomer and events in the life of humanity could be predicted in calendars, like eclipses of the sun. But Providence is not algebra. The human mind . . . is not a prophet but a conjecturor, it sees the general course of things and can deduce from it profound suppositions, often justified by time, but it is impossible to predict *chance* – that powerful and instantaneous tool of Providence.[12]

Let us consider the several parts of this statement, which resonate so suggestively with Tolstoy's later judgments. First there is Pushkin's conviction that Russia is not like the West and that the

---

[11] Discussion of this review and its place in Pushkin's thought is central to most considerations of Pushkin as historian, but for our purposes among the best recent interpretations is Alexander A. Dolinin, "Historicism or Providentialism? Pushkin's *History of the Pugachev Rebellion* in the Context of Romantic Historiography," forthcoming in *Slavic Review* Fall 1999, Special Pushkin Bicentennial Issue, guest editor Stephanie Sandler.

[12] "Istoriia Russkogo naroda, sochinenie Nikolaiia Polevogo," in A. S. Pushkin, *Polnoe sobranie sochinenii,* ed. B. V. Tomashevskii, in 10 vv., VII 144.

dynamics of Russian history therefore cannot be explained by Western models – or, by implication, by any universal laws. We know that in Pushkin's day the French phrase "l'histoire universelle," "universal history," was translated into Russian two different ways. At times it was rendered in a Hegelian spirit as *vseobshchaia istoriia* (history that is "common to all"), which tended to foster those heartless paradigms where Russians were always the losers, lagging behind, left out, unable to compete with Europe in the linear progress toward "Geist." But it was also translated more in the spirit of Herder as *vsemirnaia istoriia,* history that contained a multiplicity of unranked, highly various and coexisting worlds. [13] Pushkin, with his commitment to differentiation and particularity both personal and national, sympathized with the Herderian model. Russia was not an autonomous or sealed-off world, but neither did her path necessarily lead in the same direction as any other nation in Europe; to participate in *vsemirnost',* then, meant that one's own country could help fill out a picture of the world that was rich in its complexities and unpredictable interconnections. But if history did not detect patterns and predict, what was the task of the historian, as Pushkin saw it?

Following Pushkin's own programmatic statement, this task was, first, to understand how *chance* worked in a given national culture over time. As the Pushkinist Svetlana Evdokimova has elaborated on this idea, in cultures like the Russian, where power was highly centralized and an individual's personal initiative (as well as legal rights) were severely circumscribed, "chance" played a proportionately larger role than in more democratically inclined societies. Thus Pushkin's fascination with Napoleon and Peter the Great, and his great interest in de Tocqueville's *Democracy in America* – the North American states being a nation where, for all its unattractive republicanism, Pushkin felt that the effectiveness of chance or arbitrary initiative was diffused throughout the population and thus potentially less disruptive. [14] In Russia, both chance and genius mattered profoundly, if they occurred at the top. Chance events could not be predicted or prepared for exhaustively, of course, but genius is precisely that which moves fast and forcefully

---

[13] See Igor' Shaitanov, "Geograficheskie trudnosti russkoi istorii (Chaadaev i Pushkin v spore o vsemirnosti," in *Voprosy literatury* 6 (1995): 160-202.

[14] See Svetlana Evdokimova, *Pushkin's Historical Imagination* (New Haven: Yale UP, 1999), esp. ch. 2, "Chance and Historical Necessity."

enough to take advantage of such events when they occur. The historian in such cultures must, in all humility, study this interaction – not as an astronomer, but as a "conjecturor." At any point, and apparently for the most arbitrary and trivial of reasons, everything "could have been otherwise." But this does not mean that power in history is unreal. Or as David Bethea has formulated Pushkin's position, history may not be "straightforwardly transcribable," but that need not imply that historical meaning is an illusion. To which I would add: in Pushkin's view, it would appear, historical meaning *is as competent as language ever is* to create value and to communicate realities. And here we arrive at my tentative conclusions for this whole tangled juxtaposition. For Pushkin and Tolstoy, undisputedly great literary masters, the ethics of history ultimately came down to an *aesthetic* criterion: the durability and trustworthiness of words.

For the act of writing history is equal parts the experienced event and the words used to transcribe that event. Tolstoy's well-advertised, almost routine crises where he resolved to "leave literature behind" and "write no more" are symptomatic of his difficulties with transcription, even (or perhaps especially) in the medium of which he was a master. He pursued "the event itself." Suspiciously, Tolstoy relegated "ideas," "convictions," and delight in verbal inventiveness to a secondary or service role, assuming that words were always in thrall to something greedier and more immediate. Unless the author tied that poetic energy down to an ethical end, it risked to seduce and pollute. Much of Tolstoy's animus against Shakespeare, it appears, was rooted in his suspicion – as he said of *King Lear* – that only wit and wordplay were at stake in the great dramas; and if that were a writer's primary aim, no moral progress could ensue. Added to this anxiety about language were the traditions and expectations of the psychological novel as Tolstoy practiced it, where access to inner states had become so unproblematic that "how something looked from the outside" was never adequate, was always false. And since history leaves largely external traces, verbal or otherwise, it could not be represented honestly: honest things, as Saul Morson has memorably remarked in his study of *War and Peace*, are "hidden in plain view." They need not be teased out by words.

Pushkin put up with a great deal in his brief life, but he did not, I submit, experience a "Tolstoyan" anxiety about words and their relationship to reality. A consummate craftsman, he simply trusted them as the tools of his trade: and it was up to the poet to produce beauty, to inspire himself and others, to nourish, quite simply, a

Muse. (Why is it that we cannot imagine Tolstoy ever tolerating a Muse?) For Pushkin, words properly employed had almost incantational powers and could cohere as primary realities. Language could create order, and – as in the case of his delicately constructed and highly disciplined *History of Pugachev*, which ends on intimations of Easter Week – it could probe down *to* order, thus revealing a unique cohesion of a particular time and a particular personality. But to make such cohesion persuasive, one had to accept the fact that the world was indeed a stage, that those who come later must view the performance from "out there," and that the fragile verbal texts we generate or recuperate on that stage are nevertheless, after their own fashion, "real." Pushkin was as devoted to Shakespeare as Tolstoy was resistant to him.

In sum: Pushkin, it seems, was more comfortable than Tolstoy with what words could hope to accomplish. His instincts as an historian were his instincts as a poet: trust the trace of a thing, trust your ability to create a structure for it, be grateful for the power and grace of that construct. And, as an historian, cultivate in yourself the disinterested curiosity required to pursue as many traces as possible. With good reason did Pushkin write in 1825 to his friend Nikolai Gnedich, Russian translator of the *Iliad,* that "The history of a people belongs to the poet."[15] And to whom would Tolstoy say that history belonged? Leo Tolstoy was very possibly Russia's least grateful writer of genius: he had everything, too much of everything, and yet again and again he asks, in confession after confession: *A chto potom?*, "What next?" As a corollary to this ingratitude, I suggest that Tolstoy, in the largeness and restlessness of his spirit, feared that curiosity itself was at some level incompatible with an ethical presence or trace in the world. As Tolstoy would have it, the right sort of human history belonged to Gerasim, house serf to the dying Ivan Ilych, or to holy fools, or to Pierre Bezukhov's mentor in captivity, the peasant Platon Karataev – in short, to all those innumerable simple and innocent folk who, so very unlike Tolstoy himself and so unknown by him, spoke in timeless proverbs and could not read at all.

---

[15] Pushkin to Nikolai Ivanovich Gnedich, 23 February 1825, in *The Letters of Alexander Pushkin,* ed. J. Thomas Shaw. Madison: U of Wisconsin P, 1967: 204.

# LES SILENCES DU RÉCIT

*par Jacques Neefs*

La lecture accompagne, la lecture des récits tout particulièrement. Lire les récits sollicite une considérable capacité d'assentiment, de connivence, d'actualisation mentale. La proximité d'une voix aimante l'attention, cette voix qui «découvre» l'univers dans le fil des pages, dans la course des lignes.

La dimension mimétique des récits tient à ce que ceux-ci demandent de «réalisation» mentale, à ce qu'ils attendent d'accomplissement imaginaire dans la lecture, à ce qu'ils proposent comme des univers praticables. Une tension sensible court dans l'écriture narrative, faite de présence et de désignation, faite de ces propositions complexes qui composent l'approche d'un monde, de ses événements, de ses ponctualités.

Cette dimension naît dans l'écriture, elle lui appartient en propre, en ce qu'elle est comme en avant de ce qui est en train de s'écrire, en ce qu'elle est à conquérir dans le cours de l'écriture. Claude Simon a souvent souligné cette dimension, qui est avènement sur la page: «Et tout de suite, un premier constat: c'est que l'on n'écrit (ou ne décrit), jamais quelque chose qui s'est passé avant le travail d'écrire, mais bien ce qui se produit (et cela dans tous les sens du terme) au cours de ce travail, au *présent* de celui-ci, et résulte, non pas du conflit entre le très vague projet initial et la langue, mais au contraire d'une symbiose entre les deux qui fait, du moins chez moi, que le résultat est infiniment plus riche que l'intention»[1].

---

[1] Claude Simon, *Discours de Stockholm*. Paris: Editions de Minuit, 1986: 25.

«Ce qui se produit» sur la page: la puissance d'un rassemblement, le cours d'une approche, la trace d'un passage. Les textes que nous lisons sont proches par l'énonciation qui s'y est exercée, encore tendue dans la lecture que nous en faisons. Et les espaces, les moments, les événements, les pulsations qui ont été tentés, trouvés, proposés sont ceux-mêmes que nous actualisons dans la reprise, dans l'accompagnement de l'œil sur la page de texte.

Dans la suite de son «discours», Claude Simon prend l'exemple de Stendhal, dans *La Vie de Henry Brulard*, qui se rend compte qu'il décrit, alors qu'il raconte son passage du col du Grand-Saint Bernard, plus une gravure de lui bien connue que la réalité. Claude Simon commente: «S'il avait poussé plus loin sa réflexion, il se serait rendu compte [...] qu'il ne décrivait même pas une gravure mais une image qui se formait alors en lui et qui prenait la place de la gravure qu'il se figurait décrire» [2]. Ecrire au plus près de ce que l'écriture permet de faire advenir: sans doute la volonté de dire estelle, dans le récit proche, ce mouvement même de profil donné aux choses, au monde, au possible.

Les exemples que je rapproche ici (quelques pages de Stendhal, deux paragraphes de Flaubert) donnent deux formules esthétiques très différentes de cette «approche» par l'écriture de l'événement, de l'espace, du monde à trouver, ou retrouver. Mais c'est cette «approche» qui fait la force d'attrait de tels textes.

## Au bord de dire

Stendhal a «inachevé» *Lucien Leuwen* en septembre 1835, de même que, dans la suite immédiate, il a «inachevé» *La Vie de Henry Brulard*, en mars 1836. Les manuscrits de ces deux œuvres sont ces œuvres elles-mêmes, au sens où l'espace que se donne Stendhal sur les pages, dans le volume des pages, est habité par le mouvement d'écrire. Le texte qui avance est aimanté par l'attraction de ce qu'il y a à dire, par la reconquête, en avant de soi, des univers passés, des mondes possibles.

La coïncidence de l'écriture avec ce que celle-ci découvre est particulièrement frappante dans ces textes. Le récit est conduit par l'intensité de ce qu'il cherche, il trace les lieux de son aventure dans

[2] *Ibid.* 25-26.

l'instant de son avènement. Et l'on connaît, dans *Henry Brulard*, ces moments d'intensité rêveuse, profondément mélancolique, qui passent au croquis, à la trace graphique, plan d'une pièce, d'une rue, d'une ville, d'un paysage[3].

Certaines pages sont des approches des lieux, comme en plan élargi, puis en plan rapproché; le récit passe dans le dessin, il est mouvement de retour, de grossissement, d'installation dans l'espace. Il en est ainsi, par exemple, de ce «souvenir» d'avoir été conduit au spectacle («on jouait Le Cid») par l'oncle Gagnon, souvenir prolongé (précisé, retravaillé) par un dessin d'ensemble de la topographie, avec légende: «la Bastille fortifiée de 1828 à 1836», la «Montagne», le «pont de bois», l'«Isère», la «Place Saint André», et, au centre, le «Théâtre»; puis, dans la suite même du récit, («Je vis donc jouer Le Cid [...] En disant les Stances, ou ailleurs en maniant son épée avec trop de feu, le Cid se blessa à l'œil droit [...] J'étais aux premières loges la seconde à droite»), l'épisode est précisé encore par un croquis de la salle elle-même, avec légende: «là le Cid se blesse», «henri B âgé de moins de 6 ans»[4]. L'écriture est l'événement du retour, le tracé méticuleux d'un dispositif de restitution, une proposition d'espaces et d'êtres, et, pour le lecteur, le trajet mimétique d'un chemin, d'un regard, d'une découverte, d'une vision, d'une enfance: «henri B âgé de moins de 6 ans», la distance est couverte, en même temps que posée, en ce point de la page, le personnage enfant est «situé», présent comme pour un rendez-vous, avec ponctualité.

L'attention portée sur la page fait l'acuité du texte. Elle est aussi ce que la lecture reprend à son compte: s'il y a fiction «personnelle», c'est en tant que le lecteur doit répéter pour lui-même, pas à pas, point à point, l'approche, l'événement (dans sa simplicité, ou sa drôlerie, ou son émerveillement), c'est en tant que cette «vie-là» se répète dans chaque lecture, appropriée, précise et approximative à la fois.

---

[3] L'intérêt de l'édition diplomatique du manuscrit de Grenoble de *La Vie de Henry Brulard écrite par lui-même* donnée par Gérald Rannaud (Paris: Klincksieck, 1996-98), est de ce point de vue considérable, car elle associe page à page *fac-simile* et transcription. C'est le rythme même de l'écriture, le rôle et le mouvement des croquis et plans, les phases de la rédaction, les impulsions de la mémoire qui sont donnés à lire, à voir.

[4] Edition citée 262-67. Edition Del Litto (Bibliothèque de la Pléiade) *Œuvres intimes*, t. II. Paris: Gallimard, 1982: 570-72.

Ecrire–et dessiner–la topographie pour raconter les épisodes d'une vie, donner à ceux-ci leur espace propre font de l'écriture une appropriation sensible de la page, une ouverture mélancolique. Il en est ainsi, dans cet autre exemple de *La Vie de Henry Brulard racontée par lui-même*, qui fait le récit de l'époque de la Terreur à Grenoble, et trace deux plans successifs de la maison du grand-père Gagnon[5]. Les légendes de ces plans «disent» les configurations et les liens. Le premier, plan d'ensemble, présente la disposition «familiale» de la maison: «Chambre de mon grand-père», «Salle à manger», «Escalier», «Galerie», «Chambre de mon oncle»; mais il conjoint aussi la singularité d'un espace «privé» : «Mon père», «Mon père Chérubin B[eyle] lisant Hume», avec la totalité de l'espace commun : «Maison voisine», «Grande cour», «Maison Perier-Lagrange», «Jardin Périer», «Jardin public nommé Jardin de la ville», «Terrasse avec vue admirable». Le second, quelques pages plus loin, plan rapproché, circonscrit l'espace, et le réduit à deux pièces: «Ma chambre», «Chambre de mon grand-père»; mais celles-ci sont prises également dans l'espace d'entour, entre «Escalier», «Grande cour», et «Petite cour. Odeur de cuisine de M. Reyboz». Le texte fait une sorte de «gros-plan» qui grossit et isole le «lieu de mémoire».

L'étrangeté de tels «textes-dessins» tient à ces multiples récits implicites qui font la densité, dans l'abstraction du croquis, des parcours («Escalier», «Galerie»), des moments, des situations, des détails sensibles (comme cette curieusement persistante «Odeur de cuisine de M. Reyboz»). Ces moments où le croquis relaie la prose sont encore du «récit»: ils invitent à mimer en soi un espace, des mouvements, des «stations» successives devenues, comme dans le rêve, concomitantes, comme en cet écart formidable qui permet de faire cohabiter la présence intime: «Mon père Chérubin B lisant Hume», et la respiration d'une fuite vers le lointain: «Terrasse avec vue admirable». Le «lecteur» est là, tout petit, en ces points de schize, sans mot.

Le récit se porte au plus près de ce qu'il fait venir, il conduit à la limite de ce qui l'envahit. Stendhal en a fait son esthétique propre, esthétique de la vitesse, esthétique de l'improvisation et de l'intensité de l'invention: «La page que j'écris me donne l'idée de la suivante:

---

[5] Edition Rannaud 598-605; édition Del Litto 640-41.

ainsi fut faite la *Char*[treuse]» (marginale de *Lamiel*, dans une note sur l'«Art de composer les romans»)[6]; le cours de l'écriture ouvre l'espace qu'il se donne: «Plan. Le brouillard se dissipera à mesure que j'avancerai dans le plan. Je vois le chapitre suivant»[7]; le récit est littéralement derrière la page : «28 mai 1839. Manière de Dominique. A chaque page je vois s'élever le brouillard qui couvrait la suivante»[8].

Le texte manuscrit de *Lucien Leuwen* est foisonnant de ces mouvements d'appel, de ces approches tendues, qui font rythme, jusqu'à la faillite, ou l'abandon, ou la dérobade, jusqu'à l'inachèvement, cela a souvent été souligné. Les épisodes sont «couverts» par une sorte d'allégresse associative, par l'accueil actif de ce qui se joue, se dit, se passe, par les failles et les ellipses, aussi bien. Le texte de Stendhal sollicite une lecture qui suive ce cours d'attente, de désir, d'ouverture, d'interruption, qui a été celui de son écriture–et, éventuellement, de son moment oral, la diction du récit étant elle-même assurément renforcée par le passage par la «dictée».

Le silence sur lequel échoue l'épisode est alors actif, puissant de ce qu'il désigne en creux. L'interruption de l'épisode d'un retour à Montvallier-Nancy (dans le chapitre XLV, selon l'édition reprise par Michel Crouzet, et le chapitre XLVI selon l'édition de Henri Martineau[9]) en est sans doute l'un des exemples les plus frappants. Si on lit le texte dans le mouvement de sa graphie[10]–ce dont le texte imprimé ne garde que peu de traces–le rythme de sa diction en est plus frappant encore. Un seul mouvement d'écriture sur trois feuillets (datés chacun : «2 déc.», avec sur le f° 260, la précision de l'année, d'un anniversaire, du lieu: «2 dec. 34. Soleil d'Austerlitz, Villa Albano *with* Amp[ère]») conduit l'impulsion («Il se sentait depuis quelque temps une envie folle de revoir la petite fenêtre de Mme de Chasteller») et l'épisode.

---

[6] Manuscrits de *Lamiel*, Bibliothèque municipale de Grenoble, R 297, t. I, f° 2-4, éd. d'Anne-Marie Meininger. Paris: Folio, 1983: 272. La note commence par cette affirmation maintes fois répétées: «Je ne fais point de plan».

[7] Marginale au verso de la page 30 du manuscrit de *Feder*, publiée par Michel Crouzet, *Romans abandonnés* (10/18). Paris: U.G.E., 1968: 353.

[8] *Lamiel*, R 298, t. II, f° 70 v°. Paris: Folio, 1973: 232.

[9] Respectivement Paris: Garnier-Flammarion, 1982, reprenant l'édition H. Debraye, Paris: Champion, 1927, et Paris: Folio, 1973, reprenant l'édition Martineau de La Pléiade de 1952.

[10] Manuscrit de *Lucien Leuwen*, Bibliothèque municipale de Grenoble, R 301, t. III, f° 250, f° 259, f° 260. Voir Jacques Neefs, «Stendhal, sans fins», dans *Le Manuscrit inachevé. Ecriture, création, communication*, sous la direction de Louis Hay. Paris: Editions du C.N.R.S., 1986: 28-30.

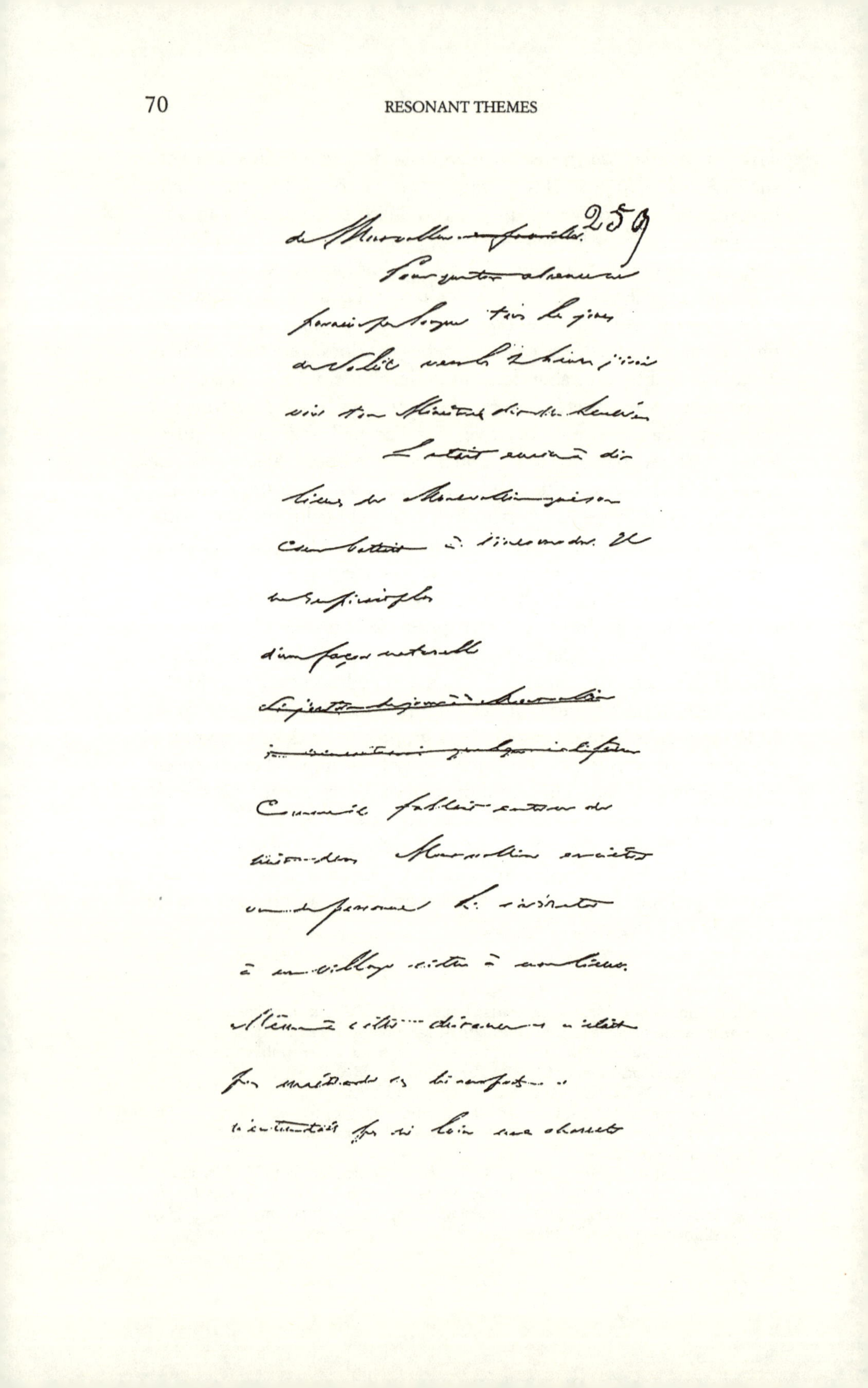

de Marcellin [illegible] 259

[illegible]

[illegible]

[illegible]

[illegible]

[illegible]

[illegible]

[illegible]

[illegible]

d'une façon naturelle

~~[illegible]~~

~~[illegible]~~

Comme il fallait [illegible]

[illegible] Marcellin [illegible]

[illegible]

à un village situé à [illegible]

[illegible]

[illegible]

[illegible]

260

Manuscrit de *Lucien Leuwen,* Bibliothèque municipale de Grenoble, R 301, t. III, f° 259 et f° 260

Le texte est un trajet, il est émotion et tension (f° 259, f° 260, voir illustration n° 1) :

> Il était encore à dix
> lieues de Montvallier que son
> cœur battait à l'incommoder. Il
> ne respirait plus
> d'une façon naturelle

Le mimétisme de l'écriture semble contaminé dans son rythme même. La scène d'écriture bascule vers une folle attention à l'émotion qu'elle traque.

Le récit reprend cependant ses droits, ceux d'un explicite, ceux d'une explication, dans une sorte de dialogue entre le personnage et le narrateur :

> ~~Si j'entre de jour à Montvallier~~
> ~~je rencontrerai quelque indicateur~~
> Comme il fallait entrer de
> nuit dans Montvallier et n'être
> vu de personne L. s'arrêta
> à un village situé à une lieue.

L'épisode représente une approche, une attente, une impatience, une pause émue et cachée, au bord d'un «retour» : retour vers le lieu d'un amour, pour «L.», mais aussi retour de l'être aimé, qui ferait le chemin vers qui l'attend, au tournant de la page:

> Même à cette distance il n'était
> pas maître de ses transports, il
> n'entendait pas au loin une charette
> ......................................................
> venir de loin sur le chemin qu'il
> ne crût reconnaître le bruit de la
> voiture de Me de Ch

Retour vers qui, de qui, pour qui, ici? L'écriture balbutie un peu à cet instant où elle coïncide littéralement avec ce qu'elle va chercher, avec ce qui viendrait vers elle («au loin», «de loin»), et où elle s'épuise dans l'impossible.

Stendhal arrête, le texte s'interrompt, l'épisode des retrouvailles de Lucien et Mme de Chasteller n'aura jamais lieu. Stendhal indique, en marge du f° 259 la stratégie adoptée dans ce silence: «Le voyage à Montvallier occupera le blanc de ce cahier. Tandis que je suis dans le SEC, je fais Me Grandet. 2 Déc.», et laisse en attente dix-sept feuillets. L'écriture est mimétiquement envahie par trop d'émotion, elle crée la place d'un «indisable», comme dira Flaubert. «Même à cette distance il n'était pas maître de ses transports»: ironique vérité, attribuée au personnage, qui va jusqu'à suspendre l'écriture elle-même.

La référence à quelque nom de la «biographie» de Stendhal (on pense bien sûr à l'amour perdu pour Métilde Dembovski) n'explique pas (et risque de réduire) la portée esthétique d'une telle page. Car c'est en coïncidant ainsi avec l'intensité de ce qu'elle cherche et propose, et en le donnant comme ce qu'elle tente de retrouver, que l'écriture se fait exact récit d'une aventure; et, pour le lecteur, c'est un bien vaste blanc que Stendhal dispose, une incomparable ellipse, pour laisser toute sa place à cette «folle envie de revoir la petite fenêtre» de Mme de Ch., ou de qui on voudra. L'attrait narratif et «romanesque» est dans cette expérience sensible intime que l'écriture découvre et porte avec elle (ici un désir, une nostalgie), expérience sensible intime qui est à la fois bouffée d'émotion et finalement un peu triste ironie, et que le texte partage.

## LA PLÉNITUDE DU SILENCE

> «Quand il faisait beau, on allait passer l'après-midi à la ferme de Geffosses.»*
>
> «Quand il faisait beau temps, on allait toute la journée à la ferme de Geffosses.»*
>
> «Quand il faisait beau temps, on s'en allait dès le matin à la ferme de Geffosses.»*
>
> «Quand il faisait beau, on allait passer toute la journée à la ferme de Geffosses.»*

Aucun de ces quatre textes n'a plus d'existence que l'autre. Ni moins d'ailleurs. Ils sont de Flaubert, mais de manière précaire, puisque Flaubert ne fut satisfait d'aucun d'eux. Ce sont des formules essayées, modifiées par ratures et reprises successives dans le manuscrit d'*Un Cœur simple*, au début d'un épisode d'intense mélancolie, qui est une des illustrations de la vie et des jours de la petite colonie familiale: Madame Aubin, ses deux enfants, Paul et Virginie, et la servante Félicité.

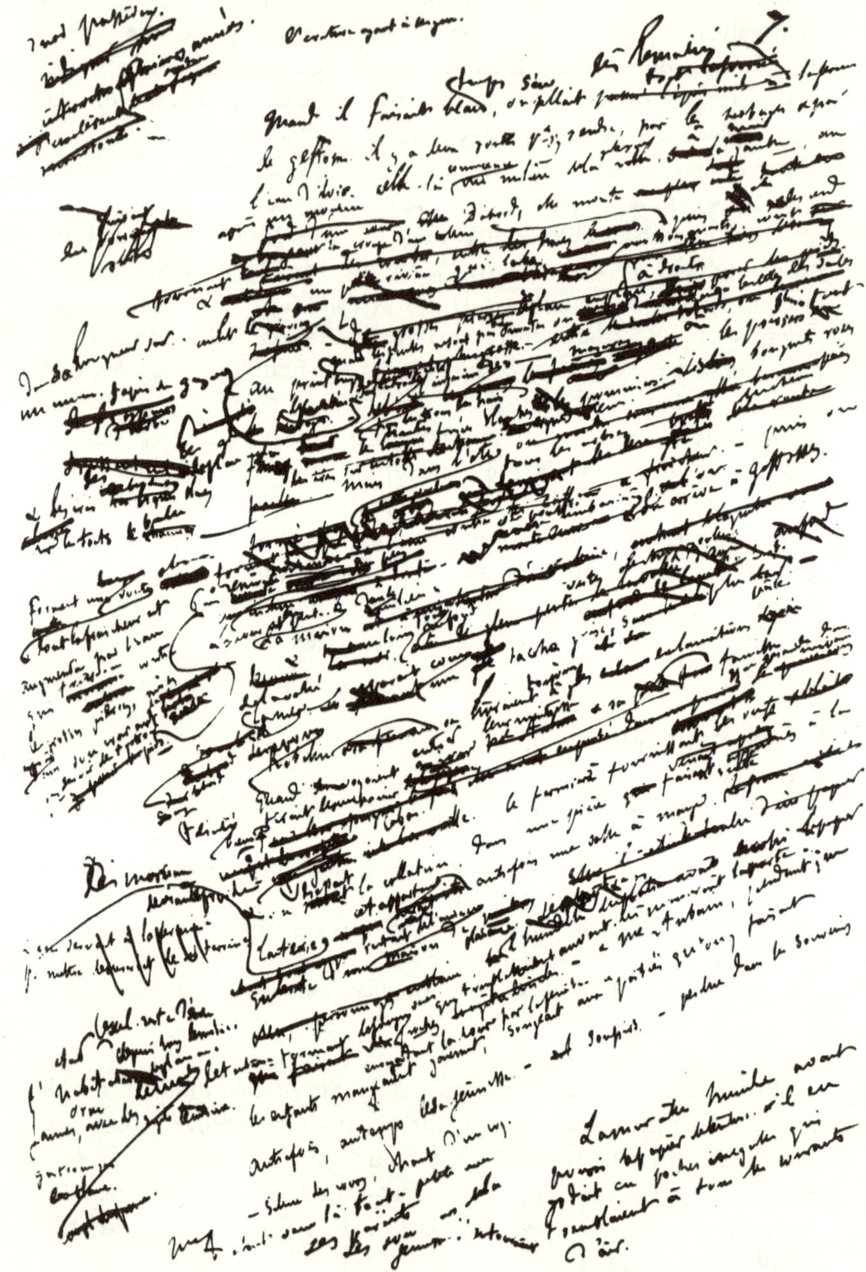

Manuscrit d'*Un Cœur simple,* Bibliothèque nationale de France, Ms. N.A.Fr. 23663, t. I, f° 285 r.

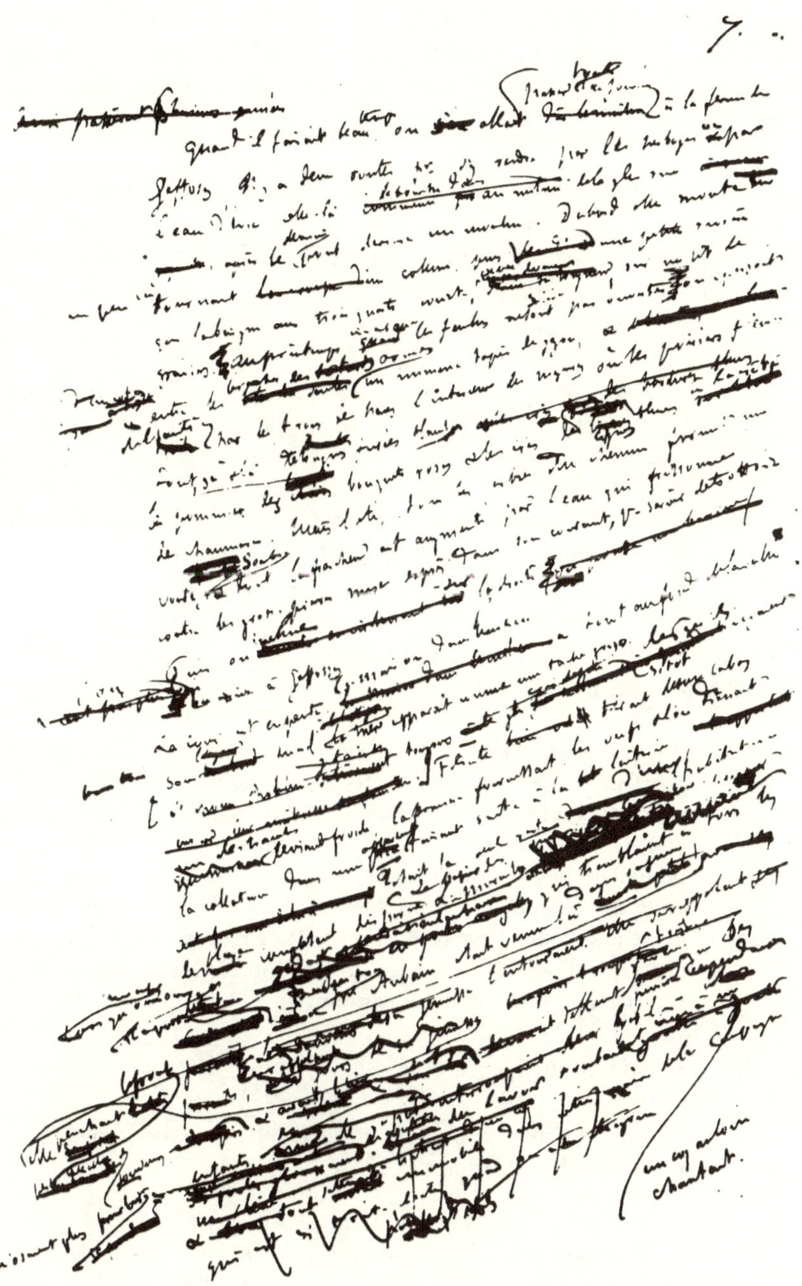

Manuscrit d'*Un Cœur simple,* Bibliothèque nationale de France, Ms. N.A.Fr. 23663, t. I, f° 286 r.

La séquence est engagée, vers le lieu à trouver, vers la journée à atteindre, à faire revenir, comme au présent. Flaubert développe sur les pages de ses manuscrits (deux folios successifs restent, mais il est possible que des étapes intermédiaires aient disparu) le trajet jusqu'à Geffosses (voir illustrations n° 2) [11]. L'écriture parcourt le chemin, à travers ajouts, ratures, hésitations, en de nombreuses bifurcations, en essais successifs. De nombreux textes possibles, instables, se superposent dans la recherche du trajet, de l'espace, de la sensation, sur une trame narrative simple (que l'on peut reconstituer ainsi, à travers les ratures):

> Il y a deux routes pour s'y rendre, par les herbages et par l'eau d'Ivie. Celle-là au milieu de la ville, sur la gauche, au fond d'une cour. D'abord elle monte tout en faisant des courbes, entre des haies de ronce, puis elle descend où un cours d'eau la couvre aux deux tiers... de grosses pierres de place en place pr poser les pieds. Au printemps l'eau est plus grosse...*

L'espace se complique, avec ses marques naturelles, ses saisons, ses floraisons (le folio 286 est un état plus «stable», d'où l'on peut retirer la trame suivante):

> Au printemps, quand les feuilles ne sont pas ouvertes on aperçoit d'un côté entre les têtes des saules un immense tapis de gazon, & de l'autre par le trou des haies l'intérieur des mazures où les poiriers fleuris font, ça & là de longues fusées blanches, les pommiers des bouquets roses, & les iris des lignes bleues à la crête des chaumières. Mais l'été, tous les arbres du chemin forment une voûte sombre & dont la fraîcheur est augmentée par l'eau qui frisonne contre les grosses pierres mises exprès dans son courant, pour servir de trottoir.*

La description fait ainsi le parcours:

> Puis on remonte en inclinant sur la droite, on pousse une barrière & on arrive à Geffosses.*

---

[11] Bibliothèque nationale de France, Ms. NAF 23663 [I] f° 285 r et f° 286 r. Les manuscrits d'*Un Cœur simple* ont été transcrits par Giovanni Bonaccorso, *Corpus Flaubertianum I*. Paris: Les Belles Lettres, 1983. Je reprends ici quelques remarques proposées dans «L'Auteur dans son manuscrit», dans *Hors Cadre*, n° 8, «L'état d'auteur», P.U.V., printemps 1990.

Le lieu recherché surgit:

> La maison est à mi-hauteur d'une colline, en haut de laquelle on découvre la mer.*

Ajouts et reprises intensifient la résolution:

> La cour est en pente, la maison dans le milieu, au loin, entre les deux pentes de la Vallée d'Auge, la mer apparaît comme une tache grise (f° 285)*

> La cour est en pente, la maison dans le milieu, & tout au fond de la vallée, sous le bord du ciel, la mer apparaît comme une tache grise (f° 286)*

Ces textes sont «restitués», ils sont, non pas hypothétiques, mais à proprement parler irréels, comme des ombres retirées dans la page, sous l'écriture. Cette longue description pour «aller à Geffosses» n'existe que dans l'entrelacs des essais, des ajouts, des ratures. Elle n'est pas un «texte» à proprement parler puisqu'elle est encore tramée dans les hésitations, les essais, les approches. Mais l'écriture y appréhende un espace, l'organise, le fait être devant elle. La saturation extrême du premier folio (285 r), montre combien Flaubert multiplie les pesées, les orientations («à gauche», «à droite», «dans sa longueur»), la marge redoublant le texte pour «poser» du visible : «de gds espaces d'herbe», (les iris) «des lignes bleues sur les toits de chaume», du sensible: «dont la fraîcheur est augmentée par l'eau qui murmure». On mesure combien l'écriture là se penche sur le détail, et sur le mouvement, pour rendre plus dense l'expérience du chemin, pour appréhender dans la prose, comme avec le corps, ce chemin, vers la découverte du lieu familier.

Et pourtant, cette description du trajet, patiente, minutieuse, sera finalement résorbée dans une sorte de syncope. Le texte publié par Flaubert (il correspond à la dernière copie manuscrite) juxtapose bord à bord le «départ» vers Geffosses, et l'«arrivée» à Geffosses, autour de l'un de ces «blancs» qu'admirait Proust:

> Quand le temps était clair, on s'en allait de bonne heure à la ferme de Geffosses.
>
> La cour est en pente, la maison dans le milieu; et la mer, au loin, apparaît comme une tache grise.

La force de l'ellipse tient à ce qu'elle implique en elle: la décision de partir (en vérifiant d'abord le temps qu'il fait), le moment de partir (précipitation, ne pas perdre de temps, «allons! les enfants, il faut se presser» pour s'en aller «de bonne heure»), l'arrivée, qui est comme une reconnaissance du sol, comme une sensation dans les jambes, sous les pieds : «La cour est en pente ...»; qui devient comme un allègement du corps devant la maison retrouvée, posée au centre de ce que l'on découvre: «...la maison dans le milieu...»; qui ouvre le regard vers l'horizon, vers une sorte d'abstraction sensible: «...et la mer, au loin, apparaît comme une tache grise.» Entre la décision de partir et l'ouverture de Geffosses sur l'horizon, le «trajet» a été engouffré, dans le saut du paragraphe. La coïncidence fantastiquement cherchée dans l'écriture avec le chemin à parcourir s'est résorbée dans le silence et l'implicite. Elle donne sa force, pourtant, à ce blanc, à ce présent qui surgit, comme sous nos pas: «La cour est en pente», course d'enfant, promenade de souvenir; un instant la vue se pose, sans bord : «... et la mer, au loin, apparaît comme une tache grise».

Le présent se prolonge, dans la prose imprimée que nous lisons, comme une vibration particulière [12]. Il est l'avènement même de ce que l'écriture semblait chercher. Il est la présence à l'image (à l'espace, à la perception, à la sensation) que l'écriture pose devant elle, fugitivement maintenue dans le lent courant de l'imparfait, dans la distance du récit [13]. Et le temps du chemin qu'il a fallu parcourir peut alors être fondu, comme dans une mémoire qu'il nous est donné de retrouver.

Là aussi, comme pour l'interruption chez Stendhal, que la marque «biographique» soit forte (Geffosses était le nom d'une ferme de la famille Flaubert) n'explique pas seul l'intensité esthétique. Sans doute même faut-il retourner la proposition : la mémoire intime est la source d'une force particulière, qui permet de donner à la prose narrative son insistance singulière, et à la représentation produite sa pleine puissance de monde, présent, proche, appréhensible, presque.

---

[12] Gérard Genette a amplement souligné l'intensité et le sens de ces «présents» de Flaubert dans «Silences de Flaubert» in *Figures*. Paris: Seuil, 1966: 223-43.

[13] Les scénarios sont écrits au présent, et dans les brouillons, les premières rédactions conservent longtemps le présent: c'est qu'il s'agit pleinement alors pour Flaubert de poser le monde à écrire en coïncidence avec l'écriture–ou de faire coïncider l'écriture avec le monde à construire, à sentir, à produire.

Le conte est envahi de mémoire, sa beauté particulière tient à la densité de sensations qu'il offre comme une intimité [14]. L'effacement du trajet fait vibrer l'émotion d'une sensation profonde, comme arrachée au plus lointain des souvenirs, au plus profond de la mémoire du corps. Pour le lecteur, Flaubert trace ce «blanc» d'une infinie densité qui fait que l'on doit mimer en soi le trajet, pour qu'enfin «on arrive à Geffosses». L'on peut alors, comme dans le rêve, être à la fois les enfants (chacun d'eux), la mère, Félicité, mais aussi l'espace; on peut n'être plus alors que sensation et regard, point de mémoire anonyme.

Ces textes sont singuliers par l'envahissement «affectif» qu'ils accueillent en eux, par la place qu'ils font à une sorte de surdétermination intime. Ils s'approchent l'un et l'autre, de manière tout à fait opposée pourtant, de la limite même de ce que le récit peut dire, en traçant l'espace de son effacement. Et le «récit» décolle à peine de cette proximité trouvée avec soi, dans le lointain. Mais si une sorte de mélancolie commune les rapproche, c'est assurémcnt parce que l'écriture s'y rapporte comme à sa loi d'être, c'est à dire à la coïncidence avec ce qui advient par elle, devant elle. Il n'était peut-être pas nécessaire de lire les «manuscrits» pour lire cela «dans le texte». Mais c'est bien sur la page d'écriture que cette coïncidence se joue visiblement, car c'est sur la page que l'écriture, au plus proche de soi, se détache en scène pour autrui, en texte et récit que la lecture devra accueillir, et où le lecteur pourra résider.

[14] Victor Brombert a montré combien cette dimension intime des souvenirs fait la justesse du ton d'*Un Cœur simple*, ton «de tendresse et de compassion». *The Novels of Flaubert*. Princeton: Princeton UP, 1966. Chapitre 7, «*Un Cœur simple*: Tenderness and Irony».

# SCÈNES D'OISEAUX

*par Jean-Pierre Richard*

## ORNITHOCRITIQUE

Dans *Les Travailleurs de la Mer,* livre souvent évoqué et heureusement commenté par Victor Brombert, se rencontrent de nombreuses présences animales: la pieuvre, bien sûr, noyau, ou plutôt abîme onirique de tout le système imaginaire mis en oeuvre par le roman, d'autres êtres marins encore, poissons ou méduses, mais oiseaux aussi, dont l'activité, plus discrète certes, n'en reste pas moins fort insistante. Pourquoi ne pas les prendre dès lors pour objet d'étude à part entière? Relire et commenter quelques-unes des scènes que jouent ici ces petits personnages, voilà peut-être un moyen de s'introduire au plus vif d'une invention, d'un monde d'imagination et de désir. Un épisode célèbre du roman, celui des *Déniquoiseaux* raconte la chasse aux nids, puis la cueillette des œufs d'oiseaux auxquelles se livrent trois hardis gamins de Guernesey. Mais le commentateur hugolien ne pourrait-il pas se muer, lui aussi, en une sorte de déniquoiseau? Il chercherait ses objets, ses motifs, ses thèmes, ses fantasmes, et, justement ici celui de l'oiseau, non plus dans les rochers ou les feuillages, mais dans le tissu, ou l'air des textes même. Espace, pour lui, de chasse et d'élaboration rêveuse. La critique y serait une sorte d'ornithologie.

## L'ENFUI ET L'ENFOUI

La première scène oiselière on pourrait l'extraire des pages de *L'Archipel de la Manche*, qui servent de préface générale au roman. L'oiseau y affiche d'emblée l'un de ses attributs hugoliens les plus constants: la multiplicité, le nombre vivant:

> Partout des fourrés, des charmilles, "toutes sortes de brehailles", des épaisseurs vertes où ramage un monde ailé, guetté par un monde rampant; merles, linottes, rouges-gorges, geais, torquilles; le loriot des Ardennes se hâte à tire-d'aile; des volées d'étourneaux manœuvrent en spirales; ailleurs le verdier, le chardonneret, la cauvette picarde, la corneille aux pieds rouges.
>
> Çà et là une couleuvre[1].

Les oiseaux, ici? D'abord, on le sent bien, le plaisir d'une énumération de noms d'oiseaux, la liberté donnée à une expansion verbale. Ces merles et linottes, avec tous leurs petits voisins, quelquefois peu connus (ces torquilles sont des torcols, oiseaux de la famille des pies), ils s'envolent d'un lexique, tout autant que d'une charmille ou d'un fourré. Et cette nomenclature fabrique une sensation d'abondance, une richesse. Il y aura peu, chez Hugo, de curiosité pour l'être singulier de chaque espèce; il ne s'attachera pas vraiment à la nuance unique d'un plumage, à la courbe d'un profil, au rythme d'un vol, à la structure d'un chant. Les oiseaux l'attirent en tant que porteurs d'une certaine identité multiple; ils apparaissent le plus souvent sur le mode du *beaucoup*, ce qui leur permet de produire un effet d'ampleur, ou de volume; ils se donnent en somme comme les promoteurs d'une quantité, d'un foisonnement nommable et dynamique, d'un *monde*, selon les lignes plus haut citées.

La prolifération, la profération aussi du monde ailé, on peut prendre plaisir alors à les voir unies, *amalgamées* (mot aimé de Hugo, et un peu plus loin glosé: on y entend de l'âme redoublée, peut-être aussi de l'aile, et comme une lointaine idée de mariage...),

---

[1] *Les Travailleurs de la mer*. Paris: Gallimard (Folio), 1980: 36. Il faut rendre hommage à Yves Gohin, auteur de cette édition, l'un des plus perspicaces commentateurs de Hugo. Mes remerciements aussi à Jacques Penot, maître en ornithologie, qui m'a aidé à comprendre et déchiffrer quelques noms d'oiseaux.

à cette autre pluralité éparse et vivante, le *feuillage*. De l'univers végétal au monde volatile se rêve aisément un rapport d'homologie, enrichi d'une idée de complicité, ou même d'enveloppement physique. C'est que des deux côtés il y a de la touffe, du secret, de la vibration. Fourré, branche, charmille, ils sont taillés dans le même tissu que le peuple des oiseaux chanteurs, mais en même temps ils les accueillent en eux, protègent, ils les cachent; ils leur offrent même le lieu d'une origine: "l'épaisseur verte", c'est aussi l'espace naturel du nid.

A partir de là naissent deux lignes de rêverie possibles, qu'indique discrètement déjà le passage retenu. La première établit une tension entre le caractère dissimulé du monde volatile, sa liaison avec l'espace recouvert, l'"épaisseur" où l'oiseau s'entend souvent bien plus qu'il ne se montre, et, à l'inverse, sa vocation aérienne, son invitation à l'ouverture, au déploiement, ou même à la dissipation. D'un côté le "fourré", où résonne le ramage, de l'autre l'air, avec son "tire d'ailes", ses "volées", ses "spirales" changeantes d'étourneaux. C'est bien en effet l'un des paradoxes fondateurs, l'une des séductions aussi de toute vie volatile, que le plus éparpillé, le plus fuyant, et à la limite le presque-invisible (l'oiseau en vol) s'y joigne nécessairement au plus immobile, au plus passionnément caché, au presque invisible d'une autre manière encore (l'oiseau sous la feuille, ou dans le nid). Des deux côtés, surtout s'ils sont mis dynamiquement en opposition, voire en conjonction (par exemple : la fuite dans l'ombre, ou l'enveloppement par l'horizon), pourront se produire appels de rêverie, montées de désir ou de fantasme. L'imaginaire hugolien y trouve, en tout cas, un double et libre champ.

Et puis notre première scène suggère quelque chose d'autre encore, qui intéresse cette fois non plus la spécificité volatile elle-même, mais le rapport de l'oiseau avec son alentour vivant, animaux ou hommes: ici le "monde rampant" qui "guette" le monde ailé, avec, çà et là, cette couleuvre en attente. Le lecteur familier des *Travailleurs de la Mer* anticipe sans mal dans ces deux notations apparemment anodines l'angoisse reptilienne qui culminera, plus haut, dans la découverte de la pieuvre. Mais plus importante reste peut-être l'inquiétude diffuse du guet, le fait que l'oiseau, enfoui ou enfui, provoque de toute manière le regard, qu'il réveille donc avec lui ce "complexe spectaculaire" dont on a si souvent, depuis Charles Baudoin, souligné l'activité dans la création hugolienne. Voir, ou ne pas voir, telle est peut-être bien en effet, ici, la question... Avec ses ramifications en désirs multiples. Par exemple: vouloir voir, vouloir ne pas voir, vouloir être vu, vouloir ne pas être vu... Pour en revenir à nos oiseaux, l'activité de guetter, de surveiller fait partie, de manière inévitable, du rapport que nous entretenons avec leur monde. Le désir de connaître s'y sépare mal d'un épiement. Pour tous peut-être, mais plus particulièrement pour Hugo, la relation ornithologique implique une jouissance de l'œil, et avec elle, plus ou moins forte, une vague sensation de faute, l'idée d'une culpabilité sourde. C'est cela que va mettre très clairement en évidence l'épisode des déniquoiseaux.

## DÉNICHER, RENICHER

Car les dénicheurs d'oiseaux sont d'abord des regardeurs. Ils ont certes pour but avoué d'aller chercher dans les nids de mouettes les œufs qui serviront à décorer les demeures parentales. Mais leur curiosité se porte, plus essentiellement sur l'activité des oiseaux eux-mêmes au moment de leurs rituels amoureux, de leurs vols préliminaires, de leurs pariades :

> Pourquoi ces enfants revenaient-ils si tard? Rien de plus simple. Ils étaient allés à la chasse aux nids de mauves, dans le Tas de Pois d'Aval. La saison ayant été très douce, les amours des oiseaux commençaient de très bonne heure. Ces enfants, guettant les allures des mâles et des femelles autour des gîtes, et distraits par l'acharnement de cette poursuite, avaient oublié l'heure. Le flux les avait cernés; ils n'avaient pu regagner à temps la petite anse où ils avaient amarré leur canot, et ils avaient dû attendre sur une des pointes du Tas de Pois que la mer se retirât. De là leur rentrée nocturne. (203)

Voici marquée de sexualité l'essence même de l'oiseau: les enfants guettent moins nids ou nichées qu'ils n'attendent les accouplements avec leur étrangeté sidérante, la "distraction" que provoquent en eux ces poursuites acharnées. Scène parentale surprise dirait la psychanalyse, où se joue l'énigme d'une conception. Elle produit en tout cas sur le regardeur un effet privé d'ambiguïté: cet oubli de tout (et en particulier de l'heure: on s'y place en une sorte de hors-temps, ou de début du temps), cette montée, intérieure aussi sans doute, d'un *flux* qui les cerne et presque les submerge, cet isolement, si caractéristique, sur une *pointe* de rocher...

Et la force d'un tel spectacle, c'est que la curiosité ne s'y arrête jamais sur un objet précis, fût-ce un vol de mouettes, qu'elle veut toujours aller plus loin, en savoir plus, pousser en somme jusqu'au bout, au fond de la vision, sans que cela lui soit, bien sûr, jamais possible, du fait d'un interdit aussi fondamental que peu compréhensible. D'où le passage, logique, du vol des mouettes amoureuses au vertige de la maison hantée:

> On est en quête, on fouille, on épie les choses cachées, est-ce pour s'arrêter en chemin? on avance la tête dans ce trou-ci, comment ne point l'avancer dans ce trou-là? qui est en chasse subit un entraînement, qui va à la découverte est dans un engrenage. Avoir tant regardé dans le nid des oiseaux, cela donne la démangeaison de regarder un peu dans le nid des spectres. Fureter dans l'enfer; pourquoi pas?
>
> De gibier en gibier, on arrive au démon. Après les moineaux les farfadets. (204)

Ce glissement, il est fondateur, chez Hugo, nous le savons, du travail même de l'imagination. Rêver, c'est glisser, sans arrêt aucun, sans trêve, d'une forme, d'un domaine, d'un règne à l'autre. C'est se laisser aller, ici, de la mouette au spectre, et de la falaise, ou du nid à l'ombre d'un "enfer". D'un monde immédiatement, animalement amoureux, on se transporte en un arrière-monde où le même interdit, l'attrait-répulsion du même "inconnu" engendrent des créatures d'un autre ordre. Mais toujours du même tissu, peut-être. Car spectre, fantôme, ce ne sont après tout que des matérialisations d'insaisissable: les concrétions, fantastiques, d'une impalpabilité dont la vie volatile nous offrait déjà de si troublants exemples. On note pourtant que, dans le cours d'une telle dérive, la précision de l'œil garde ses droits: du *moineau*, de sa familiarité minuscule et sautillante, on passe aisément au *farfadet*, chez qui se retrouvent à peu près les mêmes caractères.

Quand cependant les trois déniquoiseaux arrivent devant la maison "visionnée" de Plainmont, c'est une tonalité tragique qui prévaut. Car ce bâtiment attire dans la mesure où il est à la fois clos et béant. Son rez-de-chaussée est "condamné", mot bien caractéristique, mais, au premier étage, deux fenêtres ouvertes, ouvertes sur "l'ombre du dedans", sur le "délabrement intérieur", attirent à la fois, en une belle condensation, l'avidité du regard et son châtiment, aussi horrible que classique: "on dirait les trous vides de deux yeux arrachés". Dans ce vide (ailleurs, chez Hugo, ce gouffre, cet abîme, cette nuit, ce puits) on retrouve sans surprise les signes d'une présence volatile: "on y entend confusément, par instants, des battements d'ailes effarouchés". Le lecteur ne s'étonne pas de surprendre l'oiseau, avec ses ébats craintifs, tout à la fois au bord et au fond de ce que Hugo pourra nommer ailleurs "la bouche d'ombre".

Dans *Les Travailleurs de la Mer* on ne se résigne pourtant pas toujours, ni même le plus souvent, aux glissements de l'angoisse ornithologique. Il est intéressant par exemple de voir comment le héros de l'histoire, Gilliatt, qui possède, selon le texte, une véritable "superstition des oiseaux", réagit contre l'activité suspecte des dénicheurs. La défense s'exerce chez lui *avant* que le désir se soit laissé aller trop loin vers son objet. D'où trois attitudes possibles. La première consiste à réparer très vite, donc à annuler sans trop de mal l'atteinte libidinale. Ainsi le jour où, "voyant un garçon descendre d'un arbre avec une couvée de petits épluques-pommiers (ce sont nos grimpereaux des jardins) nouveaux-nés, presque sans plumes et tout nus, Gilliatt prit cette couvée à ce garçon, et poussa la méchanceté jusqu'à la reporter dans l'arbre". Méchanceté? Entendons-là selon l'opinion commune, donc *a contrario*. Car si Gilliatt a "un faible pour les oiseaux", c'est un "signe auquel on reconnaît généralement les magiciens" (comprenons les visionnaires, les poètes. . .).

Le même souci peut l'amener, ailleurs, à anticiper la réparation, à la rendre en somme inutile. Cela se fait par une stratégie de détournement: on décourage les oiseaux de s'installer dans les falaises, et donc les enfants d'y rechercher leurs nids au risque de se casser le cou. "Gilliatt ne savait qu'inventer pour faire le mal. Il grimpait, au péril de sa propre vie, dans les escarpements des roches marines, et y accrochait des bottes de foin avec de vieux chapeaux et toutes sortes d'épouvantails, afin d'empêcher les oiseaux d'y nicher, et, par conséquent, les enfants d'y aller". Mais qui protège-t-il préférentiellement ici, enfants ou oiseaux ? On note en tout cas le caractère retors de la manœuvre. Car cette activité qui vise à sauver les uns et les autres, elle s'y donne une curieuse satisfaction imaginaire, avec ce mariage suggestif de bottes et de chapeaux, et elle enveloppe une autre petite transgression encore, bien connue des lecteurs de Hugo, celle qui consiste à s'élever sur une paroi abrupte. Rien d'innocent, ici dans l'escalade, cette spécialité du forçat évadé (et du déniquoiseau!). Après *Les Misérables*, après *Quatre-vingt-treize*, nous savons bien que rien, dans le danger (et dans le plaisir ?) ne grimpe comme un pied nu.

Il y aurait, enfin, un troisième remède au drame du nid violé: non plus réparer les effets de l'agression, ni prévenir celle-ci en empêchant la nichée, mais, solution plus radicale sans doute, occuper soi-même l'espace du nid attaqué, ce qui bouleverse évidemment toutes les données physiques (et pulsionnelles) du problème. Cette issue paradoxale Gilliatt la met en œuvre, sans le savoir bien sûr, quand il s'installe, sur les rochers des Douvres, dans le creux même où dormaient avant lui mouettes et goélands. Véritable usurpation de domicile contre laquelle proteste énergiquement la foule des volatiles délogés. Interprétera-t-on cette situation nouvelle? Pensera-t-on que, dans le cadre de la relation ornitho-primitive, c'est le sujet désormais qui occupe le nid, c'est lui qui remplace les parents, qui devient, d'une certaine manière, son propre géniteur (comme pourrait le suggérer aussi, et parallèlement, le sauvetage de la Durande)? L'ordre des choses, et des regards, y a en tout cas tourné: car Gilliatt s'exhibe, calmement, aux yeux des oiseaux qui le contemplent, "effarés". Et c'est lui maintenant que toute la nature, océan, vent, tempête, pas vraiment oiseaux pourtant, on retrouvera cela, va s'efforcer, mais bien vainement, de dénicher.

## Déruchette

De l'oiseau voici donc repérée la qualité spontanément, primitivement amoureuse. Rien d'étonnant alors à le voir, sur un plan humain, métaphoriser l'être désiré, l'héroïne qu'invente Hugo face à la rêverie encore incertaine de Gilliatt. Car Déruchette s'imagine comme une femme-oiseau. C'est que "le corps humain pourrait bien n'être qu'une apparence. Il cache notre réalité (...) Telle fille, par exemple, si on la voyait ce qu'elle est, apparaîtrait oiseau. Un oiseau qui a la forme d'une fille, quoi de plus exquis! figurez-vous que vous l'avez chez vous, ce sera Déruchette". Pas n'importe quel oiseau pourtant: "Bonjour madame la bergeronnette. On ne voit pas les ailes, mais on entend le gazouillement". Ou bien apparaît, en une variation imaginaire, l'attrait d'un autre oiseau: "la petite fille persiste dans la jeune fille, et c'est une fauvette. On pense en la voyant: qu'elle est aimable de ne pas s'envoler!"

Bergeronnette, fauvette, pourquoi ce double choix? D'abord, peut-être, à cause du charme des noms eux-mêmes qui, outre leurs échos propres (vers les bergers, les fauves), rejoignent Déruchette et l'idée de petitesse (de petite fille persistante) dans leur suffixe diminutif commun, *-ette*. On pense aussi que le bonjour adressé à la bergeronnette correspond bien aux attitudes de cet oiseau, avec sa marche vive, ses incessants hochements de tête, son agitation de queue; quant à la fauvette (il vaudrait mieux dire d'ailleurs *les* fauvettes), elle répond sans doute à la qualité d'un être si "léger, si fuyant, si peu saisissable", et qui a "la bonté de ne pas être invisible, lui qui pourrait, ce semble, être impalpable..." Le texte évoque ici le corps de la jeune fille, mais il décrit aussi bien la façon d'être de l'oiseau, d'un chant plein et délicat, mais d'une apparence rapide, instable, évasive.

Il semble bien d'ailleurs qu'aux yeux de Hugo fauvette et bergeronnette partagent avec Déruchette une qualité, plaisante certes, mais pas véritablement comblante, le *joli*: "Déruchette avait ce défaut d'être peut-être trop jolie et pas assez belle. Sa beauté pêchait, si c'est là pêcher, par excès de grâce. Déruchette au repos, c'est-à-dire en dehors de la passion et de la douleur, était, nous avons indiqué ce détail, surtout gentille". Cette même gentillesse rejaillit sur ses deux oiseaux-fétiches, non sans injustice peut-être, car il y a de la sauvagerie dans la grâce des fauvettes, et de l'étonnement, de l'étrangeté dans le charme des bergeronnettes. Quoiqu'il en soit, Déruchette ne s'invente pas, en Hugo, à l'inverse peut-être de sa soeur Cosette, comme une héroïne de la souffrance et de la nuit. C'est même, osons le mot, cette mièvrerie, qui l'empêche de deviner l'amour-gouffre de Gilliatt. Elle ne s'ouvre à ces valeurs qu'au moment de rencontrer Ebenezer, et cela sous le signe d'un autre oiseau encore: "il y avait dans des profondeurs un rossignol qui chantait". On regrettera, peut-être, l'aspect un peu conventionnel de cette concomittance, sauvée, il est vrai, par le beau pluriel indéfini accordé à *profondeurs...*

## GILLIATT

Reste que la vraie profondeur, celle que creusent en l'homme pensée et passion, c'est Gilliatt qui la possède. Et ce sont des oiseaux encore qui vont se charger de l'illustrer. D'autres oiseaux pourtant: non plus le petit peuple des passereaux, qui accompagnent, chez Déruchette, une joliesse virginale, mais des êtres plus gros, plus forts, vivant, comme Gilliatt lui-même, au contact d'une âpreté des choses. Oiseaux marins surtout: goélands, mouettes, ou mauves, enfin, prestigieux de par leur noirceur peut-être, et aussi la splendeur vibrante de leur nom, cormorans (on y entend deux fois de l'*or*, du *corps*, de la *mort*, peut-être de la *moire*...). Le rapport de Gilliatt à ces oiseaux est profond et complexe: d'une qualité très passionnelle, il passe par diverses phases qui suivent l'évolution du récit.

Tout y part d'un voisinage, d'une familiarité d'essence: homme-monde, Gilliatt se sent en contact, voire en amitié avec tous les êtres de ce monde. On l'a vu écarter les dénicheurs. Mais il attire leurs victimes. S'il siffle dans un pré voici qu'y viennent un corbeau, puis une pie. Ou bien, une autre fois ce sont des hirondelles qui l'appellent. D'ailleurs il achète tous les oiseaux qu'on lui apporte et les met en liberté: activités suspectes, évidemment, aux yeux des habitants de l'île... Et lorsque l'amour le touche, et qu'au lieu de regarder quelque marsouin sortant de la mer, ou "quelque rouge-gorge" (oiseau-lueur, oiseau-bond), il se fixe sur son nom, que Déruchette, par jeu, a écrit dans la neige, les oiseaux encore donnent à cette rêverie nouvelle plénitude, ampleur, vibratilité: "Tout était plein de bruits d'oiseaux…"; "les mouettes volaient éparses…"

Le voici maintenant dans les rochers des Douvres seul avec l'océan, environné pourtant d'une nombreuse présence oiselière. Celle-ci prend d'abord, et très curieusement, comme pour le consacrer, la forme d'une sorte d'auréole sombre: "Un grand cercle noir tournait autour de sa tête dans le ciel profond et blanc du crépuscule. On voit, dans les vieux tableaux, de ces cercles sur la tête des saints. Seulement ils sont d'or sur un fond sombre; celui-ci était ténébreux sur un fond clair. Rien de plus étrange. On eût dit l'auréole de nuit de la grande Douvre.... C'étaient des mouettes, des goélands, des frégates, des cormorans, une nuée d'oiseaux de mer étonnés".

Autour de Saint Gilliatt, pourtant, l'auréole ne tarde pas à se défaire, et le "tourbillon volant" passe bien vite de la consécration à l'agressivité. C'est que Gilliatt, on s'en souvient, a volé leur nid à ces oiseaux, de quoi provoquer colère et désir de représailles. Deuxième moment d'une relation devenue instable. Le comble du malaise y est atteint lorsque la troupe d'oiseaux attaque le panier de Gilliatt pour le déchirer et lui voler ses provisions. Le texte prend alors une résonance douloureuse; l'écriture y suit une violence; elle y dessine les formes d'un supplice:

> C'était l'essaim de goélands et de mouettes qui venait de se ruer sur une des roches basses, battant de l'aile, s'entreculbutant, criant, appelant. Tous fourmillaient bruyamment sur le même point. Cette horde à bec et ongles pillait quelque chose.
>
> Ce quelque chose était le panier de Gilliatt.
>
> Le panier, lancé sur une pointe par le vent, s'y était crevé. Les oiseaux étaient accourus. Ils emportaient dans leurs becs toutes sortes de lambeaux déchiquetés. Gilliatt reconnut de loin son boeuf fumé et son stockfish. (333)

Voici les oiseaux (*importunae volucres*, comme les nomme, issu de Virgile, le titre de ce chapitre) devenus des prédateurs, avec le retour, en eux, de quelques grandes figures hugoliennes maléfiques. Non plus le cercle, ni la spirale, ni la ligne droite de l'essor, mais le fourmillement, le pêle-mêle, le chaos vivant, la déchirure, avec des motifs néfastes comme la horde, le lambeau, le haillon, le cri. Derrière cet assaut dont on ne peut s'empêcher de penser qu'il annonce, à sa manière, l'attaque ultérieure de la pieuvre, c'est sans doute un drame archaïque de la nutrition qui est en train de se jouer. Le poulpe collera, puis aspirera, de toutes ses ventouses, la substance vivante du corps; les oiseaux, eux, déchirent du bec, mettent en morceaux, volent le panier de nourriture (le sein?) pour l'empêcher de remplir son rôle bienfaisant. D'où une privation, devenue faim lancinante, avec la conséquence que Gilliatt est, pour survivre, obligé de chercher des coquillages et tel un autre déniquoiseau, des "œufs de mer" (des oursins...).

Que l'oiseau soit ici porteur d'une vraie rêverie alimentaire, cela devient plus évident encore dans la suite de cet épisode, qui a valeur de complet retournement. Car peu à peu Gilliatt renoue amitié avec ses camarades de rocher. Il leur distribue les miettes de sa galette de seigle, et eux, de leur côté, lui montrent, en s'y posant, les flaques d'eau douce où il peut aller boire. Ce renversement de rôles se justifie par l'accès de Gilliatt à une sorte de bestialité: "Les oiseaux, de leur côté, ses cheveux étant hérissés et horribles et sa barbe longue, n'en avaient plus peur; ce changement de figure les rassurait, ils ne le trouvaient plus un homme et le croyaient une bête". Paradoxe, ironique, d'une animalité apaisante (mais c'est la même qui provoquera l'effroi et l'évanouissement de Déruchette...). Homme et oiseaux communiquent, ils se nourrissent réciproquement dans la tranquillité d'une sauvagerie égale. Ils sont, ensemble, des *misérables*: "Les oiseaux et Gilliatt étaient maintenant bons amis. Ces pauvres s'entraidaient". Des uns à l'autre, il y aura dès lors attention, presque collaboration : "Les cormorans, volant çà et là, le regardaient travailler". Quand, plus tard, la tempête va s'apaiser, une "blancheur passe près de Gilliatt et s'enfonce dans l'ombre, mouette, reflet de la femme nue rêvée dans la grotte?, comme une messagère de salut. Enfin, après l'assaut final, au moment où le héros repose, exsangue, évanoui, au sommet de l'écueil, une mouette, encore, vient se poser sur son visage et lui becqueter les lèvres pour, apparemment, le réveiller: mais aussi bien, peut-être, pour lui apporter une nourriture, ou un baiser.

## S'EFFACER

Il faudrait évoquer enfin la mort, ou plutôt l'évanouissement terminal, l'effacement de Gilliatt. Victor Brombert a bien souligné la force de ce thème, en repérant la place qu'y occupent, encore, ses compagnons ailés. Le texte du roman situe ce dénouement en un paysage de printemps: l'oiseau sert à y animer le paradoxe d'une fin qui coexisterait avec toutes sortes de naissances; il se situe au plus vif d'une antithèse implicite:

> Tout était neuf dans la nature, les herbes, les mousses, les feuilles, les parfums, les rayons. Il semblait que le le soleil n'eût jamais servi. Les cailloux étaient lavés de frais. La profonde chanson des arbres était chantée par des oiseaux nés d'hier. Il est probable que leur coquille d'œuf cassée par leur petit bec était encore dans le nid. Des essais d'ailes bruissaient dans le tremblement des branches. Ils chantaient leur premier chant, ils volaient

> leur premier vol. C'était un doux parlage de tous à la fois, huppes, mésanges, pique-bois, chardonnerets, bouvreuils, moines et misses ( . . . ) On entendait en l'air des cris de bienvenue. L'été hospitalier ouvrait sa porte aux oiseaux lointains. C'était l'instant de l'arrivée des hirondelles. (522)

Instant de l'arrivée, pour dire le moment du départ. *Moines* et *misses* mariés (ce sont, dans l'amusement de Hugo, moineaux et grives), l'idylle panique y orchestre une sorte de frisson de la primeur. L'oiseau y retrouve sa tentation collective, la force émue de son pluriel. Il récupère aussi sa singularité, et même son identité familière, lorsque Gilliatt, assis sur son rocher se laisse peu à peu gagner par l'eau montante:

> Les mauves et les cormorans volaient autour de lui, inquiets. On eût dit qu'ils cherchaient à l'avertir. Peut-être y avait-il dans ces volées d'oiseaux quelque mouette venue des Douvres, qui le reconnaissait.
>
> ... Les oiseaux jetaient de petits cris à Gilliatt. (528)

Mais ces signes d'avertissement, et même de tendresse (sous la modalité maternelle de *l'inquiet*, du *petit*) ne suffisent pas à détourner Gilliat de son engloutissement suicidaire. Suicide où se parle un renoncement d'objet, "toute la quantité d'apaisement que laisse le rêve non réalisé", mais où se cherche peut-être aussi une satisfaction plus vaste, plus obscure, "l'acceptation lugubre d'un autre accomplissement". On le rêve aisément comme grande régression fusionnelle, retour à une matérialité cosmique, manière d'épouser la profondeur d'une mer-mère. Et les oiseaux ne serait-ce que par leur présence à la fois proche et éparse, leur don de diffusion, pourraient se charger de jouer cela aussi. On se souvient des dernières lignes du roman, quand le *Cashmere*, le bateau qui emmène Déruchette, glisse peu à peu derrière l'horizon:

> Peu à peu, cette tache, qui n'était plus une forme, pâlit.
>
> Puis elle s'amoindrit.
>
> Puis elle se dissipa.
>
> A l'instant où le navire s'effaça à l'horizon, la tête disparut sous l'eau. Il n'y eut plus rien que la mer. (530)

Ce rien terminal, ce blanc où tombe aussi le texte, gardons-nous bien pourtant de les identifier à un néant. Rien que la mer, oui, la mer couverte d'ailes, et le silence du récit, mais ce rien reste un quelque chose, Hugo l'écrit en un autre passage crucial. Après avoir évoqué la "curiosité des choses défendues", il nomme quelques-uns des relais qui permettraient d'avancer au cœur spatial de cette interdiction: "Où le pied ne va pas, le regard ne peut atteindre; où le regard s'arrête, l'esprit peut continuer". Jusqu'à la conclusion, abrupte, "inouïe": "Ces univers qui ne sont rien, existent. En les constatant on sent la différence qui sépare n'être rien de n'être pas".

## L'AIR VIVANT

Or cette différence, l'oiseau, pour revenir à lui, ne nous permettrait-il pas, peut-être, de l'approcher, ou même, si absurde qu'en paraisse l'idée, de l'inventer? Une page étonnante, qu'il faut citer dans toute sa longueur développe ainsi, de façon un peu folle, mais extraordinairement précise et familière, une véritable zoologie, et comme une ontologie aussi de l'air. Suivons encore et pour la dernière fois, Gilliatt:

> Il voyait la nature un peu étrangement.
>
> De ce qu'il lui était arrivé plusieurs fois de trouver dans de l'eau de mer parfaitement limpide d'assez gros animaux inattendus, de formes diverses, de l'espèce méduse, qui, hors de l'eau, ressemblaient à du cristal mou, et qui, rejetés dans l'eau, s'y confondaient avec leur milieu, par l'identité de diaphanéité et de couleur, au point d'y disparaître, il concluait que, puisque des transparences vivantes habitaient l'eau, d'autres transparences, également vivantes, pouvaient bien habiter l'air. Les oiseaux ne sont pas les habitants de l'air; ils en sont les amphibies. Gilliatt ne croyait pas à l'air désert. Il disait: puisque la mer est remplie, pourquoi l'atmosphère serait-elle vide? Des créatures couleur d'air s'effaceraient dans la lumière et échapperaient à notre regard; qui nous prouve qu'il n'y en a pas? L'analogie indique que l'air doit avoir ses poissons comme la mer a les siens; ces poissons de l'air seraient diaphanes, bienfait de la prévoyance créatrice pour nous comme pour eux; laissant passer le jour à travers leur forme et ne faisant point d'ombre, et n'ayant pas de silhouette, ils resteraient ignorés de nous, et nous n'en pourrions rien saisir. Gilliatt imaginait que si l'on pouvait mettre la terre à

> sec d'atmosphère, et que si l'on pêchait l'air comme on pêche un étang, on y trouverait une foule d'êtres surprenants. Et, ajoutait-il dans sa rêverie, bien des choses s'expliqueraient. (119)

Hypothèse, admirable, d'une invisibilité concrète, d'une épaisseur devenue comme la matière même du jour. Paradoxe, aussi, d'une perception-limite: là où on ne voit rien, il y a quand même quelque chose à voir, plus important peut-être que l'immédiatement visible. "L'air habité par des transparences vivantes, ce serait le commencement de l'inconnu, mais au-delà s'offre la vaste ouverture du possible. Là d'autres êtres, là d'autres faits". Le diaphane, le possible: voilà qui lève l'ancien malaise du voir (et du savoir). C'est que le monde existe par degrés; tout, dit Hugo, y est "coëfficient". Dans *Les Travailleurs de la Mer*, le "cristal mou" des méduses touche à la "gélatine animée", à la viscosité haineuse des pieuvres, tout comme, d'un autre côté, à l'ébriété diaphane des oiseaux. Et dans cet échelonnement glissant des espèces, des régnes, des catégories, l'oiseau, justement, occupe une place ultrasensible. Il est comme un point, dynamique, de non-visibilité. Traversant la transparence, il se laisse aussi bien traverser par elle, ce qui lui vaut la qualification, poétique, mais peut-être impropre zoologiquement d'*amphibie*. Le seul oiseau authentique serait-il celui qu'on n'aperçoit pas vraiment (celui, selon Mallarmé, qu'"on n'ouït jamais Une autre fois en la vie"), mais dont on ne cesse pourtant de ressentir autour de soi, chantante ou ailée, la présence familière? Gaston Bachelard écrit que "le vol efface l'oiseau", et il célèbre "l'invisibilité éclatante" de ce qui lui semble être l'oiseau-roi: l'alouette. Mais tout oiseau doit être pensé, en termes hugoliens, comme un "fait de frontière". Il suffit de le prendre pour un indicateur d'espace, un provocateur de transparence: de le voir en somme, pleinement, ou de l'imaginer, comme un travailleur de l'air.

# BODY AND VOICE IN MELODRAMA AND OPERA

*by Peter Brooks*

*for Victor, who masters both text and song*

I want to reflect here on some key elements in the expressionist aesthetics of melodrama and opera – genres that are deeply intricated one with the other, historically and aesthetically, yet also seem to pull in different directions, to aspire to very different privileges accorded to body and to voice. It is, then, on the relation of body and voice in the two genres that I want briefly to meditate.[1] In the work I have done on melodrama, I have repeatedly been struck by the bodiliness of that genre. As an expressionistic mode, melodrama achieves its effects through making overt, present, visible – through acting out. Inevitably, acting out takes place on and through the body. Meaning is embodied. The body, in its postures and gestures, its emphases and distortions, must offer a visible, legible register of the message, reinforcing the other registers of the message – speech, stage set, music. Melodramatic acting on the nineteenth-century stage is something that we would now find ludicrously hyperbolic, accustomed as we are to the more intimate, domesticated melodrama of the television screen. We can recapture some of its elements mainly through the early silent cinema, and through grand opera.

Melodrama's recourse to meaning embodied, I have argued, has something to do with the historical emergence of the genre from

---

[1] The first version of this paper was presented at a conference held at SUNY Stony Brook in September 1995, originally announced under the title "Opera and Melodrama," though it later became "Representations of Gender and Sexuality in Opera." I wish to thank the organizers of the conference, and especially Mary Ann Smart, for encouraging me to think about these issues.

earlier forms, pantomime and *pantomime dialoguée*, created in a situation where the popular theatre had no legal right to the word, which was the exclusive privilege of the patented theatres. Whatever the historical causes, melodrama regularly sought occasions for the mute role and the mute scene, where plot and meaning had to unfold exclusively through action and gesture, without the supplement of the word. More recently, I have given some attention to the latter-day realization of a mute semiotics in the silent film, particularly in the work of D. W. Griffith. Griffith's cinema is indeed technically similar to that bastard form that precedes and prepares melodrama, *pantomime dialoguée*, in that the intertitles offer a skeletal structure of verbal meanings which the film enacts and embodies. The intertitles are quite like those banners and placards that are often presented in *pantomime dialoguée*, the display of the semantics of a situation, which often simply doubles the message the audience can deduce from the mute action itself.[2]

It was in fact a French stage melodrama of 1872, Adolphe Dennery's *Les Deux Orphelines*, which provided the story line for Griffith's great film of the French Revolution, *Orphans of the Storm*, concerning two young women raised as sisters: Henriette, the daughter of peasants who almost disposed of her as an infant on the steps of Notre-Dame Cathedral, and Louise, whom they rescued from those steps when they decided to keep their own daughter, and who has gone blind. Henriette and Louise (played by Lillian and Dorothy Gish) travel from the provinces to Paris in search of a medical miracle, and instead encounter dark intrigue and nightmare risk before recognition establishes Louise's aristocratic birth, and produces the happy ending.

Henry James reviewed the New York production of Dennery's melodrama, which he found a poor rendering of the original, but nonetheless "worth seeing simply for the sake of sitting in one's place and feeling the quality of a couple of good old-fashioned *coups de théâtre* as your French playwright who really knows his business manages them."[3] Both *coups de théâtre* are preserved in

---

[2] On these points, see my *The Melodramatic Imagination*. New Haven and London: Yale UP, 1976; new edition, 1995 and "Melodrama, Body, Revolution," in *Melodrama: Stage, Picture, Screen*, ed. Jacky Bratton, Jim Cook, Christine Gledhill. London: British Film Institute, 1994: 11-24.

[3] Henry James, "Notes on the Theatres: New York," in Allan Wade, ed. *The Scenic Art*. New Brunswick: Rutgers UP, 1948: 24.

*Orphans of the Storm*, and though one should have the film before one's eyes to see their effect, I want to use them, briefly, as examples. One is the moment when the good brother, Pierre – thus far the ineffectual protector of the blind Louise, who has been kidnapped by his villanous mother, La Frochard – finally goes into revolt against the evil brother, Jacques, with the words: "As you say yourself, we come of a race that kills!" This needs intertitling, since it is not semanticizable through gesture alone – though what is nonetheless most memorable in the scene is Pierre's expression of manic joy and defiance, and his bodily movement of self-assertion, his casting off of years of subjection. After we have seen the message in the intertitle, we read its enactment on the body itself.

The other *coup de théâtre* noted by James needs no words at all. It is the moment when Henriette in her apartment recognizes the voice of Louise – turned into a beggar by La Frochard – singing in the street. In Griffith's film, this develops as a major sequence. As Henriette converses with the Countess (who will turn out to be Louise's mother, of course), Louise appears in a long view, at the very end of the street, groping her way forward, forcing herself to sing under La Frochard's command. Henriette's face meanwhile begins to register recognition, almost as if preconsciously. Then Henriette begins to tremble, her whole person seized with the drama of discovery. The scene then unfolds in the mode of panic action, as Henriette leans from the window, with gestures of yearning, hope, desperate seeking. The spectator has the impression that she may precipitate herself bodily into the street, while in the street the blind Louise casts about for the source of the voice calling to her.

It is a moment where the bodies behave nearly hysterically, if by hysteria we understand a condition of bodily writing, a condition in which the repressed affect is represented on the body. Indeed, Griffith's cinema is always on the verge of hysteria, and necessarily so, since hysteria gives us the maximal conversion of psychic affect into somatic meaning – meaning enacted on the body itself. The psychic overload, the hyperbole of the moment, is then confirmed by the arrival of the soldiers to arrest Henriette and throw her into prison, by means of the *lettre de cachet* obtained by the father of her noble suitor, the Chevalier de Vaudrey. This serves of course only to increase and justify an aesthetics of hysteria, since there can be no discharge of the overwhelming affect, as Henriette and Louise are again separated – and also the recognition which is on the verge of taking place between the Countess and Louise is again delayed.

I have argued that there is a convergence in the concerns of melodrama and of psychoanalysis – and indeed, that psychoanalysis is a kind of modern melodrama, conceiving psychic conflict in melodramatic terms and acting out the recognition of the repressed, often with and on the body. Now I have become convinced that the hystericized body offers a key emblem of that convergence, since it is a body preeminently invested with meaning – a body become the place for the inscription of highly emotional messages that cannot be written elsewhere, and cannot be articulated verbally. Hysteria offers a problem in representation: Freud's task, from the *Studies on Hysteria* onwards, is learning to read the messages inscribed on the hysterical body – a reading that is inaugural of psychoanalysis as a discipline. Griffith appears to understand that whoever is denied the capacity to talk will convert affect into somatic form, and speak by way of the expressionist body.

The hysterical body is of course typically, from Hippocrates through Freud, a woman's body, and indeed a victimized woman's body, on which desire has inscribed an impossible history, a story of desire in an impasse. Such an impasse will be typical of Hollywood domestic melodrama. It is pertinent as well to Griffith's bodily enactments of moments of emotional crisis, and in general to the moments in which melodrama distorts the body to its most expressionistic ends. A notable example in *Orphans of the Storm* comes when Henriette is in the tumbrel, on the way to the guillotine and makes her last farewell to Louise, who is in the street – a sequence formally intertitled, as a kind of set-piece, "The Farewell." As she leans from the tumbrel for a last embrace from Louise, and their lips meet and are held long together, Henriette's body appears to be in an almost impossible position, tilted from the cart, rigid, already nearly inanimate, like a mummy or a puppet, a bleached image, *pallida morte futura*. It is a pure image of victimization, and of the body wholly seized by affective meaning, of message converted onto the body so forcefully and totally that the body has ceased to function in its normal postures and gestures, to become nothing but text, nothing but the place of representation.

Yet if melodrama foregrounds in this manner the body as meaningful mute text, it also, in other ways, reaches toward the vocalization epitomized in the operatic aria. The soliloquy of the villain and the soliloquy of the innocent persecuted victim – classically, a young woman – became set pieces in melodrama. The content of many of these soliloquies is trivial, they exist to set an expressive tone. Villain and victim give voice to their natures, their state of being. They announce the tonal register they bring to the play. When one considers how these soliloquies were underlined by the orchestral score, one can say that all that is lacking for them to become operatic arias is melody. And when we reach Romantic drama written in verse – which so often reads as an ennobled melodrama, melodrama with class – the soliloquies often seem to be on the verge of taking off into song. Victor Hugo's soliloquies are the best example here: his extraordinarily supple and lyrical versification reaches toward song – seems ever about to become aria. It is easy to see why Hugo's dramas were so easily adaptable to operatic libretti. And of course the authors of standard melodramas also provided a number of plays which, though written in prose, proved easy to turn into operas.

I seem to be suggesting, then, that opera in the nineteenth century develops, realizes, two apparently contradictory tendencies of melodrama: on the one hand, the extreme embodiment of meaning, meaning represented bodily, and on the other hand, meaning become lyrical self-expression, aria, song which conveys a state of being. Here in fact we may encounter one of the apparent paradoxes of opera: the extremity, the hyperbole, with which it embodies voice. Not that voice is of course really separable from body in any live performance. But in a recital of lieder, for instance, body is effaced, it is voice we attend to; whereas in opera a body is thrust upon our attention – a costumed body, staged and lighted, representing a certain person in a certain dramatic situation. Here in fact is the glory, and also the embarassment, of opera: the claim that visual embodiment and voice coincide in the singer. Those who dislike opera do so precisely because they prefer singing voices to be disembodied, pure voice; they cannot accept a convention that, as we all know, can lead to a knob-kneed fifty-year-old tenor condemned to wobble around the stage in Egyptian fighting gear, or a voluminous soprano made to represent a teenage virgin. The demands made on voice and body for dramatic representation are not the same, and the claim for their coincidence will very often demand a large dose of faith on the part of spectator/listener, a willingness to accept an as-if that would seem to be excluded from a genre that traditionally seeks, in its stage settings and effects, such a large measure of illusionism.

Lovers of opera do of course accept that as-if. They do not close their eyes as the overage and overweight Radamès launches into his adoration of Aida. On the contrary, they revel in the weird excess of the situation. They revel in a form which combines illusionism with clear impossibility, the height of artifice with the most natural of instruments, the human voice. Opera is the impossible genre, where we are estranged into a heightened element in which emotions make claim to expression in some version of the Romantics' understanding of the original language which – according to Rousseau, Herder, and others – was song and gesture.

If it seems evident that opera, like melodrama, hystericizes the body – distorting it and arresting it in postures and gestures that speak symbolically of powerful affects – what about voice? Does it make any sense to speak of the hystericization of voice? After all, the hysterical body that presides at the invention of psychoanalysis is typically speechless, since repression has denied it the possibility of speaking its desire directly. It is a pantomimic body. Typical hysterical symptoms include aphonia, nervous coughing, and concurrent problems with parts of the body – temporary paralysis of a limb, for instance, or facial nevralgia. That which is denied to consciousness and thus to speech writes itself in symbolic form on parts of the body. As Freud comments in a well-known moment of the *Dora* analysis: "He that has eyes to see and ears to hear may convince himself that no mortal can keep a secret. If his lips are silent, he chatters with his finger-tips; betrayal oozes out of him at every pore."[4] The analyst must of course supplement his observation of the body and its symptomatic acts with listening to the analysand's speech. It is a premise of the "talking cure" that the analysand will eventually, by way of distortions, displacements, condensations, recounted dreams, denegations, parapraxes and the rest, speak of the desire which cannot directly say its name.

The operatic aria, like the melodramatic monologue, speaks the name of desire directly. It may be the most unrepressed speech of desire that art allows. And yet, it can have something of the weirdness of hysteria as well. The hystericization of voice in opera, espe-

---

[4] Sigmund Freud, "Fragment of an Analysis of a Case of Hysteria," *Standard Edition of the Complete Psychological Writings*. London: Hogarth Press, 1953-74.

cially in the aria, derives, I think, from the extremity I have alluded to. I mean both the extremity of the situation in which the character finds himself – more pertinently, usually, herself – and also that extremity that comes from the paradoxical conjunction of artifice and naturalism in the genre itself. The extremity of the character's situation is obvious enough: operatic libretti exist to move characters from one moment of excruciating crisis to another with a minimum of necessary development in between, and the moment of crisis is the place for musical illustration, where a few words can be unpacked into a major piece of song. The extremity of the genre, I have tried to suggest, is inherent in the very risk of a sung drama, that impossible heightening of life where it takes on the form of dreams (and don't we all from time to time dream of our lives as transmuted into opera?), in a world where one can sing, over and over again, with all the possible embellishments, "I love you" or "He betrayed me."

Opera achieves what one might call the spectacularization of both body and voice. Traditional operatic production – as at the Metropolitan Opera – invests heavily in spectacular scenery and costume, in a way I often find overburdened and unimaginative but which is certainly faithful to the ideal of spectacle that characterized nineteenth-century melodrama and opera, as opposed to Renaissance and neo-classical theatre – be it Shakespeare or Racine – that gave clear precedence to the word. And of course the Met invests still more heavily in the spectacular voice, the dramatic and coloratura soprano diva most evidently. Like the hystericized body, the effective operatic voice is capable of acting out emotion. I use this pychoanalytic term to suggest a certain quality of representation that gives the impression not merely of imitating affect but of reproducing it before our eyes. We know we are in the realm of the highest artifice, witnessing the most professional, highly-trained imitation of passion imaginable. Yet we are, while the song lasts, inhabited by that passion in a manner that few other art forms can realize. Freud opposes "acting out" to remembering as recollection: acting out is remembering in the form of repetition, reproduction which abolishes the distance between mental ideation and physical action. Such, I think, may be the effect of the great operatic moment.

An example may be useful here. A multitude could make the point. Let me consider very briefly the famous aria of the mezzo-soprano, the Principessa Eboli, in Verdi's *Don Carlo*: "*O don fatale.*" Eboli through her jealousy is condemned to a villainous role. She is a victim in an impasse that produces treacherous actions – though she also proves capable of the nobility of redemption through self-sacrifice. She is thus a character who will display a full range of extreme situation and emotion. Her great aria comes when she has just confessed to the Queen, Elizabetta, a double betrayal: her denunciation to King Philip of the love between Don Carlo and the Queen – his step-mother – and her own liaison with the King. As a result, she has been given the choice between exile and the convent. Betrayal, then, lost honor, and the end of her life at court with her beloved Queen converge in this excruciating moment, this impasse where all her desires reach dead end.

In Schiller's *Don Carlos*, the source of the opera, Eboli's realization that she will never again see the Queen is followed by a mute tableau: Eboli falls on her knees, "mute and motionless," before the door of the Queen's bedchamber. Then "she rises suddenly and rushes away with her face covered." With a sure sense of transposition, the librettists, Joseph Méry, and Camille du Locle – two professionals of melodramatic scripts – in the place of the mute scene wrote the material of the aria. Here is the libretto, in Italian, English translation, and the original French version:[5]

Ah! più non vedrò la Regina!

O don fatale, o don crudel,
Che in suo furor mi fece il cielo!
Tu che ci fai sì vane, altere,
Ti maledico, o mia beltà.

Versar, versar sol posso il pianto,
Speme non ho, soffrir dovrò!
Il mio delitto è orribil tanto
Che cancellar mai nol potrò!

Ti maledico, ti maledico, o mia beltà!

O mia Regina, io t'immolai
Al folle error, di questo cor.
Solo in un chiostro al mondo omai
Dovrò celar il mio dolor!

O Ciel! E Carlo? a morte domani,
Gran Dio! a morte andar vedrò!
Ah! un dì mi resta, la speme m'arride!

Sia benedetto il ciel! Lo salverò!

Ah! Shall I never see her again!

My beauty dooms me, o fatal gift,
That Heaven bestowed in anger!
My beauty made me so cruel and proud!
Vainly I curse its fatal power!

Although my bitter tears are flowing,
They cannot wash away my grief,
My repentance, my cruel anguish,
Cannot change what I've done or bring relief!

Vainly I curse my beauty's power!

Queen, I wronged you, fallen a victim,
To my furious passions and my foolish love!
Far from the world, in some lonely cloister,
I shall take the veil, and be lost evermore!

And Carlos! Ah! Perhaps tomorrow,
The Prince will fall to the holy sword!
Ah! One day is left me! And hope once more revives me!
I bless that day . . . I shall save him!

*She leaves abruptly.*

Ah! Je ne verrai plus la Reine!

O don fatal et détesté.
Présent du ciel en sa colère!
O toi qui rends la femme si fière,
Je te maudis, ô ma beauté!

Tombez, tombez, larmes amères!
Mes trahisons et mes forfaits,
Mes souillures et mes misères,
Vous ne les laverez jamais!

Je te maudis, ô ma beauté!

Adieu, Reine, victime pure
De mes déloyales et folles amours!
Dans un couvent et sous la bure,
Je m'ensevelis pour toujours!

Et Carlos? . . . Oui! demain, peut-être,
Il tombera sous le fer sacré!
Ah! Un jour me reste! Ah! Je me sens renaître!
Béni ce jour . . . Je le sauverai!

[5] From *Don Carlos*. London: Calder Publications, 1992: 120-21. The opera premièred at the Paris Opera in 1867, and was later reworked on an Italian libretto.

"*Ah! più non vedrò la Regina!*" Eboli begins, in a great outburst of regret and passion. Then she launches into her curse of her own beauty, fatal and cruel gift from an angry heaven. It is almost a shriek: "*Ti maledico, o mia beltà.*" (I cite the Italian here, as the most frequently sung version of the opera, though the first version was in French.) Eboli's voice then moves into the gravity of self-accusation, a sombre judgment of her accursed and irreparable situation, punctuated by the refrain cursing her beauty. All hope is gone, only suffering remains:

> Speme non ho, soffrir dovrò!
> Il mio delitto è orribil tanto
> Che cancellar mai nol potrò!
> Ti maledico, ti maledico, o mia beltà!

More quietly now, she reviews her betrayal of her Queen. Only the cloister, she concludes, shall hide forever her unassuageable grief – the weight of that gravely underlined *dolor*:

> Solo in un chiostro al mondo omai
> Dovrò celar il mio dolor!

(In the French version, it is the *pour toujours* that the music underlines – the eternity of the punishment awaiting her.) Then this tortured consciousness is traversed by the recollection of Carlo's situation: his execution by the King impends, no doubt tomorrow. Tomorrow? A day remains. A hope revives her: to save Carlo in the time remaining. Her whole being suddenly turns to the project of salvation – Carlo's, her own. The action of hope – *la speme m'arride* – works, in the manner of grace, an instantaneous conversion. And the aria reaches its desperate, triumphant, and fully hysterical conclusion:

> Ah! un dì mi resta, la speme m'arride!
> Sia benedetto il ciel! Lo salverò!

As so often in both melodrama and opera, in the situation of extremity and excruciation we encounter the deadline: the ticking clock that will mean the difference between despair and salvation. (The French text here in fact says "*Béni ce jour*" – Eboli blesses the hours remaining to work her act.) Eboli rushes from the stage with this cry of hope and redemption, of a hopeless life redeemed by a final act of self-sacrifice. She will make good on the cry at the end of Act IV, when she indeed saves Carlo.[6]

In the four minutes, forty-eight seconds of the aria "*O don fatale*," we run through a register of emotions from despair to hope, from self-condemnation to the chance of redemption, from base egotistical passion to self-sacrifice. The aria gives the best imitation of hysterical conversion, of acting-out, that I know. It spectacularly voices the symptoms of Eboli's condition and situation. It creates extremity.

But the hystericized voice does something that the hystericized body cannot do – something that the mute text of pantomime or silent cinema, or Schiller's mute tableau, cannot perform. That is, it doubles the hysterical symptoms with their cure. The aria offers us at once the symptoms of the hysterical impasse and the working-through of the impasse. Voice unleashes passion, and thereby brings – for the spectator as well as for Eboli – the solution, in the lyrical assumption of self and situation. In the voicing of the impasse and the lyrical working-through of its resolution, in the musical assumption of self and situation, we have a version of hysteria and cure peculiar to opera, peculiar to the power of song.

Roland Barthes, discussing the aria which puts Sarrasine into ecstasy, in Balzac's tale, uses the recondite word "cénesthétique" – cœnaesthetic – to describe the effect of song: the cœnesthetic concerns a person's perception of internal, bodily physical sensations. Barthes writes:

> song (this characteristic has been ignored in most aesthetics) has something cœnaesthetic about it, it is linked less to an "impression" than to an internal sensualism, one that is muscular and humoral. Voice is diffusion, insinuation, it passes through the whole extent of the body, the skin; insofar as it is passage, abolition of limits, of classifications, of names . . . it possesses a particular power of hallucination.[7]

---

[6] At this point in my oral presentation of these reflections I was able to play the aria to my audience. In lieu of that, I give the vocal score in the Appendix to these remarks.

[7] Roland Barthes, *S/Z*. Paris: Editions du Seuil, 1970: 116 (my translation).

Barthes' "internal sensualism" suggests the peculiar power of song to undo the hysterical impasse. It also suggests why the Romantics in their aesthetic speculations placed music first in the hierarchy of the arts. As Schopenhauer put it, in music the will overcomes its strivings, to reach a state of will-lessness. All passion spent.

We might want here to open a reflection on those scenes from Romantic literature in which listening to opera brings for the listeners an emotional clarification of their situation, a recognition of passion: as when, in Stendhal's *La Chartreuse de Parme*, Fabrice del Dongo and Clelia Conti, separated but in love, shed tears to Cimarosa's *Il Matrimonio segreto*. But that would require another paper.

To conclude this one: it is as if the hystericized voice of the operatic aria – where voice has become, in the manner of the melodramatic body, symptomatic of an extreme situation, an emotional impasse – expresses and resolves passion, works it through in an internal dialogue of passion and measure, that of song. Can we really speak of an hystericized voice in opera? Yes, but only if we note that hysteria has here been given form, has theorized itself, so to speak. Both Dora and Freud are present in "*O don fatale*," both symptom and talking cure.

# Appendix

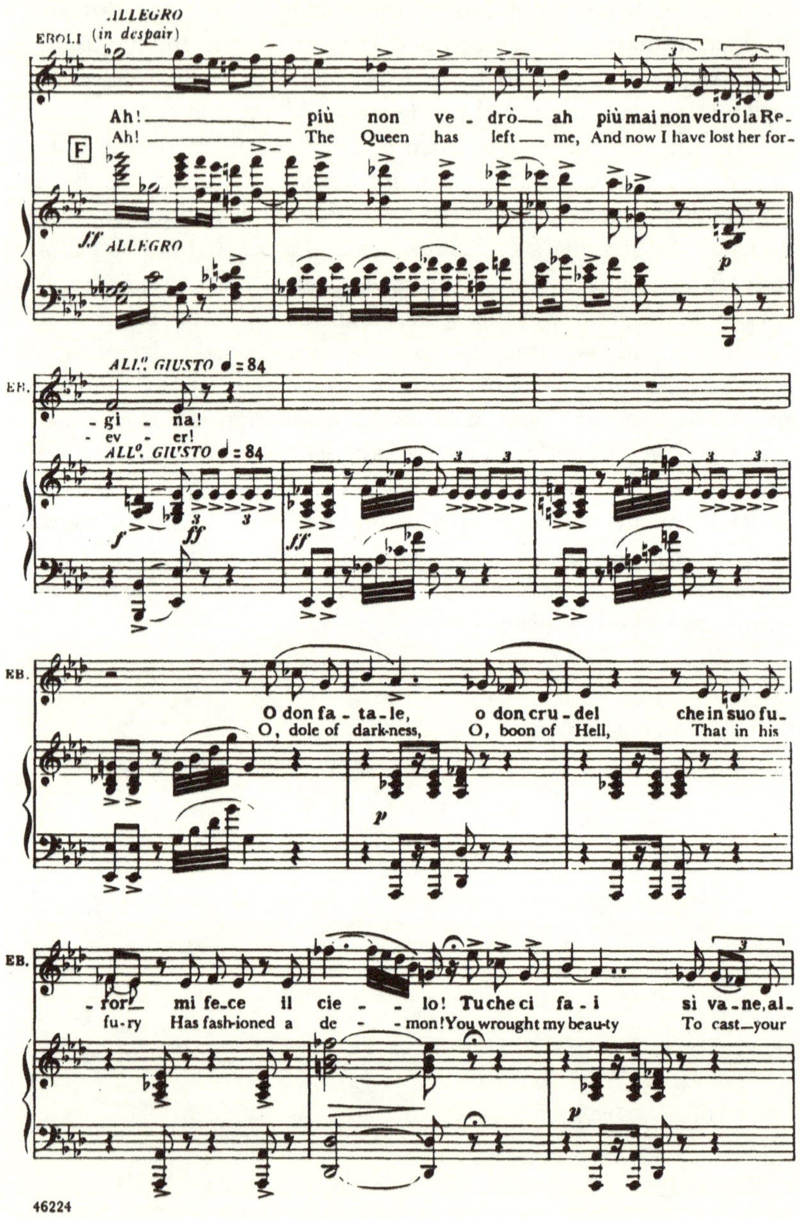


46224

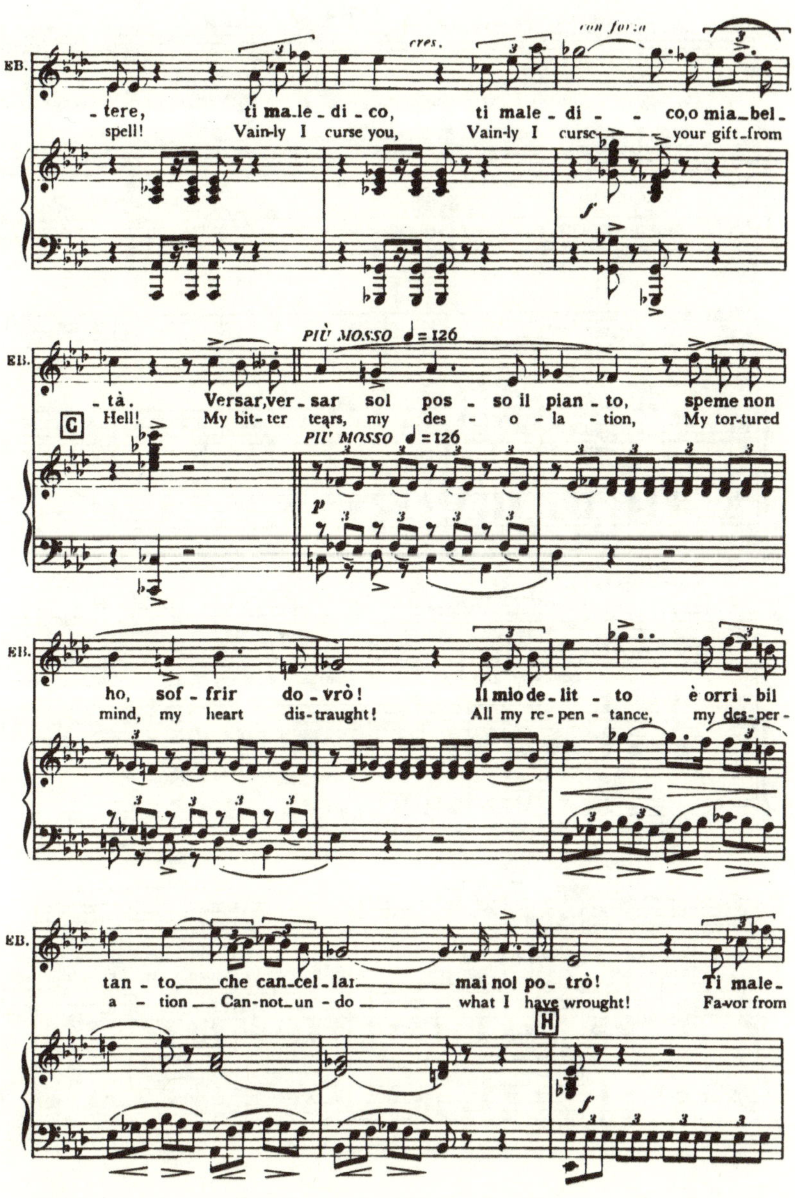
EB.
cres.
con forza
_tere, ti ma_le_di_co, ti male_di_ _ co,o mia_bel_
spell! Vain-ly I curse you, Vain-ly I curse your gift_from
PIÙ MOSSO ♩=126
_tà. Versar,ver_sar sol pos_ so il pian_to, speme non
Hell! My bit-ter tears, my des - o - la - tion, My tor-tured
G
PIU MOSSO ♩=126
p
ho, sof_frir do_vrò! Il mio de_lit_to è orri_bil
mind, my heart dis-traught! All my re-pen-tance, my des-per-
tan_to che can_cel_lar mai nol po_trò! Ti male_
a - tion Can-not_un-do what I have wrought! Fa-vor from
H
46224

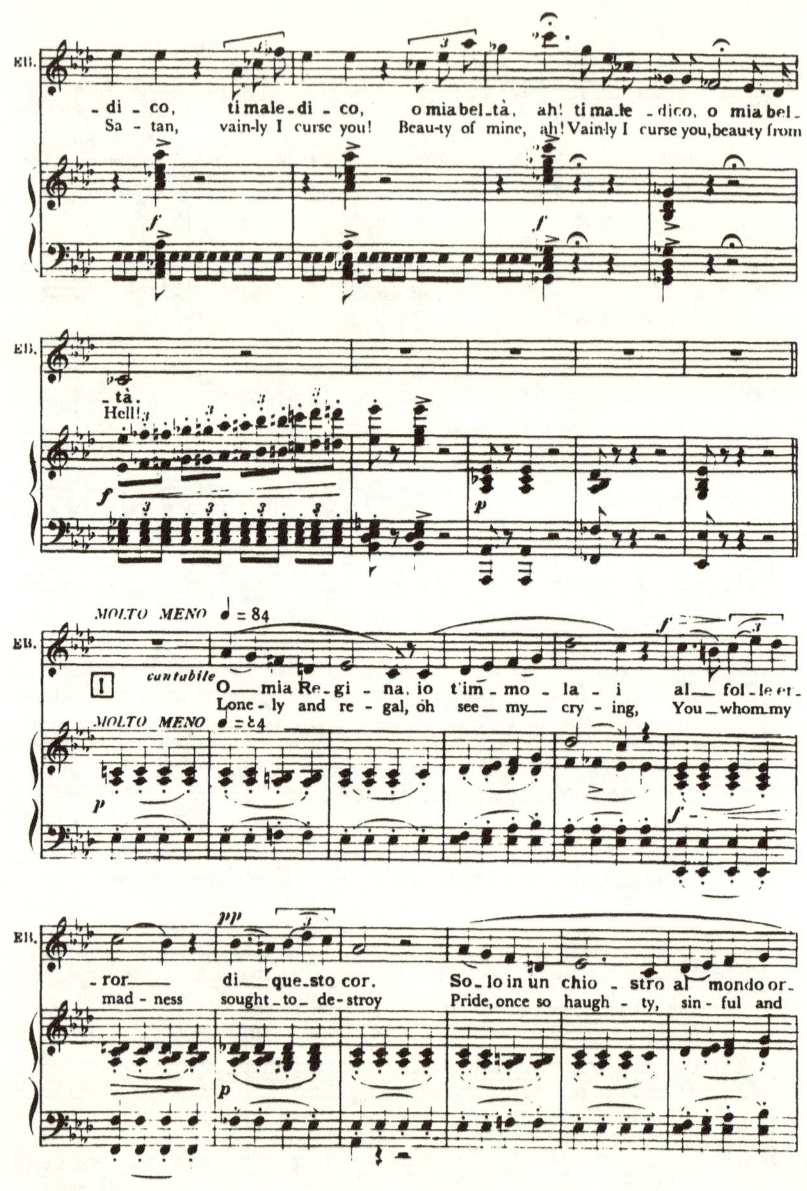
EB.
-di - co, ti male-di - co, o mia bel-tà, ah! ti ma-le -dico, o mia bel-
Sa - tan, vain-ly I curse you! Beau-ty of mine, ah! Vain-ly I curse you, beau-ty from
-tà.
Hell!
MOLTO MENO ♩ = 84
cantabile
I
O — mia Re-gi - na, io t'im - mo - la - i al — fol-le er-
Lone - ly and re - gal, oh see — my — cry - ing, You — whom my
-ror — di — que-sto cor. So-lo in un chio - stro al mondo or-
mad - ness sought - to - de - stroy Pride, once so haugh - ty, sin - ful and

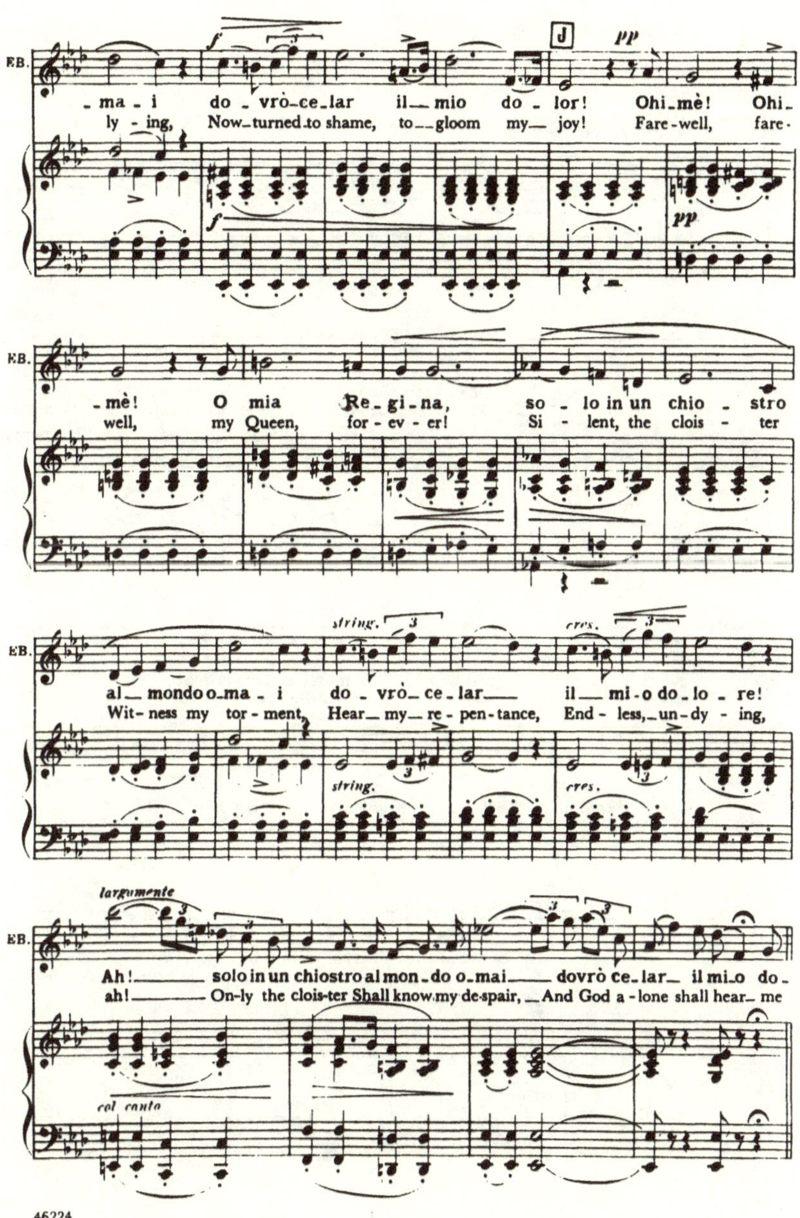
EB.
J
pp
- ma - i do - vrò - ce - lar il — mio do - lor! Ohi - mè! Ohi -
ly - ing, Now — turned to shame, to — gloom my — joy! Fare - well, fare -
pp
- mè! O mia Re - gi - na, so - lo in un chio - stro
well, my Queen, for - ev - er! Si - lent, the clois - ter
string.
cres.
al — mondo o - ma - i do - vrò - ce - lar — il — mi - o do - lo - re!
Wit - ness my tor - ment, Hear — my — re - pen - tance, End - less, — un - dy - ing,
largamente
Ah! — solo in un chiostro al mon - do o - mai — dovrò ce - lar — il mi - o do -
ah! — On - ly the clois - ter Shall know my de - spair, — And God a - lone shall hear — me
col canto

46224

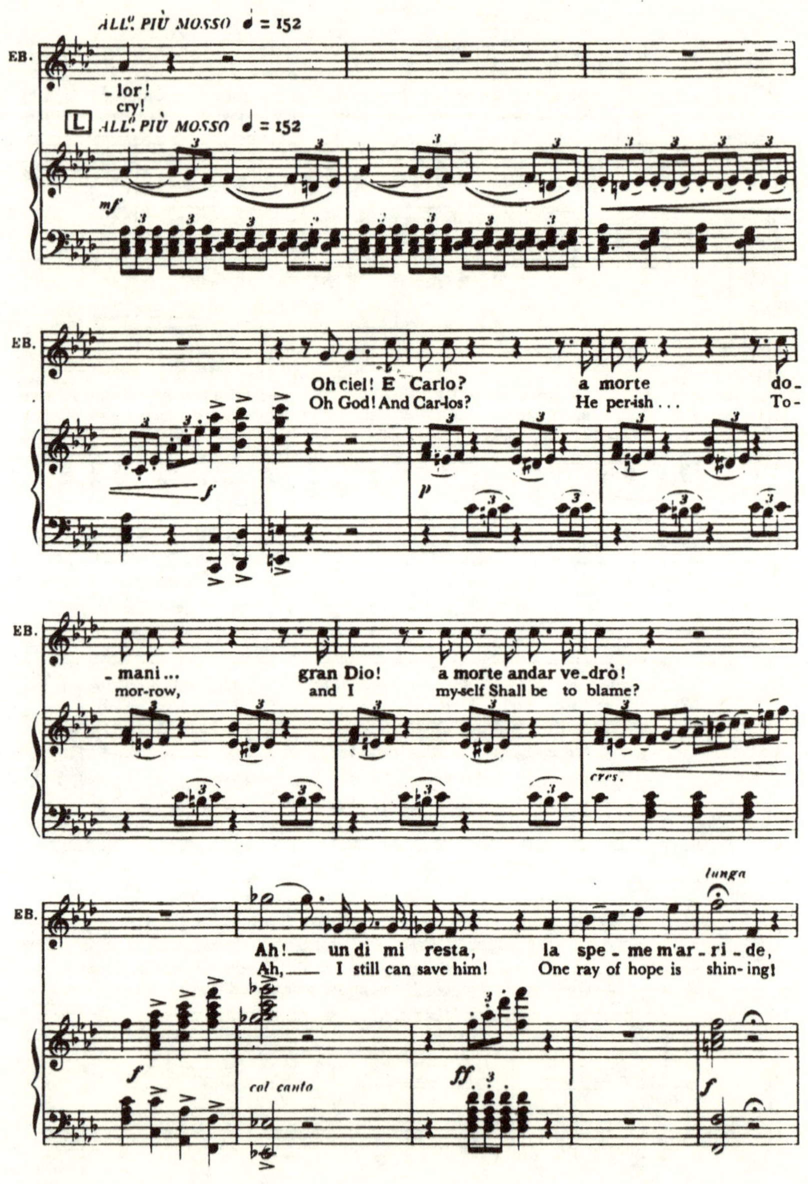
ALL°. PIÙ MOSSO ♩ = 152
EB.
-lor!
cry!
L ALL°. PIÙ MOSSO ♩ = 152
mf
Oh ciel! E Carlo? a morte do-
Oh God! And Car-los? He per-ish... To-
f
p
-mani... gran Dio! a morte andar ve-drò!
mor-row, and I my-self Shall be to blame?
cres.
lunga
Ah! un dì mi resta, la spe-me m'ar-ri-de,
Ah, I still can save him! One ray of hope is shin-ing!
f
col canto
ff
f

46224

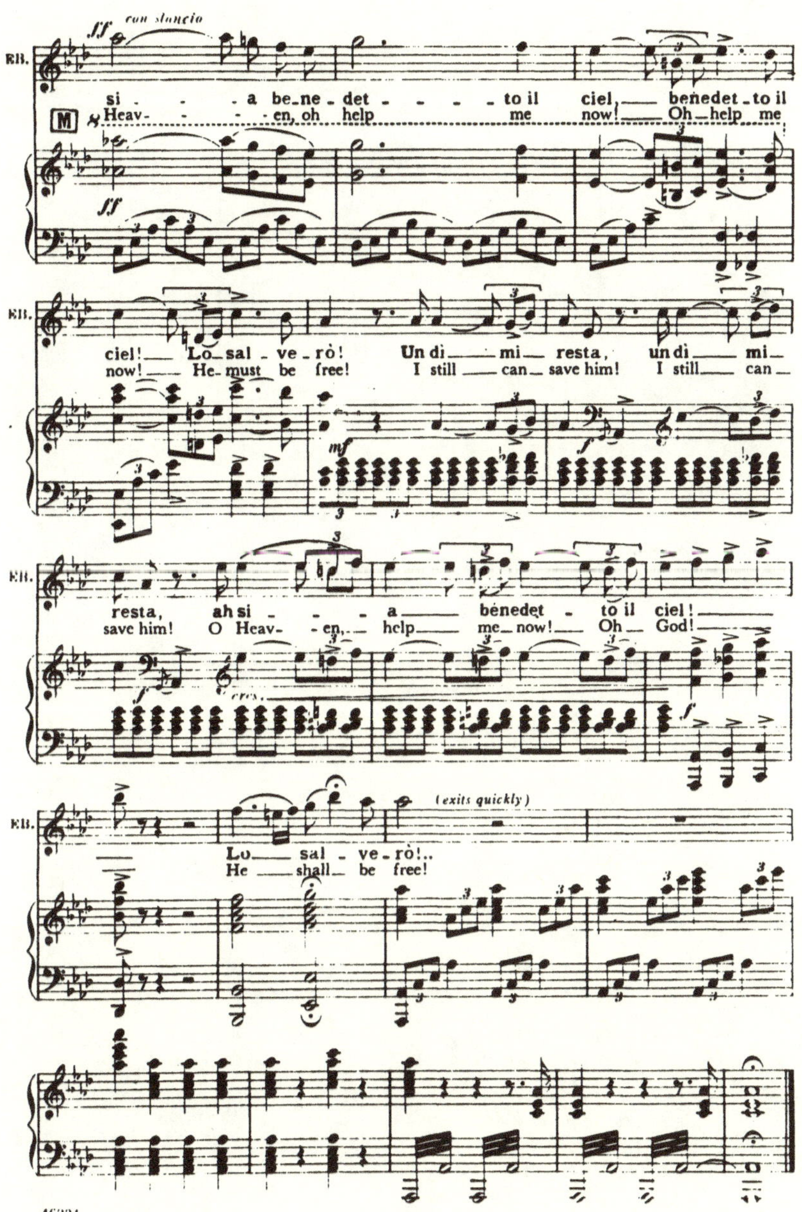
con slancio
EB.
si - - a be-ne - det - - - - to il ciel, benedet - to il
Heav- - - en, oh help me now! Oh help me
M
ciel! Lo sal - ve - rò! Un dì mi resta, un dì mi
now! He must be free! I still can save him! I still can
resta, ah si - - - a bénedet - to il ciel!
save him! O Heav- en, help me now! Oh God!
(exits quickly)
Lo sal - ve - rò!..
He shall be free!

# FROM *CLICHER* TO *CLICHÉ*: THE REPRODUCTION AND DEGRADATION OF SPEECH IN VILLIERS DE L'ISLE-ADAM'S *L'EVE FUTURE*

*by Stirling Haig*

*Clichage*, *clicher*, *cliché*: these terms, variations on the matrix of a single technical concept, are introduced with notable insistence in Villiers's most famous novel, appearing as they do a score of times in the course of *L'Eve future*. The words signal first of all an innovation of eighteenth- and nineteenth-century typography thus described in Pierre Larousse's *Grand Dictionnaire universel du XIXe siècle:*

> Typogr. On donne le nom de *clichage* à toute opération qui a pour but de reproduire un objet plan au moyen d'une empreinte dans laquelle on coule un métal fusible. La première application du *clichage* a été à l'imprimerie.

The foregoing is an excerpt from a lengthy entry of nearly 4,000 words. After a detailed technical and historical description of process of *clichage*, the last line indicates that this very text has itself been so produced: "*Le Grand Dictionnaire* est cliché." [1] But subsequent entries only hint at the rich metonymic slide that this one particular term in the word family was undergoing. That lexeme was of course *cliché* in the contemporary sense of bromide, saw,

[1] The *Dictionnaire*'s next entry is on *cliché* and states the following: "Le mot *cliché* fut d'abord une exclamation par laquelle les typographes, des juges souvent malins, accueillaient une plaisanterie surannée, un calembour traditionnnel, un aphorisme antédiluvien." The examples cited of *cliché* are drawn from the world of journalism. The entry also credits Clément Duvernois "ou un autre" (sic) for having brought the expression out of the typographer's workshop and into the realm of letters "où il a fait son chemin, pour désigner, par exemple, les rengaines politiques qui ont succédé à *perfide Albion*, etc., etc."

commonplace, received truth – what Flaubert had already begun collecting for his *Dictionnaire des idées reçues*. And if repetition seems ever ready to consign the Flaubertian universe and its characters to inanity and parrotry, something similar occurs in Villiers's work, as the initial focus of mechanical reproduction yields to an awareness of a closed circuit of repetition.[2] John Anzalone has written of the failure of Edison's quest to produce an ideal woman, noting that it ultimately leads to a scheme of redundancy: "The longing for a transcendent signified, for fullness of shared meaning leads thus to circularity, redundancy, and finally emptiness; the quest for communion of body and soul with a woman leads to an impasse in which Ewald, looking through the robot, communes only with himself."[3] The *Andréide*, as the mediator of a mechanical process (reproduction) and a similarly imitative linguistic process (human speech), is thus at the center of the dilemma, and it is through studying the steps of her production (or construction) that we shall track the passage of the machine to language, encountering along the way an anticipation of Saussure's assertions of the primacy of speech over writing.[4]

*Cliché* first appears in Livre premier, Chap. I of *L'Eve future*, where the title ("Les Lamentations d'Edison") is sufficiently derisive to allow us to view ironically this latter-day Jeremiah. With his

[2] Thus Victor Brombert, in *The Novels of Flaubert* (Princeton: Princeton UP, 1966) has written of "Un Cœur simple": "Loulou, the parrot, repeats the clichés of human speech while delighted listeners indulge in further clichés on the subject of parrots. The impression is one of a closed circuit of inanity" (240).

[3] John Anzalone, "Golden Cylinders: Inscription and Intertext in *L'Eve future*," *L'Esprit Créateur* 26 (1986): 38-47. Anzalone is editor of a collection entitled *Jeering Dreamers: Essays on "L'Eve future"* (Amsterdam & Atlanta: Rodopi, 1996). See my review of the volume in *French Review* 71.2 (1997): 292-93.

[4] Saussure maintained that the object of linguistic analysis was speech – the spoken word. See *Cours de linguistique générale* (Paris: Payot, 1973), 45. Anzalone's use of the term "transcendent signified" alludes to Derrida's well-known deconstruction of Saussure's privileging of speech over writing. In the following passage, Derrida relates the logos of being to the Voice: "There has to be a transcendental signified for the difference between signifier and signified to be somewhere absolute and irreducible. It is not by chance that the thought of being, as the thought of this transcendental signified, is manifested above all in the voice . . . . The voice is *heard* (understood) – that undoubtedly is what is called conscience – closest to the self as the absolute effacement of the signifier: pure auto-affection that necessarily has the form of time and which does not borrow from outside of itself, in the world or in 'reality,' any accessory signifier, any substance of expression foreign to its own spontaneity" (*Of Grammatology*, Trans. Gayatri Chakravorty Spivak [Baltimore: The Johns Hopkins UP, 1976]) 20.

constant imprecations and gibes, Edison is rather sarcastically presented as barely modest enough to forego the pretensions (and impossible) desire of having been on the spot to record the Creation itself: "Phonograph's Papa,"[5] while regretting his late arrival in human history, does set limits on his lost aspirations: " 'Sans prétendre au cliché galvanoplastique du *Fiat lux* . . . . peut-être m'eût-il été permis,–par exemple, un peu après la mort de Lilith et pendant le veuvage d'Adam,–de saisir et empreindre, dissimulé derrière quelque fourré de l'Eden, tout d'abord le sublime soliloque: *Il n'est pas bon que l'Homme soit seul!*' " (104).[6]

This regret inaugurates a veritable litany of famous vocal events of ancient history: the serpent's temptation of Eve, the awarding of the Golden Apple, Neptune's *Quos ego,* the trumpets of Jericho, and so on. Indignant over the mocking *calembours* with which the herd has greeted his invention, Edison indulges in a few *calembours* of his own. The *profanum vulgus,* he says, could better have blamed his inability to record certain noises: the fall of the Roman Empire, eloquent silences, and (in the matter of voices) " 'de ce qu'il [Edison] ne peut clicher ni la voix de la conscience? . . . ni la voix–du sang?' " stopping only after a rather crass pun on *la Voie lactée.* Thus contact between the mechanical (or "galvanoplastic") and the human is mediated by this second usage of the verb *clicher.* And it places Edison's invention under the sign of the derivative, the secondary *noise* or *echo,* the repeated sound that in the end takes us to the verbal *cliché.* Edison cannot, and the phonograph cannot, precede God the Father's inaugural sound, and so we are reduced to an impossible inventor's dream: " 'Seulement, pour satisfaire mes semblables, je sens bien qu'il faut que j'invente un instrument qui répète avant même qu'on ait parlé . . .' " (106).

Though Edison is not long in recognizing the futility of such yearnings for the original Word, it is interesting to note that through the expression of these desires Villiers posits a spiritual

---

[5] The title, in English, of the preceding chapter.

[6] In a later chapter Edison muses that had God the Father allowed him to " 'clicher une simple épreuve phonographique de Sa vraie Voix . . . *dès le lendemain il n'y aurait plus un seul athée sur la Terre!*' " (129). All references to *L'Eve future* are to the Nadine Satiat edition (Paris: Garnier-Flammarion, 1992). Because of Villiers's intensive use of italics, dashes, capitalizations, ellipsis points, and all manner of typographic emphases, I have abstained where feasible from using them myself. Square brackets, however, are mine.

communicative scheme, dependent not only on an emitter, but more importantly, on a receiver. The noises of the past have not dissipated, rather it is the capacity of the receivers to understand the " 'caractère impressionnant dont ils étaient revêtus en et par l'ouïe des anciens' " (112). This is Villiers's sad recognition of the despiritualization of the Word – and by extension, of the work of art.[7] The reality of a sound depends on its audition, he affirms, and it is thus rather *we* who have fallen into silence, our capacity for spiritual audition (not mere hearing) having succumbed under the relentless assault of rationalism. The analytical mind has slain the necessary reciprocity of sending/receiving: " '. . . j'eusse beau clicher, en d'autres âges . . . . *le silence*' " (112-13). Edison arrives at this pessimistic evaluation: " 'D'où je conclus qu'il en est des bruits comme des voix, et des voix comme des signes . . .' " (113). A despairing conclusion indeed for one whose phono/graph is precisely a device for the engraving of the voice.

Such is the state of Edison's phonocentric reverie when Lord Ewald's urgent dispatch reaches him in Menlo Park. It is only Edison's deep sense of indebtedness to his friend that induces him to undertake a creative experiment that is doomed to failure by his own theory of *noise*: the voice, the mark of human presence – of pure auto-affection, as Derrida puts it – always degenerates into a soulless repetition.

Yet before resigning himself to the inevitable, Edison will attempt the impossible. He will record on the "leaves" of two golden cylinders the greatest songs and texts that the world's preeminent artists have provided him and which Miss Alicia Clary, Ewald's physically captivating but intellectually deficient mistress, will have spoken for the recording machine.[8] The process will preserve – to the millionth of a vibration – the accent, timbre, and intonations of his *belle amie*. The cylinders, implanted as lungs in Hadaly the *An-*

[7] In a now classic essay, Walter Benjamin noted that in prehistoric times the work of art was associated with ritual and magic. It had "cult value." But as it becomes reproducible and portable, it assumed what he calls "exhibition value." See "The Work of Art in the Age of Mechanical Reproduction," *Illuminations*, Trans. Harry Zohn (New York: Schocken Books, 1969) 217-51.

[8] Felicia Miller Frank notes that concern for making a material record of voice is related to 19th-century passion for documentation. See *The Mechanical Song. Women, Voice, and the Artificial in Nineteenth-Century French Narrative* (Stanford: Stanford UP, 1995) 148.

*dréide*'s breast, will forever be technically capable of reproducing an apparently limitless variety of acoustic combinations, whose triumph is the very one of speech.[9] Yet when Lord Ewald sadly objects that Hadaly the Android cannot in the final analysis really be considered a being (" 'Enfin, ce n'est pas un *être*, cependant!' " [222]), Edison contends that she will indeed fulfill the Hegelian requirements for full ontological status and that it will be attested by the plenitude of speech:

> " '–Par des paroles?'
> '–Par des paroles.' " (222)

But the reader cannot ignore a host of textual indicators that suggest something different from the Exemplary Woman envisaged by the two male protagonists, the Perfect Eve that Jacques Noiray calls an "essence méta-technique [dont la fonction] est de fabriquer l'Idéal."[10] The latter-day Balzacian *recherche de l'absolu*, the quest for the ideal, will not lead to the one and the unique, but rather to – a copy. In this regard, we may consider that Hadaly is merely a superior Miss Alicia Clary, whose profession is that of actress – one who endlessly repeats a role for the pleasure of her (male) audience. (Or, in a semantic extension suggested by the French phrasing, *elle répète son rôle*.) She is further drawn into the textual web of repetition by means of Ewald's narration of their visit to the Louvre, where, upon seeing for the first time the *Venus victrix* (likely the Venus de Milo, according to most commentators), she comically exclaims:

> " 'Tiens, MOI!' "
> L'instant d'après, elle ajouta:
> " 'Oui, mais moi, j'ai mes bras, et j'ai l'air plus distinguée.' " (163)

These lines are matched by clichés of character and setting. Thus Edison's ground level laboratory, a virtual pastiche of the mad

---

[9] Yet Edison himself would seem to acknowledge that this technological feat does not go without its risks or perils, since he warns Ewald that Hadaly's ravishing words (" 'pro-férées, d'abord par la virtuose vivante, puis clichées . . .' ") constitute both miracle and menace (213).

[10] *Le Romancier et la machine: l'image de la machine dans le roman français, 1850-1900* (Paris: José Corti, 1981) 298.

inventor films it so clearly prefigures, is a sprawl of mystifying, incomprehensible instruments:

> Çà et là s'ébauchaient, encombrant les tables, des formes d'instruments de précision, des rouages aux mécanismes inconnus, des appareils électriques, des téléscopes, des réflecteurs, des aimants énormes, des matras à tubulures, des flacons pleins de substances énigmatiques, des ardoises couvertes d'équations. (101)

If Edison so obviously anticipates the mad scientist of film lore, Lord Ewald already fits a mold cast long before, that of the stereotype of the aristocratic Englishman in nineteenth-century French literature. Tall, handsome, and elegantly dressed, Ewald's muscles are "exceptionally solid," for they have been strengthened and shaped through exercise and participation in the regattas of Cambridge and Oxford (131). Later we learn that he wears a monocle (383). His demeanor is a bit distant ("un peu froid") [11] but lofty, marked by a sort of "tristesse élevée qui décèle l'aristocratie d'un caractère." His features, his hair and eyes, his aristocratic pose, all mark the self-possession of the upper-class *milord*:

> Ses traits, bien que d'une régularité grecque, attestaient par la qualité de leur finesse une énergie de décision souveraine. De très fins et massés cheveux, une moustache et de légers favoris, d'un blond d'or fluide, ombraient la matité de neige de son teint juvénile. Ses grands yeux noblement calmes, d'un bleu pâle, sous de presque droits sourcils, se fixaient sur son interlocuteur. –A sa main sévèrement gantée de noir, il tenait un cigare éteint. (131)

Ewald's conversation with Edison is also marked by repetition: being no match for the inventor's formidable technical expertise, he can merely listen to his friend's explanations and occasionally formulate questions. Yet these questions themselves are simply echoes of Edison's words:

---

[11] His legendary coldness has made him a reputation for resisting even the allures of women of the most ardent races: "des Russes, des Italiennes et des Créoles" (138).

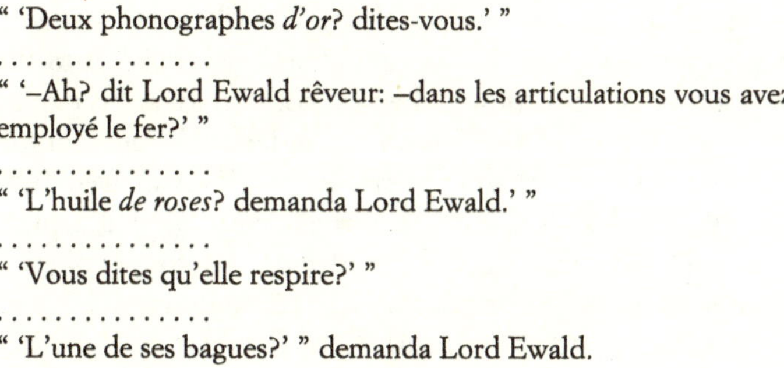

" 'Deux phonographes *d'or*? dites-vous.' "

. . . . . . . . . . . . . . . .

" '–Ah? dit Lord Ewald rêveur: –dans les articulations vous avez employé le fer?' "

. . . . . . . . . . . . . . . .

" 'L'huile *de roses*? demanda Lord Ewald.' "

. . . . . . . . . . . . . . . .

" 'Vous dites qu'elle respire?' "

. . . . . . . . . . . . . . . .

" 'L'une de ses bagues?' " demanda Lord Ewald.

(214-15)

Even Ewald's objections seem to demand the interrogative form (" '–J'ai remarqué qu'elle a un poignard à la ceinture?' ") as Ewald in this particular scene (219) is reduced to the status of a pure interrogative function, whose echoes allow Edison further to expatiate on the refinements of his Android. And in Hadaly herself the reader recognizes an avatar of Salome: " 'Hadaly est, je vous le dis encore, une enfant un peu sombre, qui, insoucieuse de la mort, la donne facilement' " (220). This is a nearly classic definition of Salome the innocent killer girl.

Finally, chapter titles themselves form a contrast with the search for the ideal and the unique: "Così fan tutte"; "Rien de nouveau sous le soleil"; "L'éternel féminin." One of the novel's most striking episodes, that of Edison and Ewald's quasi-magical descent toward the wizard's underground cave (Livre troisième), is prefaced by no fewer than three paratextual markers: first the title, "L'Eden sous terre," then two epigraphs. The first of these, "Facilis descensus Averni,"[12] evokes Virgil's descent into the underworld and implicitly associates Edison with the Cumaean Sibyl; yet the second one reverses the semantic charge of "Eden" through its quotation from Mephistopheles in Goethe's second *Faust*: the underground lair is more city of Dis than Edenic garden.

With such an arsenal of textual guides, it is perhaps unsurprising that the term *cliché* itself virtually disappears from the second half of *L'Eve future*. It is as if textual awareness of the lexicalization of *cliché* had rendered its explicit mention superfluous. The use of obvious schemes of repetition replaces and marks the slippage from

[12] Sic (for *Averno*).

technical process to verbal platitude. All these elements cast the hoped for victory of the Word into serious doubt. And Ewald's disappointment is profound when Edison arrives at his explanations of the functioning of the famous cylinders: " 'Vous comprenez que leur ensemble, en chaque scène, est réglé, ainsi, avec une précision parfaite' " (284). It is this use of the term *scène* that brings Ewald to the realization that he will be playing a scripted piece in his exchanges with the Android, that is, he is to figure as a mere stimulus: " 'Si je comprends bien, reprit Lord Ewald avec stupeur, il faudrait que, *moi-même*, j'apprisse *la partie* de mes questions et de mes réponses?' " (285). Upon which the imperturbable Edison undertakes to explain that Ewald can surely shape his lines so as to obtain " 'la réponse attendue.' " Language, he asserts, is an " 'éternel *à peu près*.' " As the clincher to his claim, he cites the lability of a single word – *déjà* – in the formation of an appropriate (and expected) reply:

> "Ah! songez à combien de questions ou de pensées ce seul mot peut répondre magnifiquement! Ce sera donc à vous d'en créer la profondeur et la beauté *dans votre question même*." (285)

Like a good prompter, Ewald will be able to *souffler* the answer to Hadaly. Even better: " 'Il vous sera même inutile d'articuler, vous-même, des paroles! Les siennes répondront à vos pensées, à vos silences' " (286).

Here human interaction becomes worse than the *comédie* that Ewald decries: it is a simulacrum of exchange, a mummery. But Edison is far from yielding to his friend's objections: he now demonstrates with surpassing sophistry that love is indeed a comedy, an ephemeral enchantment, but one that Ewald can relive eternally with his Android despite the apparent monotony of the procedure – if only he can banish *difference* from the golden hour of love. For it is difference, change, novelty that destroys love. The culprit in the loss of love is any alteration in the state of mutual illusion: " '*–et ce n'est que la nouveauté qui nous désenchante*' " (289).

At Ewald's assent to this proposition, Edison moves to his final argument for the superiority of his mechanical doll:

> "Eh bien! l'Andréide, avons-nous dit, n'est que les premières heures de l'Amour immobilisées,–l'heure de l'Idéal à jamais faite

> prisonnière: Et vous vous plaignez déjà de ce qu'elle ne pourra plus rouvrir ses inconstantes ailes pour vous quitter encore! O nature humaine!"

In sum, the Android eternalizes a single moment of love, the ideal hour, the paradoxically " 'grande heure monotone!' " (290). Repetition is permanence, reinscription is restitution, and *cliché* – the best-known *cliché* of love – is rapture:

> "–Celui qui aime ne *redit-il* pas, à chaque instant, à celle qu'il aime, les deux mots si délicieusement sacrés qu'il lui a déjà dits mille fois? Et que lui demande-t-il, sinon l'écho de ces deux paroles, ou quelque grave silence de joie?
>
> Et, en effet, on sent que le mieux est de *réentendre* les seules paroles qui puissent nous ravir, précisément parce qu'elles nous ont ravi une fois déjà." (291)

Edison utterly crushes Ewald's last objection, a plea to improvise natural and simple speech (291) by triumphantly demonstrating that one always *recites*: God Himself has limited speech to set patterns in such a way that " 'En vérité, toute parole n'est que et ne peut être qu'une redite: –et il n'est pas besoin de Hadaly pour se trouver, toujours, en tête-à-tête avec un fantôme' " (292). Such thoughts seem to anticipate Heidegger's pronouncement on the anteriority of speech to man: "Die Sprache spricht, nicht der Mensch. Der Mensch spricht nur, indem er geschicklich der Sprache entspricht." [13]

But to conclude here would be to overlook two of the novel's final scenes. The first is Lord Ewald's stroll in the park with the Android, whom he initially does not recognize as such, taking her instead to be Alicia Clary. (To prove the perfection of his invention, Edison has tricked his friend by substituting Hadaly.) "Alicia's" compassionate words so move Ewald that he is suddenly overcome with genuine love for her: " 'O bien-aimée! Je te reconnais! Tu existes, toi! Tu es de chair et d'os, comme moi!' " (371).

These effusions soon dry up when the Android reveals her true identity: " 'Ami, ne me reconnais-tu pas? Je suis Hadaly' " (372). In

---

[13] Quoted by Jonathan Culler in *Structuralist Poetics* (Ithaca: Cornell UP, 1975) 29. Culler translates: "Language speaks. Man speaks only in so far as he artfully 'complies with' language."

his shock, Ewald wonders how he could have felt true love, "sa première palpitation de tendresse" (373) in the presence of this *machine*: "Sans cette stupéfiante machine à fabriquer l'Idéal, il n'eût peut-être jamais connu cette joie" (374). Hadaly the Ideal[14] will lead him into a mystical meditation in the following chapters, one that is designed to avenge the defeat of the Imaginary at the hands of Reason. Using her voice – the trope of power – Hadaly redresses the balance, vaunting the superiority of another space, of which the terrestrial is only a reflection. The privileged voyager to the spiritual realm is in contact with new modes of being: "Une affinité s'établit donc, alors, entre son âme et les êtres, encore *futurs* pour lui, de ces occultes univers contigus à celui des sens . . ." (376). This chapter is entitled "Luttes avec l'ange"; in Swedenborgian phrasing in the next chapter, Hadaly announces herself as " 'l'envoyée de ces régions sans bornes dont l'Homme ne peut entrevoir les pâles frontières qu'entre certains songes et certains sommeils' " (380). Only if Ewald can believe in her can she live, by taking up her defense against Reason. Yet all of Hadaly's extraordinary rhetorical gifts are seemingly not sufficient to overcome Ewald's obstinate attachment to positivity, for he sarcastically explodes: " 'Mais j'oubliais! je suis au théâtre! Et je ne dois qu'applaudir. La scène est en effet, très étrange! Bravo, donc! Edison! –Bis! bis!' " (384).

Now Hadaly mourns the love she will never know; in a moving passage she bids farewell to life and to Ewald: " 'Adieu, toi qui ne peux plus vivre!' " (388). Her final kiss, blown from her two hands with "un effrayant mouvement de désespoir," wins Ewald over *in extremis*: " 'je résous de m'enfermer avec toi, ténébreuse idole! Je donne ma démission de vivant–et que le siècle passe!' " Such phrases are finely crafted by Villiers for their ambiguity. Thus Ewald's words could allude to his earlier desire to live in his castle far from the bustle of the city, or to quit the despiritualized realm of the living dead.

Were *L'Eve future* to end here, with an acknowledgment of defeat, Anzalone's astute words on the circularity of the golden cylinders and their reenactment of the rotation of speech itself might provide the definitive reading of the novel. Indeed, Edison's golden cylinders are finite and cannot be reinscribed (or reprogrammed) to

---

[14] Edison himself affirms that such is the significance of her name in Iranian (209).

produce an infinitely renewable configuration of utterances. Yet we must not overlook the self-confident Edison's admission that his creature, emblem of ideal Humanity, previously lacked some crucial element – " 'ce qui est innommable en nous' " (406) – and that during the eleven days *his* Creation lasted a mysterious supplement has been produced: " 'une Ame qui m'est inconnue s'est superposée à mon œuvre' " (406); and again, " 'Une âme s'est donc surajoutée, disons-nous, à la voix, au geste, aux intonations, au sourire, à la pâleur même de la vivante qui fut votre amour' " (407). This can be none other than the incorporeal contribution of Sowana. She is the spiritual essence of Mistress Anderson (the widow of Edison's friend Edward Anderson, himself a victim of the wiles of an "artificial" temptress), she too an actress, she too a Salome figure of innocent perdition: " 'celle qui est fatale, bien qu'elle dût ne sembler, cependant, que la plus belle et la plus insignifiante de toutes' " (249).

The shipwreck of the steamer *Wonderful*, which takes Hadaly to the bottom of the ocean, is nothing less than an uncannily accurate adumbration of titanic disasters to follow, as dreams of progress, driven by technology, rolled on toward the trenches, the gaping *fosse commune* of the Great War.[15] Villiers's marvelous novel is a challenge to late nineteenth-century civilization. It is finally an allegory of choice, of Man torn between the demonstrations of science and the verities of the spirit – between positivism and religion, between proof and belief – all the ambiguities experienced by those souls to whom the double dedication of *L'Eve future* alludes:

"Aux rêveurs, Aux railleurs."

[15] Villiers's version of what Georges Duhamel will later call "scenes of future life" also adumbrates the basis for modern computer language. This can be seen in Edison's answer to Ewald's objection that he cannot love a zero (" 'Comment aimer zéro?' "). Edison replies: " 'qu'importe, si vous êtes l'unité placé devant ce zéro...?' " (289).

# LA COMÉDIE DU DIVORCE À LA BELLE ÉPOQUE

*par Georges May*

*Pour Victor, en souvenir de nos prouesses dramatiques d'autrefois.*

*Occupe-toi d'Amélie* est un des vaudevilles les plus célèbres et les plus souvent représentés de Georges Feydeau. C'est aussi un des plus drôles. Il s'en faut de peu cependant pour que le dénouement ne détone avec la légèreté, la fantaisie, la bouffonnerie de la pièce. Rappelons, en effet, que pour se venger de sa maîtresse, Amélie Pochet, dite Amélie d'Avranches, et surtout de son ami Marcel Courbois, à qui il l'a imprudemment confiée en son absence et qui s'est trop bien occupé d'elle, Étienne de Millédieu réussit à les marier l'un à l'autre sans qu'ils s'en doutent. Le marié étant un homme du monde et la mariée une demi-mondaine, et la cloison étant alors étanche entre ces deux domaines de la société, la vengeance d'Étienne risquait fort de paraître excessive au public de l'époque.

Dieu merci–si l'on ose dire–il y a le divorce. Même si celui de Marcel et Amélie ne pourra intervenir qu'assez longtemps après le dernier rideau, nul ne doute qu'il se fera, Marcel ayant réussi à machiner un constat d'adultère, auquel le spectateur vient d'assister, entre Amélie et Étienne. C'est là, en effet, selon la législation de 1908, date de la pièce, l'un des trois motifs de divorce reconnus par les tribunaux: «flagrant délit d'adultère», lit-on à l'article 230 du Code civil. Les deux autres, spécifiés aux articles 231 et 232 («excès, sévices ou injures graves» et «condamnation de l'un des époux à une peine infamante») auraient risqué de sembler déplacés sur la scène du Théâtre des Variétés, dans un vaudeville signé Georges Feydeau. Outre cette raison juridique–qui ne nous touche plus guère, la législation s'étant assouplie depuis–cette cause de divorce semble faite sur mesure pour venir au secours des dramaturges en peine d'inspiration, tant elle se prête à la scène comique: l'injonction rituelle: «au nom de la loi, ouvrez!», le commissaire ceint de son écharpe tricolore, le lit défait, le monsieur en caleçon et fixe-chaussettes, la dame en chemise de nuit transparente ou en bustier provocant. Les exemples en sont si nombreux que cette scène est comme l'image de marque de la comédie légère et «bien parisienne» de la Belle Époque.

C'est ainsi que Feydeau a l'ingéniosité de la mettre en scène à deux reprises dans le seul tableau final d'*Occupe-toi d'Amélie*, non sans avoir l'audace de rappeler au public par le truchement d'un des personnages qu'elle fait écho à une scène analogue du *Fil à la patte*, triomphe de 1894. Pour mémoire, Feydeau recourt au flagrant délit d'adultère dans *Monsieur chasse* (1892), *L'Hôtel du Libre Échange* (1894), *Le Dindon* (1896), *La Main passe* (1904) et *Occupe-toi d'Amélie* (1908)–ce qui explique, soit-dit en passant, la fréquence des scènes se déroulant dans des chambres d'hôtel ou des garçonnières, autres accessoires de rigueur dans les vaudevilles de la Belle Époque.

En fait, dès 1890 Feydeau avait exploité à des fins comiques la législation sur le divorce alors fraîchement ratifiée par le Sénat. Dans *C'est une femme du monde*, comédie en un acte dont la première est du 10 mars 1890, il met en scène un maître d'hôtel nommé Alfred, divorcé deux fois et marié trois; mais qui, à chaque remariage, s'est fait passer pour veuf: «... j'ai trouvé inutile de dire à ma dernière femme que j'étais divorcé: ça embête toujours les femmes, ces choses-là!» [1]. Ce en quoi il se trompe, du reste. En effet, lorsque, en vertu d'une série de coïncidences typiques de la dramaturgie feydaldienne, la troisième épouse a fait la connaissance de ses deux devancières, et demande à Alfred pourquoi il ne lui a pas dit qu'il était deux fois divorcé, celui-ci répond: «Ah! C'est que tu es tellement jalouse!...», elle le détrompe avec une superbe logique: «Grande bête! Au contraire... Je me disais: il est veuf! Ça ne prouve pas qu'il l'ait désiré; mais du moment que tu es divorcé, c'est que tu l'as bien voulu! Alors je n'ai pas à être jalouse!» (I 737).

Mais c'est sans doute *La Main passe*, vaudeville en quatre actes, créé en 1904, qui de tout le théâtre de Feydeau est le plus étroite-

---

[1] Ed. Henry Gidel. Paris: Grasset, 1988-89. I 716.

ment lié à la législation sur le divorce. Comme l'annonce le titre, emprunté à la langue des casinos, la pièce a pour thème l'instabilité, concrétisée en l'espèce par le va-et-vient de Francine entre Alcide Chanal, son mari, et Émile Massenay, son amant. Surprise en flagrant délit au II^e^ acte–scène classique avec amants au lit, commissaire et mari trompé, épicée par la première réplique de Francine à son mari: «Qu'est-ce que tu vas encore t'imaginer?» (III 84)–elle divorce et épouse Massenay, lequel a dû divorcer lui aussi, afin de pouvoir l'épouser en secondes noces. Mais Francine ne tarde pas à s'apercevoir que son second époux ne vaut pas le premier. «On a beau dire, voyez-vous: quand on a été mari et femme!... eh! Bien... ça crée des liens», déclare-t-elle sans vergogne un an plus tard à Chanal, lequel s'empresse de renchérir: «Comment, si ça en crée?... mais indissolubles!... la loi a beau les rompre, la nature est là qui crie: "C'est pas vrai!"» (III 143). De son côté Massenay se surprend à se sentir ému et vexé par le projet de remariage de sa première femme. Reste à trouver une bonne ficelle de théâtre pour que tout finisse en gaîté. Anticipant sur le dénouement d'*Occupe-toi d'Amélie* évoqué plus haut, un flagrant délit d'adultère, est tramé aux dépens de Coustouillu, l'amoureux transi de Francine. Un nouveau divorce étant ainsi rendu possible, le rideau tombe, laissant présager que rien désormais n'empêchera plus les deux couples originaux de se reconstituer.

Feydeau n'est pas le seul dramaturge de son temps à avoir mis en scène le divorce. Toute une série de drames d'une gravité sans défaillance–signés entre autres des noms alors prestigieux de Paul Hervieu, Eugène Brieux, Émile Fabre ou Paul Bourget–et généralement destinés à illustrer les effets néfastes de la nouvelle législation sur le divorce, avaient envahi la scène aux alentours de 1900. Cette nouvelle législation, souvent appelée alors loi Naquet, du nom du député l'ayant inlassablement soumise au Parlement pendant plus de dix ans, datait du 27 juillet 1884. Elle rétablissait un droit dont les Français avaient déjà joui un siècle plus tôt, pendant près de vingt-quatre ans, exactement entre la loi du 20 septembre 1792 (dernier jour de l'Assemblée Législative) et celle du 6 mai 1816 (Chambre introuvable). Visiblement liée donc aux variations de régimes politiques ayant marqué l'histoire de la France depuis la Révolution, la nouvelle loi sur le divorce fut longtemps honnie des mêmes milieux conservateurs qui jugeaient nul et non avenu le régime républicain responsable de son rétablissement.

Même des adversaires du divorce, même des conservateurs comme René Doumic, Jules Lemaître ou Francisque Sarcey, ou des hommes de lettres sagaces, comme Guy de Maupassant, flairèrent sur-le-champ que le divorce serait vite un filon pour les auteurs de comédies légères. Un esprit austère comme Zola, en revanche, considérait que l'abolition du mariage indissoluble rendrait caduc tout un pan du répertoire dramatique. Il écrit en 1881: «... que deviendraient les romans et surtout les drames écrits jusqu'à ce jour? Ils n'ont plus aucun sens, ils tombent dans le ridicule, car ils sont tous plus ou moins bâtis sur l'adultère [...] Depuis une trentaine d'années, en effet, on n'a guère mis au théâtre que le problème social de l'homme et de la femme, envisagé sous les faces diverses: question de l'adultère, question de la paternité, question des enfants, questions multiples de la famille allant du salon à l'alcôve. Or ces pièces reposaient toutes sur l'idée de la famille indestructible. Si l'on introduit le divorce, elles se détraquent et ne sont plus que des documents poudreux dont on sourit. [...] A la place de M. Dumas fils, par exemple, je tremblerais pour mes pièces à thèse, pour celles qui ont le plus remué les contemporains. Les thèses vieillissent vite»[2].

Il faut reconnaître que Zola n'avait pas tort sur tous les points. Dumas lui-même, considéré dès l'époque comme un partisan du divorce–Naquet reconnaissait en lui le plus important de ses «collaborateurs»–écrivait en 1879: «Que les Chambres nous donnent enfin le divorce, et l'un des résultats immédiats de ce vote, celui qui entre certainement le moins, qui n'entre même pas du tout dans les raisons que font valoir les promoteurs de cette réforme, ce sera la transformation subite et complète de notre théâtre. Les maris trompés de Molière et les femmes malheureuses des drames modernes disparaîtront de la scène, l'indissolubilité du mariage autorisant seule les revanches secrètes ou les lamentations publiques de la femme adultère ...»[3] Comme Zola le prédisait, de tout le théâtre de Dumas fils, malgré les qualités qui lui avaient valu tant de brillants succès et un fauteuil d'académicien, n'a échappé à l'oubli total que *La Dame aux camélias.* «Les thèses vieillissent vite».

A la différence des jugements portés sur le divorce en soi, les prophéties sur les effets de la loi Naquet sur le théâtre ne dépen-

---

[2] *Œuvres complètes.* Paris: Cercle du Livre précieux, 1969. XIV 544-47. Paru originellement dans *Le Figaro* du 11 février 1881.

[3] A. Dumas fils, Préface de *L'Etrangère* (datée août 1879). *Théâtre complet.* Paris: Calmann Lévy, 1890. VI: 206-07.

dent pas, elles, des préférences politiques de ceux qui les expriment. A Zola, homme de gauche, fait écho, par exemple, Jules Lemaître, homme de droite, qui écrivait en 1888: «...vous vous souvenez qu'au moment de la loi Naquet on disait: "Assurément, cela va révolutionner le théâtre, et les pièces sur le divorce vont abonder". Or, il se trouve qu'elles n'ont pas abondé du tout. [...] Hélas! Ce n'est que trop aisé à comprendre. Le divorce est, par essence, chose antidramatique, puisqu'il est une solution, puisqu'il apporte un dénouement tout prêt à tout un ordre de luttes intimes et douloureuses, de celles justement dont vit le théâtre. Le mariage indissoluble, à la bonne heure! C'était une matière inépuisable de drame et de comédie. Mais que voulez-vous faire avec le divorce? [...] La loi Naquet a porté un rude coup à la scène. Elle rend superflue la moitié du répertoire de Dumas fils»[4].

Que le déclin du théâtre de Dumas ait eu ou non la loi Naquet pour cause principale–ce dont il est permis de douter–le fait est qu'on trouverait sans peine, chez les écrivains et critiques du temps, des prédictions moins sombres que celles de Zola et Lemaître sur l'avenir du théâtre, nonobstant la légalisation du divorce. C'est ainsi que Henry Becque, lequel nourrissait un souverain mépris pour le théâtre d'idées, après en avoir tâté lui-même sans succès, semble bien avoir conservé le souvenir de l'article de Zola lorsqu'il écrivait, trois ans et demi plus tard et quelques semaines après le passage de la loi Naquet: «... des hommes d'esprit, un peu pressés sans doute, ont déjà examiné et résolu cette question de l'influence du divorce sur le théâtre. [...] La passion, voilà ce qu'on nous dit, la passion coupable, celle justement qui est le plus souvent portée à la scène, va disparaître; les auteurs n'auront plus l'occasion de l'étudier ni de prétexte pour la peindre. L'adultère, l'adultère et le cocuage, ces deux frères qui portent un nom différent, sont désormais sans intérêt. [...] Il faut repousser bien loin une erreur dont les hommes de théâtre se contenteront de sourire, mais qui pourrait jeter ailleurs le trouble et la consternation. Que les jeunes gens, les vaillants, les fougueux se rassurent! On n'en est pas là! Le monde charmant de l'adultère n'est pas près de finir»[5].

[4] *Impressions de théâtre.* Paris: Lecène et Oudin, 1889. III 340. Chronique datée du 12 mars 1888.

[5] *Œuvres complètes.* Paris: Grès, 1925. VI 158-59. Parus originellement dans *Le Matin* du 14 septembre 1884.

Charmant ou non, le fait est qu'il allait effectivement continuer à jouir d'une santé à toute épreuve, ainsi qu'en témoigne, sans avoir besoin d'aller chercher plus loin, le théâtre quasi total de Feydeau. Maupassant l'avait parfaitement deviné lorsque, quelques semaines avant le passage de la loi Naquet, il écrivait en conclusion à un article prophétique intitulé «Le Divorce et le théâtre»: «Il est probable que l'Ambigu y perdra, que le Gymnase n'y gagnera rien mais que le Palais-Royal y fera fortune»[6].

Comme il se trouve, c'était effectivement au Théâtre du Palais-Royal que Victorien Sardou avait fait jouer en décembre 1880 une comédie, écrite en collaboration avec E. de Najac, portant le titre fracassant de *Divorçons*, et montrant les ricochets humoristiques possibles en province des débats alors en cours au Parlement sur le projet de loi portant rétablissement du divorce. Comédie au demeurant très gaie et très réussie, qui, malgré les anachronismes, se laisse encore lire sans le moindre ennui.

En revanche, c'est sur la scène du Théâtre du Vaudeville qu'avait en 1888 déclenché le rire et l'enthousiasme de Francisque Sarcey la comédie-bouffe en trois actes d'Alexandre Bisson et Antony Mars, *Les Surprises du divorce*, et sur celle du Théâtre Cluny qu'Ernest Grenet-Dancourt avait fait applaudir quelques semaines plus tôt *Les Mariés de Mongiron*, autre comédie-bouffe en trois actes commençant par un divorce et finissant, après une série ahurissante de péripéties cocasses y compris un duel ridicule, sur l'annonce de six mariages, y compris le remariage des divorcés.

Bref, Jules Lemaître était en droit de faire remarquer dans son compte-rendu des *Surprises du divorce* (III 335-44), que la loi Naquet avait eu en quatre ans un moindre effet sur le théâtre qu'on ne l'avait généralement prédit: à côté des trois comédies de Sardou, Grenet-Dancourt et Bisson et Mars, Lemaître fait état d'*Autour du divorce* de Gyp, paru en 1886, qu'il qualifie de «fantaisie», mais écrit sous forme de dialogue, comme c'est si souvent le cas chez elle. L'ouvrage, superficiel, mais amusant, désinvolte, satirique sans méchanceté et d'une lecture facile, avait été précédé d'*Autour du mariage* (1883) du même auteur qui, avec la collaboration d'Hector Crémieux, l'avait adapté pour la scène et fait bel et bien représenter en 1883. Pour un sujet aussi grave que le divorce, cela fait beau-

6 «Le Divorce et le théâtre», *Chroniques*. Paris: 10/18, 1980. II 415. Paru originellement dans *Le Figaro* du 12 juin 1884.

coup de comédies. Le paradoxe fut remarqué dès l'époque, et pas seulement par Lemaître. C'est ainsi qu'on put lire, dans l'austère *Revue des Deux Mondes* du 15 mars 1907, sous la plume de son critique dramatique attitré et futur directeur, René Doumic, hostile bien entendu à la loi Naquet, les remarques que voici: «C'est d'abord par le ridicule que le théâtre s'était attaqué au divorce: la nouvelle situation faite aux époux par la loi était tout de suite apparue aux écrivains de théâtre par ses côtés funambulesques. Elle avait déchaîné l'éclat de rire de *Divorçons* et livré la scène à l'imbroglio des *Surprises du divorce*. [...] Aujourd'hui encore, et quelque effort que les auteurs apportent à nous en faire apercevoir la gravité, il suffit d'une touche maladroitement appliquée ou d'une insistance fâcheuse pour tout compromettre: le vaudeville est toujours là, qui rôde et qui nous guette»[7].

Il faut aujourd'hui à la fois admirer la sagacité avec laquelle Doumic a pressenti les affinités *a priori* improbables entre le divorce et le comique, et contester son assertion que «le théâtre s'était attaqué au divorce»–à moins qu'il ne s'agisse de *s'attaquer* comme dans: «Il est temps de s'attaquer au pâté en croûte». Au reste, les ouvrages comiques énumérés plus haut cultivent certes le ridicule et déclenchent le rire, mais permettent-ils vraiment de déduire l'opinion, favorable ou hostile, de leurs auteurs sur la loi Naquet? Croyons-en plutôt «l'oncle Sarcey», peu suspect par ailleurs de sympathie pour l'ébranlement des piliers de la société. Il commence ainsi sa chronique dramatique du 13 décembre 1880 sur *Divorçons*: «Ne vous trompez pas à ce titre: ce n'est pas là une comédie de mœurs, une étude sociale ou politique [...] qui mette sous forme dramatique une thèse de philosophie. MM. Sardou et Najac (et il faut les louer, puisqu'ils écrivaient pour le Palais-Royal) n'ont pas affiché de visées aussi hautes. Ils n'ont eu d'autre but que d'amuser le public»[8].

Et nous voilà revenus au Palais-Royal, où Feydeau devait connaître quelques-uns de ses plus beaux succès, comme Labiche avant lui, car y firent leurs premières *Monsieur chasse*, *Un Fil à la patte* et *Le Dindon*. Si les comédies exploitant les situations nouvelles ren-

---

[7] «Le Théâtre contre le divorce», *Revue des Deux Mondes*, 15 mars 1907 (449). Réimprimé dans *Le Théâtre nouveau* (1908).

[8] Francisque Sarcey, *Quarante ans de théâtre*. Paris: Bibliothèque des Annales, 1901. I 106. Chronique datée du 13 décembre 1880.

dues possibles par le divorce ont encore aujourd'hui le don de se laisser lire avec plaisir et peut-être (qui sait?) de tenir à nouveau l'affiche, on ne saurait en dire autant de toute une série de drames sérieux, lesquels, parce qu'ils étaient signés de noms illustres d'académiciens ou d'académisables, tous plus ou moins hostiles à la loi Naquet, furent joués sur les scènes plus prestigieuses du Théâtre-Français, de l'Odéon et autres hauts lieux de l'art dramatique. Dix ou vingt ans après sa chronique de 1888 citée plus haut, Lemaître aurait bien été forcé de faire amende honorable et de reconnaître que «les pièces sur le divorce» ont depuis bel et bien «abondé». De son côté, dans son article de 1907 cité plus haut, Doumic disait bien que ce fut *d'abord* par le ridicule que le théâtre s'était attaqué au divorce. Par la suite ce fut, en effet, par la gravité et la prédication de ce qu'on appela alors le théâtre d'idées que la scène participa à la longue controverse sur l' «élargissement» du divorce et sur l'union libre, qui suivit l'adoption de la loi Naquet. Le théâtre d'idées, relancé par la «découverte» et la vogue d'Ibsen en France, était comme un nouvel avatar des «pièces à thèse» dont Dumas fils avait lancé la mode sous l'Empire. De même que le théâtre de Dumas fils finit par sombrer dans l'oubli, comme le prophétisait Zola, de même les pièces des Paul Hervieu et consorts sont devenues injouables et à peine lisibles, malgré le talent souvent réel de leurs auteurs et la parfaite honorabilité de leurs intentions. Comme l'écrivait Albert Thibaudet en 1936, à propos de l'œuvre dramatique d'Eugène Brieux, c'est là un «théâtre qui a fait trop de bien pour en dire du mal, et dont il ne reste rien dont on puisse penser quoi que ce soit»[9].

Qu'on ne crie pas ici au procès d'intention. L'attitude de ces divers auteurs dramatiques envers le principe même du divorce est si peu la cause de leur effacement qu'on trouve parmi eux des partisans aussi bien que des adversaires du divorce: Dumas fils, Émile Augier ou Henry Bataille, d'un côté; Paul Hervieu, Eugène Brieux ou Abel Hermant, de l'autre. Pour ou contre le divorce, leur théâtre à tous passe aujourd'hui (peut-être à tort!) pour être irrémédiablement périmé. La contre-épreuve confirme, d'ailleurs, que l'idéologie n'est ni un passeport pour la postérité, ni un obstacle. Parmi les auteurs comiques qui exploitèrent le divorce on trouverait aussi côte à côte, des partisans et des adversaires; mais surtout peut-être

[9] *Histoire de la littérature française de 1789 à nos jours*. Paris: Stock, 1936 (504).

des écrivains dont les pièces semblent observer une neutralité (ou une indifférence) totale. C'était déjà le cas des auteurs de *Divorçons*. Sarcey l'avait noté en 1880, dans son compte-rendu cité plus haut. C'est encore, un peu plus tard, celui d'Alfred Capus qui tirera de multiples effets comiques du divorce–sans pour autant révéler s'il a sur la question une opinion arrêtée–dans au moins trois de ses comédies: *Les Maris de Léontine* (1900), *Les Deux Écoles* (1902) et *Un Ange* (1909). Il faut une certaine modestie pour ne pas profiter de la scène afin d'y chevaucher ses dadas. Saluons donc ceux qui eurent l'abnégation de garder leur neutralité, et passons.

Pour un exemple d'attitude critique, voici une amusante comédie, ingénieuse et spirituelle, mais bien oubliée aujourd'hui, jouée à la Comédie des Champs-Élysées au printemps de 1914: *La Victime* de Fernand Vandérem et Franc-Nohain, tirée du roman de Vandérem portant le même titre (1907) [10]. Le personnage qui joue le rôle de *victime* est Roger Taillard, âgé de douze ans, surnommé Gégé, dont les parents se sont récemment séparés et se trouvent en instance de divorce. Situation devenue banale à force d'avoir été traitée sur le mode pathétique par les dramaturges hostiles au divorce: à simple titre d'illustration parmi les multiples exemples qui se présentent voici quelques titres des auteurs les moins oubliés de drames mettant en scène des enfants de parents divorcés: *Le Berceau* (1898) de Brieux, *Le Bercail* (1904) de Bernstein, *Le Dédale* (1903) de Hervieu, *la Maison d'argile* (1907) d'Émile Fabre–tous drames plus larmoyants les uns que les autres, ce qui n'est pas bien difficile sur un sujet naturellement aussi déchirant. L'originalité de *La Victime* est due entièrement à l'ingéniosité avec laquelle les auteurs ont renouvelé et égayé le thème en montrant les parents de Gégé, chacun de son côté, rivalisant de caresses et de cadeaux auprès de leur enfant, dans un concours de gâteries dont le prix est la garde du petit garçon. Loin de vouloir contredire ainsi leurs confrères attirant plus banalement l'attention sur le sort pénible des enfants d'un couple désuni, les auteurs de *La Victime* montrent d'abord Gégé, coq en pâte jouissant sans vergogne des avantages matériels de la situation, puis Gégé comparant son sort avec celui de sa petite camarade Janine (10 ans), dont les parents aussi sont sur le point de divorcer. Mais tout finira bien et le dernier rôle de Gégé sera d'amener la réconciliation de ses parents dans leur amour commun pour

---

[10] Prépublication dans *La Revue de Paris* de 1905.

lui. Si elle n'avait pas été jouée à la veille de la Grande Guerre, cette pièce aurait peut-être laissé un souvenir plus marquant. Mais là n'est pas la question: la question est que voilà une vraie comédie, drôle, spirituelle, mais secrètement satirique, dont Doumic pouvait faire observer dans son compte-rendu: «Cette comédie est très gaie, de cette gaîté spéciale qui laisse après elle une longue amertume. En fait, je ne crois pas que rien de plus sévère n'ait été écrit sur le divorce» [11].

Pour ce qui est, en revanche, des auteurs comiques en faveur de la légalisation du divorce, on a l'embarras du choix. Qu'il suffise d'un seul, mais de taille: Georges Feydeau n'était probablement pas hostile en principe au divorce, puisqu'il finit, en 1916, par divorcer lui-même, et qu'il avait projeté de regrouper ses cinq «farces conjugales» en un acte de 1908-1916 sous le titre de *Du mariage au divorce.* Soit dit en passant, Dumas fils avait, lui aussi, vécu assez longtemps pour pouvoir bénéficier de la loi Naquet, puisque c'est grâce à elle que, veuf depuis un an, il put, en 1896, épouser une femme divorcée, du vivant de son premier mari.

Si la différence entre la destinée des pièces de théâtre de la Belle Époque usant du divorce ne tient donc pas à l'idéologie de leurs auteurs, elle tient le plus souvent, en revanche, à la muse qui les inspira: Melpomène ou Thalie. Aussi surprenant que la chose puisse sembler au premier abord, ce n'est pas par hasard que les premiers en date à s'être servis du divorce dans leurs pièces furent, comme on l'a vu, des auteurs comiques. Un phénomène analogue s'était, d'ailleurs, déjà produit sous la I$^{\text{ère}}$ République, comme en témoignent, par exemple, pour la seule année 1794, *Les Mœurs, ou le divorce* de Pigault-Lebrun et *Le Double Divorce, ou le bienfait de la loi* de Forgeot [12].

Le phénomène est assez piquant et ironique pour inciter à en saisir le mécanisme. Parmi les raisons qu'on pourrait évoquer, il en est trois qui ont le mérite d'être venues à l'esprit des contemporains. Sans épuiser la question, qu'elles suffisent à nous dissuader de crier trop vite au paradoxe. La première est que le divorce ajoute une nouveauté au magasin dramaturgique où puisaient alors les auteurs comiques. L'exemple évoqué ci-dessus du cinquième acte

---

11 *La Revue des Deux Mondes* (1er avril 1914) 933.

12 Louis Allard, *La Comédie de moeurs en France au dix-neuvième siècle*. Cambridge: Harvard UP, 1923. I 220-25.

d'*Occupe-toi d'Amélie* illustre à merveille l'usage du divorce comme moyen de dénouer un imbroglio et de finir en beauté. Quant aux *Surprises du divorce*, comédie évoquée également ci-dessus, elle apporte un premier modèle des autres éléments de l'intrigue comique facilités par cette nouvelle ficelle de théâtre. Sarcey l'avait dûment noté dans son compte rendu: «Il est clair que le divorce va fournir aux vaudevillistes qui se sont déjà jetés sur cette mine et qui l'exploiteront dans tous les sens, une foule de situations compliquées et curieuses. On peut dire que, du premier coup, MM. Brisson et Mars ont mis la main sur une des plus singulières et des plus amusantes» (VII 233).

Une deuxième raison, morale celle-ci, avait été pressentie dès 1879 par Dumas fils. Était-ce parce qu'il sentait la survie de son théâtre menacée? On en doute, tant il avait milité en faveur du divorce, dès 1872 dans *L'Homme-femme*, et, plus explicitement encore, dans *Le Divorce* (1880), livre qu'il avait sans doute en chantier alors qu'il écrit à propos des débats alors en cours au Parlement: «... le divorce existant, l'adultère de la femme ne sera plus que le désir de profiter du mari, tout en se servant de l'amant, et [...] cet adultère s'appellera libertinage. La question ne relèvera plus du drame, mais de la comédie, les conséquences du divorce ne pouvant amener que des situations comiques» (*L'Etrangère* 207).

Enfin, la troisième des raisons annoncées plus haut, relève, elle, du domaine psychologique. Elle est exposée dans les termes suivants par Maupassant dans son article du *Figaro* de juin 1884 déjà cité sur «Le Divorce et le théâtre»: «... le divorce ouvrira un horizon nouveau: il va éveiller dans les cœurs une jalousie encore ignorée, la jalousie du passé». Là-dessus, voilà Maupassant lancé. Il imagine les soupçons obsédant les seconds maris: «Il y aura encore là, assurément, un gros élément de comique. Un grand nombre d'effets pourront être tirés de cette situation. [...] Que de complications amusantes aussi avec l'introduction dans le nouveau ménage, de tous les amis du premier ménage, avec les inquiétudes de l'époux numéro 2 devant ces visages qu'il ne connaît pas, qu'il suspecte?» Enfin, il imagine, anticipant avec un flair divinatoire la «scène à faire»: la conversation entre le premier et le deuxième mari, celui qui cherche à se renseigner, et celui qui ne demande pas mieux que de l'obliger et fournit complaisamment «une multitude de détails précis» (411-15). Bref, dès avant le passage de la loi Naquet, l'auteur de *Bel Ami* (alors en chantier) prévoit la mine d'effets comiques que le divorce va offrir aux auteurs dramatiques. Il n'est pas le seul, si l'on veut bien observer, par exemple, que Labiche, dans un vaudeville en un acte de 1869, *Le Dossier Rosafol*, mettait déjà en scène un personnage divorcé et remarié qui, par une de ces coïncidences bouffonnes de rigueur dans son théâtre, se trouve coincé en présence de sa première et sa deuxième épouse. Afin de justifier la présence sur scène d'un couple divorcé, quinze ans avant la loi Naquet, Labiche recourt à un procédé bien simple: le divorce a été prononcé à Genève, la Suisse, toujours à l'affut du progrès, ayant légalisé le divorce longtemps avant la France [13]. Rien peut-être ne met mieux en évidence le flair comique qui permit à Labiche de deviner à l'avance le filon qu'allait être le divorce pour les vaudevillistes qui devaient lui succéder.

Ayant ainsi essayé d'expliquer le succès durable des comédies de la Belle Époque exploitant les divers procédés issus du divorce, resterait à examiner les causes possibles de l'effacement du théâtre d'idées fondé, lui, sur le thème du divorce. Il tient bien entendu, tout au moins partiellement à ce que disait Zola: «Les thèses vieillissent vite». (Entre parenthèses, on n'aurait guère de peine à illustrer la formule à l'aide de bien des thèses ultérieures que nous avons connues.) Reste que toutes les thèses ne vieillissent pas à la même vitesse. *Maison de poupée*, pour nous limiter à une pièce célèbre de la même époque (la première française est de 1894), n'a pas cessé depuis un siècle de tenter les directeurs de théâtre et metteurs en scène. Affaire de talent, et de don poétique, sans doute. Mais aussi sagesse de se méfier des thèmes intrinsèquement transitoires, comme les institutions et les idéologies, même lorsque l'actualité leur confère une notoriété qui semble ineffaçable. Autrement dit, art de distinguer l'éphémère du permanent et de dépasser le premier pour atteindre le second. Les secrets de cet art ne sont pas à la portée de tous. Mais, là aussi, le privilège du comique a son rôle à jouer. Il n'est certes pas seul en cause: les pièces d'Ibsen n'ont pas la réputation d'engendrer la gaîté. Mais il reste un moyen efficace. Il suffirait de songer à Aristophane ou à Molière pour s'en assurer: notre ignorance relative des sophistes et des poètes précieux n'empêche pas *Les Nuées* et *Les Femmes savantes* d'intéresser et

---

[13] On trouvera le texte de ce vaudeville, non retenu par Labiche dans son *Théâtre complet*, dans le tome III de l'édition de Jacques Robichez, Collection «Bouquins». Paris: Laffont, 1991.

d'amuser le public que nous sommes. Non seulement parce que nous avons connu, nous aussi, des charlatans de la philosophie et de la littérature, mais parce que le ridicule dont ils sont couverts dans ces deux comédies n'a rien perdu de son efficacité polémique ni de sa faculté à déclencher le rire.

Enfin, puisque l'exemple de Molière est venu se glisser dans cette brève excursion auprès de ses successeurs, peut-être ne trouvera-t-on pas mauvais de voir citer pour finir l'aphorisme bien connu qu'il mettait dans la bouche d'un de ses porte-parole: «C'est une étrange entreprise que celle de faire rire les honnêtes gens».

# THE COMING OF AGE OF THOMAS MANN'S ARTIST HEROES: MUSIC, PUBESCENCE, AND ADOLESCENCE

*by Albert Sonnenfeld*

> Croire à la muse inspiratrice quand c'est
> la puberté qui l'inquiète.
>
> André Gide, *Cahiers d'André Walter*

## I

It was during his sixteenth year, Augustine confesses (II,3) that his father proudly saw "the signs of active virility coming to life in me." From that day in the public baths onward, concupiscence and its link to the pagan father were destined to become the demons that the future "Augustinian" Christian had to repress and ultimately exorcise. The future Bishop of Hippo's obsessive narration of his mother Monica's spirituality would subside only at his "rebirth," a rebirth in and by a new "Mother," the Church. It is narratologically inevitable that Monica die at the very moment of *his* life when her son is reborn to a new "mother." Augustine ultimately had to overcome "adolescence" and the sequels of rampant sexuality to become a Christian, and believers have been bearing the burden of Augustinian guilt ever since.

The adolescent was to become a frequent authorial persona, especially after traditions of fictional self-portraiture developed. Rarely, however, would these invariably *male* characters be accorded frank treatment of their "problem" of active virility. Montaigne's splendid and prophetic essay on Virgil's verses did not tear aside the veil of obliquity even for his own generation, much less for subsequent generations devoted to highly mannered courtesy. Instead of *puberty,* adolescence was the time of feeling, of sentimental vulnerability, of falling painfully in and out of love. One thinks of Goethe's heroes, or more recently of that perennial adolescent (in Cocteau's terms), Raymond Radiguet, whose Augustinian title, *Le Diable au corps*, is misleading: that delicious novella is the story of a consummated love, more than of a consummated lust. The destructive violence of World War I, a metaphor for the tumultuousness of adolescent desire, is pacified as "quatre années de vacances."

Rousseau's own *Confessions,* as much a work of fictional re-creation as of autobiography, are a luminous exception in the firmament of pre-Romantic and Romantic adolescent constellations: the transparent depiction of adolescent sexuality has found its first, (though guilt-ridden) advocate (see both Derrida and Starobinski, *inter alia*). Even more guilt-tormented was another anguished Protestant. For Gide to write of his persona, the adolescent poet André Walter, that his so-called poetic visions were physical in origin, that his muse was not Erato but Eros or erotic Libido, signaled that a veritable liberation in the direct depiction of adolescent sexuality had taken place: adolescence was no longer the time of love but the time of lust, impure and simple. Dreams were no longer of the "ferne Geliebte" but of a desired object, impure and simple. "Certes, quand on songe à ce qui fait la poésie ... quelle poussée de désirs! et les nerfs si vibrants à cause d'un peu de fluide épars dans l'être ... ah! quelle prose! quelle sale prose au fond de tout cela!"[1] Gide's *poésie* does not bear the uncial Mallarméan letter of allegory and the absolute; he is describing the origins of poetic process in the phantasms of the pubescent adolescent abstractly. In *A Portrait*, Joyce is almost as explicit (albeit suggestive metaphorically) as in his prurient Trieste letters to Nora. Stephen Dedalus' poem, the *Villanelle*, is the kindling of "a glow of desire," the letters of speech "flowing over the brain" in a paroxysm of adolescent sexuality.

Adolescence, for predictable physiological reasons in the predictable cycle on the road of one's psychic life, is the first (and, therefore, formative) time when desire inspires visions, when the poet-to-be becomes aware of his biological muse and of his future vocation. As the artist must, in Joyce's view, move from the lyrical and personally lambent to the dramatically objective, so too must the adolescent visionary acquire the power to tame and shape these visions, to "reach for pencil and paper," as Joyce says of Stephen's

---

[1] *Les Cahiers d'André Walter*. Paris: La Librairie Indépendante, 1891: 67.

"wet-dream" in *A Portrait.* The visions must be formed into the contents of civilization, the artifact: "l'enfance douée maintenant pour s'exprimer d'organes viriles, et de l'esprit analytique qui lui permet d'ordonner la somme des matériaux involontairement amassée." [2] All adolescents have sexually derived fantasies; but, clearly, not all adolescents become artists.

## II

Since the publication of Thomas Mann's *Diaries* (1918-55) over the last fifteen years, the revelation of the long suspected but now confirmed continuing homoerotic preoccupations of this supposedly exemplary "family man" has revived interest in a writer whose reputation was in a trough of decline. Especially telling was the brilliant if overly focused exposition of Anthony Heilbut, *Thomas Mann: Eros and Literature* (London: MacMillan, 1996), which details the clandestine "eternal love of boys" (57) at the core of Mann's work. There, the resemblance to Gide becomes striking. My own view is less homocentric: if Mann devotes his entire career to the creation and modulation of the *Künstlerroman*, he returns again and again to the physiology of adolescent sexuality. While remaining resolutely faithful to a chronology which localizes as exactly contemporaneous the birth of the artist with nascent adolescent sexuality, Mann, in his "fiction" (as opposed to his *Diaries*), usually has recourse to the metaphoric: in a brilliant shift of cadence, Art *itself* becomes the figural representation of sexuality, and more often than not that art is music, seen in the Schopenhauerian terms of Settembrini's warning to Hans Castorp:

> "You were asking if I profess to be a lover of music? Well, when you say 'lover' ... the word is perhaps not ill-chosen; it has a slight suggestion of superficiality – yes, very well, I am a music-lover... Music? It is the half-articulate art, the dubious, the irresponsible, the insensible.... Music is to all appearance movement itself – yet for all that, I suspect her of quietism. Let me state my point by emphasis: I have a political aversion to music." [3]

---

[2] Baudelaire, *Le Peintre de la vie moderne*, in *Œuvres complètes* II, Ed. Claude Pichois. Bibliothèque de la Pléiade. Paris: Gallimard, 1976: 367.

[3] *The Magic Mountain*. Trans. H.T. Lowe-Porter. New York: Alfred Knopf, 1958: 113.

Nowhere can the chronology of the coming of age of the adolescent artist be better tested than in a family saga. *Buddenbrooks* (1902) formalizes the schema to which Mann remains essentially faithful. Instead of chronicling the generations of a family's biological heredity (à la Zola), Mann *makes genetics symbolic*: all his readers soon learn that the artistic enters the family through the mother, that its presence is a signal of vital depletion in the family blood, that Art and disease are linked, if not synonymous. From earliest infancy, Hanno Buddenbrook (last of the strained family line) betrays the tell-tale signs of Mann's artists: sickly constitution, shadowy eyes, carious teeth, and a conspicuous slowness in healthy biological maturation. When he fails dismally to execute the paternal command to recite a hymn at the family's centenary celebration and founders in tears, his irate father asks prophetically: "Bist du denn ein kleines Mädchen?" (Are you a little girl?). *Tonio Kröger* (1903) will be addressed as "Fräulein Kröger" by an unfeeling dancing-master.

The die is cast for Hanno; and in the following chapter (VIII,6), music sounds its entry into the novel as the embodiment of what is going on within Hanno's sensibility and his glands. His latently sensuous mother, Gerda, lays a piano arrangement of Wagner's *Tristan* on the music rack, a fearful indelicacy according to the church organist, Herr Pfühl, a rabid anti-Wagnerite:

> "I cannot play that, my dear lady! I am your most devoted servant, but I cannot. That is not music … This is demagogy, blasphemy, insanity, madness! It is a perfumed fog, shot through with lightning! It is the end of all morals in art!…
>
> Look, the child sits there listening – would you then utterly corrupt his soul?"[4]

The poisoning by the mysterious potion has already taken place. At the age of seven Hanno begins piano lessons, but despite a steady regimen of Bach with Herr Pfühl, Hanno's preferred musical activity is improvisation, "a little Fantasy, all his own." Disease, pain and Art have made Hanno precocious ("vorzeitiger Erfahrenheit … Altklugheit" [precocious savvy and maturation] 514). The infection

[4] *Buddenbrooks*. Trans. H.T. Lowe-Porter. New York: Alfred Knopf, 1924: 393.

by the Tristan music has begun to make the soul and psyche of a mere child succumb prematurely to the sexualities of an adolescent onanist. He plays one of his "Phantasie" pieces for the assembled family on his eighth birthday. His "girlish" timidity has been supplanted by erotic fever:

> Soft and clear as a bell sounded the E-minor chord, tremolo pianissimo, amid the purling, flowing notes of the violin. It swelled, it broadened, it slowly, slowly rose ... But he denied himself and his audience the resolution; he kept it back.... Not yet – not yet! A moment more of striving, hesitation, suspense, that must become well-nigh intolerable in order to heighten the ultimate moment of joy. – Once more – a last, a final tasting of his striving and yearning, this craving of the entire being, this last forcing of the will to deny oneself the fulfillment and the conclusion, in the knowledge that joy, when it comes, lasts only for the moment. The whole upper part of Hanno's little body straightened, his eyes grew larger, his closed lips trembled, he breathed short, spasmodic breaths through his nose. At last, at last, joy would no longer be denied. It came, it poured over him; he resisted no more. His muscles relaxed, his head sank weakly on his shoulder, his eyes closed, and a pathetic smile, almost an anguished smile of speechless, rapture hovered about his mouth... (309)

Precocious "adolescent" indeed. This eight year-old suffers from genital Wagnerism ("drängende und treibende Sehnsucht") [urgent and driving longing] with a heavy admixture of Schopenhauer. The tempo of Hanno's musical flowering and ultimately withering decline and fall will now accelerate. The coming-in of his "second teeth" takes on a more than ordinary significance. He forms a friendship with the wild and unkempt aristocrat, Count Kaï Mölln (one of the many "Boy infatuations" in Mann [Heilbut 57]), who turns out to be a natural story-teller. After a particularly painful dental appointment, Hanno is taken to *Fidelio*, is smitten with puppet theatre, and becomes, as will Hans Castorp, a connoisseur of death: "His breath came long and shuddering, for he kept expecting that strange, puzzling odor which all the scent of the flowers sometimes failed to disguise ... his lips trembled" (460-61).

Little wonder that from the beginning Thomas Buddenbrook deplored his son's "dreamy weakness,... this crying, [his] passionate preoccupation with music" (472). We easily forget that this is an eight or ten year-old, one who should be active, not a dreamy adolescent substituting music and puppet theatre for life and sport.

We are in the year 1873: Thomas Buddenbrook is 48; his only son, Hanno, is 12, and at the portals of legitimate adolescence. One might explain Thomas' fate as a "mid-life crisis," and Mann offers us that way out by narrating Gerda's musical flirtations with the polymath musician, 2nd Lieutenant René Maria von Throta, a singular officer this, who has glowing dark eyes and whose heels click with a decidedly unprussian inaudibility. Of course, Thomas has aged into sexual passivity and active jealousy, whereas the illicit couple, like Hanno in his improvisations, turns their music into a love potion:

> overhead in the salon the harmonies would rise and surge like waves, with singing, lamenting, unearthly jubilation; float in vague ecstasies; would sink and die away into sobbing, into night and silence. But they might roll and seethe, weep and exult, foam up and enfold each other, as unnaturally as they liked. (505)

Thomas seems to have become an indiscreet King Mark listening to a Love-Night in the instrumental ecstasies of his wife and her cello-playing admirer. But this consonance with the 1902 novella, *Tristan*, has hardly escaped critical attention. What is far more significant is that at the very moment of a crisis in "aging," with thoughts "dass sein Hintritt nahe bevorstehe" (that Death stood before him), Thomas undergoes a peculiar "rejuvenation," foreshadowing in every way, Aschenbach's crisis in his fiftieth year (in *Death in Venice*). Mann forsakes any verisimilitude in biological genetics for a poetic aberration, where acquired characteristics are transmitted *from son to father*. The eight-year-old Hanno had expressed subliminal sexuality in his improvised *Fantasia* derived from Wagner's *Tristan* in a piano adaptation; Thomas, in his forty-ninth year (and Hanno's thirteenth), becomes an adolescent dreamer, acquiring those traits of quietism and Wagnerism more properly the due of the now thirteen year-old adolescent Hanno. He spends hours brooding over Schopenhauer (and Mann has of course told us elsewhere that Wagner's *Tristan* had sucked "the erotic honey" out of Schopenhauer's philosophy). Like Tristan and like Schopenhauer,

Thomas develops an affinity for the night. He is ultimately reeroticized in a union of death, dream and orgasm that adumbrates Aschenbach's cemetery hallucinations:

> ... the night closed in again upon him. He saw, he knew, he understood, no least particle more; he let himself sink deep in the pillows, quite blinded and exhausted by the morsel of truth which had been vouchsafed.
>
> He lay still and waited fervently, feeling himself tempted to pray that it would come again and irradiate his darkness.
>
> And before sleep inexorably wrapped him round, he swore to himself never to let go this precious treasure, but to read and study, to learn its powers, and to make inalienably his own the whole conception of the universe out of which his vision sprang.
>
> But that could not be. Even the next day, as he woke with a faint feeling of shame at the emotional extravagances of the night, he suspected that it would be hard to put these beautiful designs into practice...
>
> His middle-class instincts arose against them – and his vanity, too; the fear of being eccentric, of playing a laughable role. Had he really seen these things? And did they really become him – him, Thomas Buddenbrook, head of the firm of Johann Buddenbrook. (512, 514-15)

Death is to be courted as a form of mystical transcendence, and Thomas has become a mere apprentice in "art" to his own son: as Hanno was pushed to precocious pubescence through his painful teething, so now will Thomas (in his fiftieth year and Hanno's fifteenth) develop an excruciating dental abscess. His exterior fastidiousness remains intact, but within he has become an artist of decadence, a disciple of Schopenhauer's disciple Richard Wagner and, above all, *of his own son.* Following the tooth extraction he spits blood, like Hans Castorp or Spinell(i), and on his way home he dies ignominiously in the street. When Hanno bursts into uncontrolled laughter at his father's funeral, he is not showing disrespect. On the contrary, his laughter is the expression of the Dionysian spirit of music that will find its ultimate embodiment in the convulsive mirth of the street singer in *Death in Venice.*

Hanno will become the apotheosis of the adolescent as artist, the artist as adolescent. As a reward for his own continuing dental miseries, he is taken to a performance of *Lohengrin* (an innocent enough opera in the Wagner canon compared to *Tannhäuser* and *Tristan*), where his latent Wagnerism will promptly be revived during the performance: "with all its enchantments and consecration... all its secret revelations and tremors... its extravagant, unquenchable intoxication" (549). Hanno is now fifteen, and if his adolescent sexuality had earlier been precociously (at age 8) awakened biologically (as though that mattered in Mann's symbolically driven chronologies), he is still "a child," his voice had not yet begun to change (at age 15).

His friendship with Kaï continues (foreshadowing Aschenbach-Tadzio, Castorp-Hippe, as Heilbut so persuasively demonstrates, 57ff, 161ff), as they move through the second form of the *Realschule*. Hanno admires Kaï's storytelling talents, "a fantastic fairy-tale" ("ein rücksichtlos Abendteuer") in a vein of extravagant and even sentimental symbolism, "fervid with passion and longing" ("sehnsüchtigen Sprache von zarter Leidenschaftlichkeit" 564). Heilbut calls "Sehnsucht" Mann's favorite word (49). To Kaï's "phantastisches" will come the answer of a new "Phantasie" by Hanno, both an expression of his schoolboy homoerotic passion, as Heilbut shows, *and* of his powerful vestigial Oedipal longing for union with his Wagnerite mother, Gerda. In the salon, Hanno sits alone at the piano, in onanistic solitude, and commences an improvisation that is to be both his *Liebesnacht* and his *Liebestod*. The long passage, one of the more ambitious prose renderings of music, cannot be cited in full here. Suffice it to say that at the climactic moment Hanno reiterates the orgasmic celebration of adolescent sexuality. The language is closely linked to Mann's essay on Schopenhauer; the resulting cadences are patently obscene:

> And now began a festival, a triumph, an unbounded orgy, of this very figure, which now displayed a wealth of dynamic color which passed through every octave, wept and shivered in tremolo, sang and rejoiced, and sobbed in exultation, triumphantly adorned with all the bursting, tinkling, foaming, purling resources of orchestral pomp. ... There was a quality of the perverse in the insatiability with which it was produced and reveled in: there was a sort of cynical despair; there was a longing for joy, a yielding to desire, in the way the last drop of sweetness was, as it were, extracted from the melody, till exhaustion, disgust, and

> satiety supervened. Then, at last, at last in the weariness after excess, a long soft arpeggio in the minor trickled through, mounted a tone, resolved itself in the major, and died in mournful lingering away. (588)

"Untergang in der Gier" – decline and fall into desire: Hanno sits exhausted at the piano as after his first "Phantasie." He has formally consecrated his existence as artist in a ritual of adolescent onanism. Adolescence, of course, is the time of guilt-ridden sexuality, and Hanno's punishment comes quickly: retribution in the form of a clinically described typhus, a thinly veiled surrogate for those various other dire threats under which adolescent sexuality operates. This artist has, in his improvisations, created a sexualized art of such an ephemeral nature, an improvisation untranscribed for the generations to come: the last condition of Baudelaire's definition of genius was unmet: "l'esprit analytique qui permet d'ordonner la somme des matériaux involontairement amassée."

## III

The artist as adolescent: a perfect emblem can be found in both the novella and longer versions of the *Felix Krull.* The happy impostor, "ein Sonntagskind," "ein phantastisches Kind," is taken for his first visit to the theatre (a metaphor for the 'staging' of his life as performance) at the age of fourteen. The highly popular leading man, named Müller-Rosé, was a friend of his father and apparently the consummate 'artiste,' from his perfectly pressed evening clothes to his mirror-bright top hat: Müller-Rosé heightens "Lebensfreude"; truly, the artist as "adult." But that veneer is just that, a roseate coating of self-assurance, for when Krull and his father go backstage, they see the adolescent beneath that surface. One of the actor's eyes was made up, the other inflamed and watery:

> All this I might have borne. But not the pustules with which Müller-Rosé's back chest, shoulders and upper-arms were thickly covered. They were horrible pimples, red-rimmed, suppurating, some of them bleeding; even today I cannot repress a shudder at the thought of them. Our capacity for disgust, let me observe, is in proportion to our desires; that is, in proportion to the

> intensity of our attachment to the things of this world. A cool indifferent person would never have been shaken by disgust to the extent I was then.[5]

And the pimples of puberty lead Krull to a reflection in entomological imagery: "This repulsive worm is the reality of the glorious butterfly in whom those deluded spectators believed they were beholding the realization of all their secret dreams of beauty, grace and perfection" (29). Those knowledgeable about life ("lebenskundigen Leute") must be aware of this deception: the artist pretends to adulthood, but behind the curtains of his unconscious he remains the pimply adolescent in prey to the secretions and afflictions of puberty.

No matter what their chronological age, Mann's artistic heroes are always at their most characteristically expressive when coming of age. Little Herr Friedemann had a brief foretaste of adolescence at age sixteen, when he felt suddenly drawn to the sister of a classmate. When he happens upon her in the arms of a friend, he walks away from his own adolescence:

> "Good... that is over. Never again will I let myself in for any of it. To the others it brings joy and happiness, for me it can only mean sadness and pain. I am done with it. For me that is all over. Never again."... He went home, took up a book, or else played on his violin, which despite his deformed chest he had learned to do. (5)

At seventeen he had left school to go into business and developed a passion for theatre, attending regularly with his still unmarried sisters. He attended all the concerts and learned to appreciate the rhythmic titillation of a poem, "the unfulfilled desires, the longings.... The vague, sweet, painful yearning and hope of quiet spring evenings – are they not richer in joy than all the fruition the summer can bring" (6). Springtime is the season of adolescence, and it comes back to Herr Friedemann during mature summertime, in July of his thirtieth year. One evening he, like Hanno, attends *Lohengrin*, and there, in his box bearing the very number of adoles-

---

[5] *The Confessions of Felix Krull Confidence-Man*. Trans. H.T. Lowe-Porter. New York: Alfred Knopf, 1954: 28.

cence itself, 13, the thirty-year-old meets the embodiment of his unfulfilled longing, Frau von Rinnlingen, the wife of the district commandant:

> "My God, my God!"
>
> He was gazing horror-struck within himself, beholding the havoc which had been wrought with his tenderly cherished, scrupulously managed feelings. Suddenly, he was quite overpowered by the strength of his tortured longing. Giddy and drunken he leaned against a lamp-post and uttered the one word "Gerda!"

What have this woman and Wagner brought into this thirty-year-old's existence? "All those forces which from his youth up he had sought to suppress, feeling, as he did, that they spelled torture and destruction" (18). What he had suppressed now haunts him, leading him to humiliation, ridicule and self-destruction when Gerda's laughter scorns his pathetic declaration of love.

Music as the metaphoric expression of sexuality can inspire a birth or rebirth of adolescent erotic vision-making which can take the form of music itself (Hanno Buddenbrook) or reflexive writing (*Der Bajazzo*). It can also lead to self-creation in the tradition of what the French decadents labeled "le dandysme," life as an art form. The assimilated Jewish twin Wagnerites (in *Blood of the Walsungs*) are, despite their nineteen years, very much the adolescents: "graceful as fawns, and with immature figures" (298). Even a mediocre performance of *Die Walküre* can give dynamic reinforcement to their already incestuous tendencies. As he listens, Siegmund felt "a drawing anguish that yet was somehow sweet, a yearning whither, for what?... creation, passion. His temples glowed and throbbed, and it came to him as in a yearning vision that creation was born of passion and was reshaped anew as passion" (314-15).

"Whither and to what end? Creation? Experience? Passion?" (315). The answer is not long in coming: the twins, dandies of the fin-de-siècle decadence, reenact the cuckolding of Hunding on a bearskin rug in Gigi's (Siegmund's) opulent room. Mann may be suggesting that assimilated Jews make unworthy Wagnerites, but Siegmund has asked the essential questions which will inform Mann's major investigations: *Death in Venice*, *The Magic Mountain*, *Doctor Faustus*. Where does adolescent sexuality as the origin of

Poesis lead us? To the work? to experience? or merely back to itself in further passion or suffering?

Gustave von Aschenbach is suffering from a crisis of enervation at the beginning of *Death in Venice.* To claim that this novella is the portrait of the artist as adolescent may seem excessive, yet, as we shall see, it is *just that.* Aschenbach is in his fifties and for the second time in his life is at the verge of nervous breakdown: "overwrought by hard nerve-taxing work which had not ceased to exact his uttermost in the way of sustained concentration, conscientiousness and tact."[6] His life at the time (age 35) of his first nervous crisis (*nel mezzo del camin*) had been characterized by a friend as a clenched fist (451). Since then his routine had become even more repressive of those adolescent sexual forces which so consistently form Mann's symbol for artistic imagination. Each day for Aschenbach begins with icy showers on chest and back ceremonializing the schoolboy rituals of repression. His imagination then suffers in consequence: his work is cold, formulaic, dehumanized. "Only the incorrigible gypsy scoffs when a man of transcendent gifts outgrows his libertine doll-like imitative phase, recognizes his own worth, and forces the world to recognize it too and pay it homage, though he puts on a courtly bearing to hide his bitter struggles and his loneliness" (387).

"Development is destiny," Mann wrote (455). Aschenbach's apparently fortuitous visit to the North Cemetery will lead to the rebirth of adolescent sexual energy that becomes synonymous with Wagnerian love-death. What he sees in the red-headed messenger of death is his adolescent "Zigeunertum" (gypsyness), his mind roving over objects of desire. With a rare explicitness, Mann describes the erotic origins of Aschenbach's vision:

> Aschenbach's gaze, though unawares, had very likely been inquisitive and tactless; for he became suddenly conscious that the stranger was returning it... Yet whether the pilgrim air the stranger wore kindled his fantasy or whether some other physical or psychical influence came in play, he could not tell; but he felt the most surprising consciousness of a widening of inward barriers, a kind of vaulting unrest, a youthfully ardent thirst for dis-

---

[6] *Stories of Three Decades.* Trans. H.T. Lowe-Porter. New York: Alfred Knopf, 1955: 378.

> tant scenes – a feeling so lively and so new, or at least so long ago outgrown and forgot that he stood there rooted to the spot, his eyes on the ground and his hands clasped behind him...
>
> True, what he felt was no more than a longing to travel; yet coming upon him with a suddenness and passion as to resemble a seizure, almost a hallucination. *Desire projected itself visually* (italics mine), his imagination, not quite lulled since morning, imaged the prototype. (389-90)

What we as readers are witnessing here is a momentary return of Aschenbach's youthful sexual power to create a vision of a jungle landscape that is the Id, Death, Venice and the original Ganges of the plague at one and the same time. It is most significantly an image of Aschenbach's mind, the complex canals of desire surging forth toward surface expression of "ein physischer oder seelischer Einfluss" (a physical or spiritual in-flow) of sexual response. Tadzio is not only the embodiment of both Apollonian and Dionysian (sculpture and music), he is passionate adolescence itself. Aschenbach's infatuation is not pedophilia but lust of one adolescent for another adolescent in the circumscription of music and sexuality (Tadzio's very name is first perceived as pure sound). So too with Hanno and Kaï, Castorp and Hippe (as Heilbut details so well). The plague is a punishment for the "adolescent's" transgressions in vision-making, just as typhus followed immediately on Hanno's piano improvisation in the Tristan style. As Aschenbach sits on the beach, his eyes full of the very image of desire, Tadzio, he feels a sudden desire to write: "throbbing thought... precise feeling [our sufferer's seizure] was directed almost wholly toward production" (413). He transcribes his vision of Tadzio into words: "Never had the pleasure of the word been so sweet to him, never had he known so well that Eros is in the word" (413). Dangerous hours indeed ("Sonderbare Stunden!"), strange trafficking ("Verkehr"), as he distills the union of music, sexuality, art, into superb prose that leaves him broken as if his conscience reproached him (414). The formal ceremonies of initiation follow hard upon this scene of creation as adolescent sexual ecstasy: the street musicians' laughing song is the rhythmic convulsion of the Dionysian orgy; the climactic dream of the initiation into the cult of the phallus is the revelation of the return of those physical powers (of pubescence) Aschenbach had so long repressed.

The renewal of Aschenbach's sexual powers of vision making leads him to write, to make permanent, and while his personal crisis of enervation and depletion was linked in the novella's opening paragraphs to a crisis in European history, he remains an artist figure.

Hans Castorp's story in *Der Zauberberg* is far more political and overtly philosophical, an allegory of European intellectual history on the eve of World War I. Yet Castorp's trajectory, like Aschenbach's, leads from repression to a renewal or rediscovery of the power of dreaming linked both to adolescent desire and to art. The *Walpürgisnacht* chapter should more properly have been called "Circe," for the climactic moment occurs during a pig-drawing contest, when Castorp borrows the by now notorious phallic pencil from Clawdia. Desire and art turn men into pigs (or pig-drawers!); Siegmund becomes Gigi (in *Walsungenblut*), Krull is called Armand, and the great biological-philosophical seduction on the mountain takes place in French. Castorp's vocation as an "artist" (at least in temperament if not production), expressed in this parodic way, is made possible by a sequence of events very similar to those in the cemetery scene in *Der Tod in Venedig*. Like Aschenbach, Castorp, by becoming an engineer, has repressed the urges of adolescence. Aschenbach had written a cerebral detached oeuvre, Castorp carries his copy of *Ocean Steamships*.

The voyage to Venice and the ascent of the Berghof lead one into similarly enchanted worlds of death, poetry, intellectual ferment, decay, where instincts long repressed can be released or recovered. So at the very dominical hour when the psychoanalyst, Dr. Krokowski is delivering his weekly popular-scientific lecture on "Love as a force contributory to disease," Hans Castorp will experience the demonstration of the aptness of the theory. Faithful to his pattern, Mann precedes the chapter in question with Settembrini's remark, that music is the half articulate, the dubious, and we know that the Italian Verdi enthusiast means by those negatives the murky music of Wagner. During the lecture, Castorp ascends the hillside above the sanitarium and promptly begins to sing various folksongs. Like Aschenbach traveling into a world of Venetian water, Castorp moves into the primordial orbit of a waterfall. Then his nose begins to bleed (Tadzio's color). He faints or falls asleep, and is instantly transported to the past: he is once again thirteen, the very moment of adolescence, and in the lower third form at school, in a drawing class with the exotic Slav, Pribislav Hippe, from whom he borrows a pencil, a mechanical pencil with red (!) lead. He returns the pencil but furtively preserves three red lead shavings in his desk. That is the extent of their relationship. This memory prophesies Castorp's transcendence of his inhibitions to become the artistic "adolescent" in the mascarade carnival of *Walpürgisnacht*, when he says to Clawdia:

> "yes, it's true, I already knew you, long ago, you and your marvelously oblique eyes and your mouth and the voice you speak with – once already, when I was a school-boy, I asked you for your pencil, in order to make your acquaintance formally, because I love you unreasonably, and it's from that, no doubt, from my former love for you, that these marks remain which Behrens found in my body, and which indicate that once before I was sick."
>
> "Oh! love, you know, the body, love, death, these three are but one" (476).

As Ingeborg Holm is a projection of Hans Hansen (for *Tonio Kröger*), so Clawdia is Hippe (the scythe of death). The repetition compulsion is, as Freud said, an expression of the death-wish, and Castorp's apprenticeship as "student" on the mountain, like Aschenbach's renewed adolescent potential in Venice, is a learning of the poetry and eroticism of death. This is not homosexuality, but sexual desire *tout court*. At the very moment Castorp reenters the sanitarium, the psychoanalyst is explaining the very pattern on which I have been insisting here:

> But this triumph of chastity was only apparent, a pyrrhic victory for the claims of love could not be crippled or enforced. The love thus suppressed was not dead; it lived, it labored in the darkest and secretest depths of the being. It would break through the ban of chastity, it would emerge – if in a form so altered as to be unrecognizable... in the form of illness. Symptoms of disease are nothing but a disguised manifestation of the power of love, and all disease is only love transformed. (128)

For disease I might justifiably substitute the equally sacred word: ART. Art is love or desire transformed.

That theory becomes the very plot of the life of the German composer, Adrian Leverkühn, *Doctor Faustus*. The artist, we are told, by Zeitblom, remains "in the dreamy, purely human and playful childlike state." [7] The first signs of puberty for Leverkühn (his thirteenth year) were the beginnings of piano improvisations and the onset of migraines (47). Adrian's *adolescence* has the repressive ferocity of Aschenbach's *maturity.* He studies mathematics, literature, Hebrew; and music for him is largely a theoretical matter: he denounces the contemptible role of the sensual in art: "In fact, Adrian's distaste for the coarse or lascivious was forbidding and forthright. I knew exactly the wry mouth, the contemptuous expression with which he recoiled when that sort of thing was even remotely approached" (42).

To face the horror of a direct confrontation with the sexuality which for most had come with puberty (and which for Adrian had been limited to piano and migraines), he must resort to defensive parody: thus, his narration of his experience at Leipzig, where he was a student touring the monuments. In response to Adrian's request for an inn serving dinner, his guide leads him into a brothel. What does Adrian do? He rushes to the piano, works out some complex modulations. When a whore rubs his cheek with her arm, Adrian flees.

Adolescence at last! But an adolescence rejected in fear, though the scene makes the link of music to sexuality palpable. He has as yet touched no woman (198), yet he has been touched by the energies of puberty, for he will forsake his "armor of purity, chastity, intellectual pride, cool irony" (147). Fixated on the burning presence of the whore he calls Esmeralda, he returns to the brothel. She has fled to seek hospital treatment for venereal infection. Adrian is 21. His pretext for travel is both Symbolist and symbolic: to hear the first Austrian performance of Strauss's *Salomé*, that striking example of post-Tristan eroticism. Despite the whore's warnings, he insists on her embrace, and in assuming her disease (and the risk of ultimate madness), he assumes the essence of his musical inspiration, the *Hetaera Esmeralda* motif. So too did Aschenbach embrace the plague (eating strawberries) when with his eyes he enfolded Tadzio.

Early in *Doctor Faustus*, Zeitblom described the Leverkühn family's butterfly collection:

---

[7] *Doctor Faustus*. Trans. H.T. Lowe-Porter. New York: Alfred Knopf, 1948: 24.

> One such butterfly, in transparent nudity, loving the duskiness of heavy leafage, was called Hetaera esmeralda. Hetaera had on her wings only a dark spot of violet and rose, one could see nothing else of her, and when she flew she was like a petal blown by the wind. (14)

Here is the emblem of the artist: the butterfly achieves its beauty because of its most lowly and unbeautiful beginnings. When Krull is confronted with the pimples of Müller-Rosé, he realizes that "this repulsive worm is the reality of the glorious butterfly" (29). The true being of the butterfly (the most beautiful poetic image in *Doktor Faustus*) is the ugly caterpillar, as the artist's highest inspiration comes from the basest or most earthly appetites ("dieser unappetitliche Erdewurm"). As Gide had written in *André Walter*, "quelle prose, quelle sale prose au fond de tout cela."

"His being always had something of the *noli me tangere*," Zeitblom had said of the haughty Adrian. So too might one have spoken of the mature works of Aschenbach. To deny the "caterpillar" is to produce a sterile and formulaic art. The rediscovery or the recuperation of the genius of adolescence, its physically derived image-making, will lead Aschenbach to his most inspired work, the prose-poem of Tadzio, and Leverkühn to his greatest Hetaera Esmeralda compositions. Ironically, as with Hanno, such necessity of knowledge must, in the Wagner-debased Schopenhauer tradition which Mann both criticizes and assumes, also bring with it disease and death. The ugly worm is still present in the beautiful butterfly, but the butterfly is the most ephemeral of creatures. The Hetaera Esmeralda's beautiful wings achieve permanence pinned in the Leverkühn album, in a book, a butterfly collection.

Those *artists* who create only ephemera (unwritten improvisations like those of Hanno) themselves become ephemeral; those who write or compose even at the moment of death fulfill Auden's prophecy in his elegy to Yeats: "The death of the poet was kept from his poems."

# COMBRAY-VENISE-COMBRAY

*par Gérard Genette*

Dans la *Recherche,* un aspect capital(issime) de l'esthétique proustienne trouve sa première figure dans l'église Saint-Hilaire de Combray, avec son vieux porche "noir, grêlé comme une écumoire", "dévié et profondément creusé aux angles" par l'effleurement des mantes des paysannes [1], et plus encore son abside:

> Peut-on vraiment en parler? Elle était si grossière, si dénuée de beauté artistique et même d'élan religieux. Du dehors, comme le croisement des rues sur lequel elle donnait était en contrebas, sa grossière muraille s'exhaussait d'un soubassement en moellons nullement polis, hérissés de cailloux, et qui n'avait rien de particulièrement ecclésiastique, les verrières semblaient percées à une hauteur excessive, et le tout avait plus l'air d'un mur de prison que d'église. Et certes, plus tard, quand je me rappelais toutes les glorieuses absides que j'ai vues, il ne me serait jamais venu à la pensée de rapprocher d'elles l'abside de Combray. Seulement, un jour, au détour d'une petite rue provinciale, j'aperçus, en face du croisement de trois ruelles, une muraille fruste et surélevée, avec des verrières percées en haut et offrant le même aspect asymétrique que l'abside de Combray. Alors je ne me suis pas demandé comme à Chartres ou à Reims avec quelle puissance y était exprimé le sentiment religieux, mais je me suis involontairement écrié: 'L'Eglise!'
>
> L'église! Familière; mitoyenne, rue Saint-Hilaire, où était sa porte nord, de ses deux voisines, la pharmacie de M. Rapin et la maison de Mme Loiseau, qu'elle touchait sans aucune sépara-

[1] Ed. de la Pléiade. 1: 58.

> tion; simple citoyenne de Combray qui aurait pu avoir son numéro dans la rue si les rues de Combray avaient eu des numéros, et où il semble que le facteur aurait dû s'arrêter le matin quand il faisait sa distribution . . . (1: 61-62)

Le trait essentiel de cet édifice tient évidemment ici dans son caractère "familier", une familiarité qu'illustrent en une paronomase soigneusement disjointe, et par là rendue plus discrète et comme effacée, les deux adjectifs "mitoyenne" et "citoyenne". L'église de Combray ne cherche ni à s'extraire, ni à se distinguer de la bourgade campagnarde qui l'entoure, et dont elle est au contraire spatialement et socialement solidaire, la mitoyenneté physique manifestant et symbolisant une citoyenneté morale qui, faut-il le préciser, n'est nullement de l'ordre de la réduction à l'état laïque: Saint-Hilaire n'est en rien désaffectée, elle reste une église et même "L'Eglise" par excellence; elle est seulement, mais pleinement, l'église du bourg, lié à lui par une fontion qui ne se manifeste ni par la "beauté artistique" ni par l' "élan religieux", ni même–c'est un comble–par le caractère "ecclésiastique" d'une abside à l'allure toute prosaïque. Cette fonction est évidemment religieuse, mais d'une religion sans "élan" de simple "pratique" quotidienne ou hebdomadaire, dont témoigne l'usure du porche et du bénitier, que l' "effleurement" immémorial des mantes des paysannes a fini par "entailler de sillons comme en trace la roue des carrioles dans la borne contre laquelle elle bute tous les jours".

Mais l'aspect le plus marquant de Saint-Hilaire tient sans doute à son clocher, qui, "de bien loin, inscrivant sa figure inoubliable à l'horizon où Combray n'apparaissait pas encore", signale l'approche du bourg aux voyageurs venus de Paris pour la "semaine de Pâques", dont la silhouette élancée donne "à toutes les occupations, à toutes les heures, à tous les points de vue de la ville, leur figure, leur couronnement, leur consécration", et dont les apparitions diversement orientées et colorées indiquent constamment à ses concitoyens le lieu, le moment et la saison où ils se trouvent. Sa leçon proprement esthétique, il semble la réserver à la personne la plus capable de la recevoir (ou de la susciter), la grand-mère du narrateur, chargée (dans la version finale comme apparemment dans tous les avant-textes[2]) de la présenter et de l'expliciter à son petit-fils et à

[2] Voir l'Esquisse XXVIII: 738-43 et l'Esquisse XXVII: 736-38, apparemment antérieure, où le rôle du clocher de Combray est encore tenu par les clochers de Chartres qui déjà ne "joueraient pas sec".

toute sa famille, qui la contemple en quelque sorte par ses yeux. Cette leçon est clairement, et indistinctement, de simplicité, de naturel et de distinction: "Sans trop savoir pourquoi, ma grand-mère trouvait au clocher de Saint-Hilaire cette absence de vulgarité, de prétention, de mesquinerie, qui lui faisait aimer et croire riches d'une influence bienfaisante, la nature, quand la main de l'homme ne l'avait pas, comme faisait le jardinier de ma grand-tante, rapetissée, et les œuvres du génie... Je crois surtout que, confusément, ma grand-mère trouvait au clocher de Combray ce qui pour elle avait le plus de prix au monde, l'air naturel et l'air distingué. Ignorante en architecture, elle disait: 'Mes enfants, moquez-vous de moi si vous voulez, il n'est peut-être pas beau dans les règles, mais sa vieille figure bizarre me plaît. Je suis sûre que s'il jouait du piano, il ne jouerait pas *sec*' ". L'une des premières scènes de la *Recherche* montre la grand-mère parcourant, par tous les temps, "de son petit pas enthousiaste et saccadé", les allées du jardin de Combray, "trop symétriquement alignées à son gré par le nouveau jardinier dépourvu du sentiment de la nature" (1: 11); cet amour de la nature s'accompagne certes, chez elle, d'un goût très vif pour l'art et la littérature, mais seulement quand ils échappent à la vulgarité et procèdent des "grands souffles du génie" (1: 39). Plus tard, à Balbec, Robert de Saint-Loup fera sa conquête par le naturel qu'il met en toutes choses. "Or, le naturel–sans doute parce que, sous l'art de l'homme, il laisse sentir la nature–était la qualité que ma grand-mère préférait à toutes, tant dans les jardins où elle n'aimait pas qu'il y eût comme dans celui de Combray, de plates-bandes trop régulières, qu'en cuisine où elle détestait ces 'pièces montées' dans lesquelles on reconnaît à peine les aliments qui ont servi à les faire, ou dans l'interprétation pianistique qu'elle ne voulait pas trop fignolée, trop léchée, ayant même eu pour les notes accrochées, pour les fausses notes, de Rubinstein, une complaisance particulière" (1: 93). Dans cet éloge du génie comme trace du naturel dans l'art, et dans la valorisation qu'il implique du "beau naturel" [3], on entend comme un écho de

[3] Les témoignages de relation esthétique aux objets et spectacles naturels sont trop fréquents chez Proust pour qu'on entreprenne d'en dresser la liste; je rappelle seulement qu'il attribue à Bergotte, devant plusieurs tableaux d'une exposition hollandaise et avant de retrouver la *Vue de Delft*, l' "impression de la sécheresse et de l'inutilité d'un art si factice, et qui ne valait pas les courants d'air et de soleil (sic) d'un palazzo de Venise, ou d'une simple maison au bord de la mer" (3: 692)–impression qui fait évidemment de la nature un étalon de "valeur" auquel l'art ne se mesure pas toujours sans dommage.

l'esthétique kantienne, et dans ce refus des aliments dénaturés, une anticipation du célèbre mot d'ordre de Curnonsky: que les choses aient "le goût de ce qu'elles sont"; enfin, il n'est pas difficile de percevoir quelque rapport entre ces interprétations de Rubinstein qui portent la trace de leur spontanéité et le jeu non *sec* prêté au clocher de Saint-Hilaire.

Le même mérite de proximité et de familiarité se retrouve, passant de l'architecture à la sculpture, du côté de Méséglise, sous le porche de Saint-André-des-Champs, où, les jours de pluie, "nous allions nous abriter, pêle-mêle avec les Saints et les Patriarches de pierre" (1: 149-50). Par une accentuation significative du caractère populaire du message, c'est ici la servante Françoise qui sert, symboliquement (car elle n'accompagne pas la famille dans ses promenades), de médiatrice, les saints personnages et les scènes rituelles étant "représentés comme ils pouvaient l'être dans l'âme de Françoise", paysanne aussi "médiévale (survivant au XIXe siècle)" que l'artiste, capable de parler dans sa cuisine "de saint Louis comme si elle l'avait personnellement connu"; et c'est "le jeune Théodore, le garçon de chez Camus", épicier à Combray, que l'on reconnaît dans tel petit ange du bas-relief, et qui, si "mauvais sujet" soit-il par ailleurs, en retrouve spontanément "la mine naïve et zélée" lorsqu'il s'empresse au chevet de la tante Léonie, "comme si les visages de pierre sculptée, grisâtres et nus, ainsi que sont les bois en hiver, n'étaient qu'un ensommeillement, qu'une réserve, prête à refleurir dans la vie en innombrables visages populaires, révérends et futés comme celui de Théodore, enluminés de la rougeur d'une pomme mûre". Bref, "que cette église était française!", joignant comme elle le fait à la fidélité géographique et ethnographique celle d'une tradition historique "à la fois antique et directe, ininterrompue, orale, déformée, méconnaissable et vivante".

Une telle valorisation des relations de complicité métonymique[4]

[4] Sur l'effet de contagion que ces relations exercent sur la description métaphorique, en particulier de divers clochers, voir "Métonymie chez Proust", in *Figures III* (Paris: Seuil, 1972). Rappelons au passage que la relation intime entre un être et le "sol" dont il est le "produit" et dont "on goûte en lui le charme particulier", anime autant l'érotique de Proust que son esthétique: voyez la paysanne de Roussainville (1: 150,155), la marchande de café au lait le long du train de Balbec (2: 16), ou la Maria "chose de Hollande" de l'Esquisse LXX des *Jeunes Filles* (2: 1005). On sait aussi la force et la durée des liens qui rattachent selon lui une œuvre littéraire aux lieux, aux circonstances et au support de sa première lecture (*Contre Sainte-Beuve* [Ed. de la Pléiade 172]; 4: 465: "Je rechercherais les éditions originales, je veux dire celles où j'eus de ce livre une impression originale").

entre un édifice, peut-être une œuvre en général, et son environnement naturel et humain, entraîne logiquement un refus de tout ce qui peut les rompre ou les corrompre, et donc de toute entreprise susceptible de l'arracher à son site géographique, de la priver de sa fonction d'origine, ou d'effacer les marques de son âge historique.

Le premier cas ne se pose guère, ou du moins ne se posait guère au temps de Proust en fait d'œuvres architecturales, les transferts de cloîtres occitans vers Fort Tryon Park, au nord de Manhattan, n'étant pas encore effectués, ni bien sûr celui du temple de Dendur au Metropolitan Museum, après la construction du haut barrage d'Assouan, et autres déplacements plus ou moins justifiés par des visées de sauvegarde. Il ne me semble pas que Proust se soit exprimé, rétrospectivement, sur les transferts, évidemment beaucoup plus fréquents au moins depuis la fin du XVIIIe siècle, d'œuvres de sculpture ou de peinture, mais on imagine assez bien ce qu'il pouvait penser des prélèvements de Lord Elgin sur l'Acropole ou des "saisies" de la Révolution, du Directoire et de l'Empire dans toute l'Europe, et quel parti il aurait adopté dans les querelles suscitées autour du Musée des Monuments français organisé, à peu près à la même époque (entre 1795 et 1816, date de sa fermeture) par Alexandre Lenoir[5]. Une page des *Jeunes Filles en fleurs* (2: 5-6), apparemment contraire à l'anti-elginisme que je prête à Proust par pure déduction, le confirme peut-être subtilement. Elle fait suite à un développement sur (contre) les voyages en voiture, qui ont pour effet, par la progressivité insensible des modifications du paysage, d'effacer la spécificité irréductible de chaque lieu, que préserve au contraire (selon Proust) le caractère plus discontinu du voyage en train, de gare en gare et donc de ville en ville, dont chacune conserve son "individualité distincte". Mais, ajoute-t-il, "en tout genre, notre

[5] On sait que la fonction de ce musée était à l'origine de protection contre le vandalisme révolutionnaire, mais aussi qu'il ne tarda pas à dégénérer, et souleva, entre autres, les vives protestations de Quatremère de Quincy, qui s'était déjà courageusement élevé contre les saisies révolutionnaires en Italie. Dans les deux cas, le propos de Quatremère était qu'on ne doit pas arracher une œuvre plastique à son site d'origine pour l'exposer dans un musée. V. Quatremère de Quincy, *Lettres à Miranda sur le déplacement des monuments de l'art de l'Italie* (1796). Intr. et notes d'Edouard Pommier. Paris: Macula, 1989; rééd. 1996, et *Considérations morales sur la destination des ouvrages de l'art* (1815). Paris: Fayard, 1989. V. René Schneider, *Quatremère de Quincy et son intervention dans les arts (1788-1830).* Paris: 1910; et Francis Haskell, *L'Historien et les images* (1993), chap IX; trad. française, Paris: Gallimard, 1995.

temps a la manie de ne vouloir montrer les choses qu'avec ce qui les entoure dans la réalité, et par là de supprimer l'essentiel, l'acte de l'esprit qui les isola d'elle. On 'présente' un tableau au milieu de meubles, de bibelots, de tentures de la même époque, fade décor qu'excelle à composer dans les hôtels d'aujourd'hui la maîtresse de maison la plus ignorante la veille, passant maintenant ses journées dans les archives et les bibliothèques, et au milieu duquel le chef d'œuvre qu'on regarde tout en dînant ne nous donne pas la même enivrante joie qu'on ne doit lui demander que dans une salle de musée, laquelle symbolise bien mieux par sa nudité et son dépouillement de toutes particularités, les espaces intérieurs où l'artiste s'est abstrait pour créer." On imaginerait difficilement une apologie plus enthousiaste du musée, et plus profondément motivée; mais il faut observer qu'il s'agit là d'un musée tout à fait opposé à ce que Lenoir cherchait au couvent des Petits-Augustins, dont le bric-à-brac "d'époque" et le décor "troubadour"[6] ressemblait bien davantage aux reconstitutions artificielles de la maîtresse de maison ridiculisée plus haut. Ce musée idéal, par sa nudité et son dépouillement, évoque plutôt les allures de la muséographie moderne, dont je doute qu'elle ait été déjà illustrée au début de ce siècle. Reste, bien sûr, l'accent mis ici sur le caractère "abstrait" et "isolant" de l'acte créateur, qui consonne mal avec l'éloge fait à Combray de la familiarité "mitoyenne" et "citoyenne" des églises de Saint-Hilaire et de Saint-André-des-Champs.

Proust ne dédaigne pas toujours de plaider successivement le pour et le contre et de broder *ad libitum* sur un thème donné, ou rencontré; on sait du moins que celui de l'individualité des lieux, qu'illustrait avec tant de force l'opposition initiale des "deux côtés" de Combray, sera finalement mis à mal, comme une croyance enfantine finalement réfutée au cours du dernier séjour à Tansonville, où Gilberte révèle au narrateur qu' "aller à Guermantes en prenant par Méséglise, c'est la plus jolie façon" (4: 268). Mais je ne veux pas jouer les sophistes moi-même en attribuant à l'entraînement rhétorique les seuls développements qui contrediraient mon interprétation. Il me semble plutôt, en l'occurrence, que Proust est sensible à la fois, et d'expérience personnelle, à l'effort d' "abstraction dans les espaces intérieurs" que suppose toute création artistique, et à la relation d'intelligence que toute œuvre entretient avec son site et

[6] V. la planche XVIII de l'Album Lenoir, reproduite par Haskell (328).

son milieu originel–le premier étant peut-être une condition paradoxale, mais nécessaire, de la seconde. Toujours est-il que l'un de ses points d'accord manifeste avec Ruskin–son principal initiateur en fait d'architecture gothique–tient au fait que celui-ci "ne sépara pas les cathédrales de ce fond de rivières et de vallées où elles apparaissent au voyageur qui les approche, comme dans un tableau de primitif", qu'il "ne séparait pas la beauté d'une cathédrale du charme de ces pays d'où elles surgirent, et que chacun de ceux qui les visitent goûte encore dans la poésie particulière du pays et le souvenir brumeux ou doré de l'après-midi qu'il y a passé. Non seulement le premier chapitre de *La Bible d'Amiens* s'appelle: *Au bord des courants d'eau vive*, mais le livre que Ruskin projetait d'écrire sur la cathédrale de Chartres devait être intitulé: *Les Sources de l'Eure* ... "Et le charme individuel, qu'est le charme d'un pays, nous le sentirions plus vivement si nous n'avions pas à notre disposition ces bottes de sept lieues que sont les grands express, et si, comme autrefois, pour arriver dans un coin de terre nous étions obligés de traverser des campagnes de plus en plus semblables à celle où nous tendons, comme des zones d'harmonie graduée qui, en la rendant moins aisément pénétrable à ce qui est différent d'elle, en la protégeant avec douceur et avec mystère de ressemblances fraternelles, ne l'enveloppent pas seulement dans la nature, mais la préparent encore dans notre esprit" [7]. Du coup, nous voici clairement aux antipodes de la page des *Jeunes Filles* à l'honneur du chemin de fer, et (faute de courses à cheval ou à bicyclette, réservées à Albertine, ou d'endurance piétonne) au bord d'un éloge inverse des promenades en voiture, promenades dont on sait combien Proust–toujours prêt à retourner voir sur place telle église romane ou telle cathédrale gothique, et aussi bien tel buisson d'aubépines ou verger en fleurs–les pratiquait volontiers, avec ou sans Agostinelli, et quitte à maintenir le "vitrage" hermétiquement fermé, pour cause d'asthme. Eloge qui ne manque pas d'apparaître dans le texte voisin "Les églises sauvées–Journées en automobile" (*CSB* 63-69), et qu'on retrouve dans *Sodome et Gomorrhe,* où Albertine découvre ainsi "qu'il était facile d'aller dans une même après-midi à Saint-Jean et à La Raspelière. Douville et Quetteholme, Saint-Mars-le-Vieux et Saint-

[7] *CSB* 120, 122; la dernière phrase est un peu obscure à première lecture, mais je pense qu'il faut entendre, par "protéger de ressemblances": protéger *au moyen de* ressemblances.

Mars-le-Vêtu, Gourville et Balbec-le-Vieux, Tourville et Féterne, prisonniers aussi hermétiquement enfermés jusque-là dans la cellule de jours distincts que jadis Méséglise et Guermantes, et sur lesquels les mêmes yeux ne pouvaient pas se poser dans un seul après-midi, délivrés maintenant par le géant aux bottes de sept lieues, vinrent assembler autour de l'heure de notre goûter leurs clochers et leurs tours, leurs vieux jardins que le bois avoisinant s'empressait de découvrir" (3: 385-86)[8]. Et cette modification de l'espace par la vitesse ("Les distances ne sont que le rapport de l'espace au temps et varient avec lui") n'est évidemment pas sans conséquences esthétiques: "L'art en est aussi modifié, puisqu'un village qui semblait dans un autre monde que tel autre, devient son voisin dans un paysage dont les dimensions sont changées". Proust revient sur ce sujet quelques pages plus loin (3: 393), pour observer que "l'automobile qui ne respecte aucun mystère" détruit le "privilège spécial d'exterritorialité" qui jadis isolait chaque lieu dans sa spécificité esthétique. Evidemment conscient du changement de valeurs qu'implique cette conversion, il prête alors au narrateur une longue palinodie justificatrice, dont voici l'essentiel:

> Il peut sembler que mon amour pour les féériques voyages en chemin de fer aurait dû m'empêcher de partager l'émerveillement d'Albertine devant l'automobile qui mène, même un malade, là où il veut, et empêche–comme je l'avais fait jusqu'ici–de considérer l'emplacement comme la marque individuelle, l'essence sans succédané des beautés inamovibles. Et sans doute cet emplacement, l'automobile n'en faisait pas, comme jadis le chemin de fer, quand j'étais venu de Paris à Balbec, un but soustrait aux contingences de la vie ordinaire (...) Il nous faisait entrer dans la coulisse des rues, s'arrêtait à demander un renseignement à un habitant. Mais comme compensation d'une progression si familière, on a les tâtonnements mêmes du chauffeur incertain de sa route et revenant sur ses pas, les chassés-croisés de la perspective faisant jouer un château aux quatre coins avec une colline, une église et la mer, pendant qu'on se rapproche de lui, bien qu'il se blottisse vainement sous sa feuillée séculaire; ces cercles de plus en plus rapprochés que décrit l'automobile autour d'une ville fascinée qui fuyait dans tous les sens pour lui échapper et

[8] On voit que les "bottes de sept lieues" sont maintenant passées d'un versant à l'autre de l'antithèse chemin de fer/automobile.

> sur laquelle il fonce tout droit, à pic, au fond de la vallée, où elle reste gisante et à terre; de sorte que cet emplacement, point unique que l'automobile sembla avoir dépouillé du mystère des trains express, il donne par contre l'impression de le découvrir, de le déterminer nous-mêmes comme avec un compas, de nous aider à sentir d'une main plus amoureusement exploratrice, avec une plus fine précision, la véritable géométrie, la belle 'mesure de la terre' (3: 393)[9].

On dit que Ruskin n'accepta jamais de prendre le train[10], n'appréciant et ne pratiquant que les voyages en calèche. Peut-être aurait-il fini par tolérer, malgré sa haine du machinisme, ce nouveau type de locomotion par route qu'offre l'automobile, et qui favorise comme on vient de le voir une approche "mitoyenne" et "citoyenne" des villes et de leurs monuments, approche manifestement plus conforme à l'esthétique géographique et paysagiste, attachée aux liaisons *in situ,* que Proust partage ici avec lui, jugeant peut-être, comme plus tard Giono en Italie, que "l'auto n'est qu'une façon pratique d'aller à pied"[11].

Après l'effet de destruction du contexte "territorial" qu'entraîne le transfert au musée des objets transportables, la seconde forme de trahison consiste en l'arrachement des édifices à leur fonction d'origine: c'est là le thème des "églises assassinées" et de la "mort des cathédrales", qui, avant de se rapporter aux destructions de la guerre, concernait les laïcisations, ou menaces de laïcisation, impliquées par le "projet Briand", qui aboutira en décembre 1905 à la loi de séparation des Eglises et de l'Etat. Dans son article de 1904[12], Proust s'élève avec vigueur contre ces menaces, cite une page antérieure d'André Hallays contre un projet de désaffectation de Vézelay ("L'anticléricalisme inspire de grandes sottises. Désaffecter cette basilique, c'est vouloir lui retirer le peu d'âme qui lui reste. Lors-

---

[9] Proust donne ici à "automobile" le genre masculin.

[10] Il évoque bien, mais sarcastiquement, l'arrivée du voyageur en gare d'Amiens (cité *CSB* 73) et de Venise dans *Les Pierres de Venise* (Paris: Hermann, 1986: 35-36). Il s'agit de l'édition abrégée de 1881, traduction fr. par Mathilde Crémieux.

[11] Jean Giono, *Voyage en Italie* (1953) in *Journal, Poèmes, Essais*. Paris: Gallimard, 1995: 643.

[12] "La Mort des cathédrales," *Le Figaro* 16 août 1904, partiellement repris en 1919 dans le recueil *Pastiches et mélanges*; maintenant dans *CSB* de la Pléiade, qui donne en note les passages supprimés en 1919. Tout l'ensemble relatif à ce thème, et/ou à l'œuvre de Ruskin, constitue un labyrinthe bibliographique assez éprouvant.

qu'on aura éteint la petite lampe qui brille au fond du chœur, Vézelay ne sera plus qu'une curiosité archéologique. On y respirera l'odeur sépulcrale des musées"), et enchaîne en ces termes, partiellement repris de la Préface à sa traduction de la *Bible d'Amiens,* parue la même année: "C'est en continuant à remplir l'office auquel elles furent primitivement destinées que les choses, dussent-elles lentement mourir à la tâche, gardent leur beauté et leur vie. Croit-on que dans les musées de sculpture comparée, les moulages des célèbres stalles en bois sculpté de la cathédrale d'Amiens peuvent donner une idée des stalles elles-mêmes, dans leur vieillesse auguste et toujours exerçante? Tandis qu'au musée un gardien nous empêche d'approcher de leurs moulages, les stalles inestimablement précieuses, si vieilles, si illustres et si belles continuent à exercer à Amiens leurs fonctions modestes de stalles (...) Ces fonctions consistent, avant même d'instruire les âmes, à supporter les corps, et c'est à quoi, rabattues pendant chaque office et présentant leur envers, elles s'emploient modestement" (*CSB* 777). Les "moulages" ici vitupérés sont par exemple ceux du Musée de sculpture comparée créé en 1882–et devenu en 1937 le nouveau Musée des monuments français. Les deux musées (successivement) homonymes, celui que fonda Lenoir puis celui qu'inspira Viollet-le-Duc, ont ainsi l'un après l'autre illustré deux pratiques également condamnables aux yeux de Proust, mais le second, s'il a en principe le mérite de laisser *in situ* les œuvres authentiques, comporte de ce fait la tare de ne présenter lui-même que des reproductions: c'est une forme de ce que Malraux appellera, mais avec plus de sympathie, le "musée imaginaire". André Hallays était, comme Robert de la Sizeranne (l'un des premiers traducteurs et commentateurs de Ruskin), un farouche adversaire des musées; dans un brouillon manuscrit de la Préface à la *Bible d'Amiens,* Proust prenait quelque distance avec cette position ("Non pas que je veuille reprendre ici à mon compte la théorie de MM. de la Sizeranne et Hallays sur le dépaysement [13] et la mort des œuvres dans les musées..."), mais c'était pour ajouter

[13] Le mot est déjà chez Quatremère, dont l'opposition au musée était, comme celle de La Sizeranne et de Hallays, beaucoup plus stricte que celle de Proust. Si l'on voulait pousser plus loin la comparaison, il faudrait ajouter que Quatremère ne semble pas hostile aux restaurations (il approuve en tout cas celles des antiquaires romains) et aussi que, maître d'œuvre, entre 1791 et 1793, de la "panthéonisation" de Sainte-Geneviève, il peut passer pour un précurseur (virtuel) des désaffectations redoutées par Proust.

aussitôt: "Mais une œuvre par le fait qu'elle fait à tout jamais partie d'un lieu de la terre individuel et qui ne saurait être possédée par aucun autre (car déracinée elle mourrait aussitôt) nous retient par des liens plus forts que ceux de l'œuvre d'art elle-même, par ces liens comme en ont pour nous garder les personnes et les pays" (*CSB* 735)[14]. Suivait une antithèse, qui a subsisté dans le texte final, entre un tableau comme la *Joconde,* dont le lieu de naissance ("sans vouloir déplaire à M. Hallays") nous importe peu et qui n'est pas au Louvre une "déracinée", et la statue-trumeau, dite "Vierge Dorée", du portail sud d'Amiens: "Sortie sans doute des carrières voisines d'Amiens, n'ayant accompli dans sa jeunesse qu'un voyage, pour venir au porche Saint-Honoré, n'ayant plus bougé depuis, s'étant peu à peu hâlée à ce vent humide de la Venise du Nord, qui au-dessus d'elle a courbé la flèche, regardant depuis tant de siècles les habitants de cette ville dont elle est le plus ancien et le plus sédentaire habitant, elle est vraiment une Amiénoise" (*CSB* 85)[15].

Il semble donc que, dans cette question délicate en théorie parce que souvent insoluble en pratique, le partage pertinent soit pour Proust entre, d'une part, la peinture, au moins de chevalet, qu'on ne peut guère "désaffecter"[16], et qui supporte sans trop de dommage le "dépaysement" (difficile, certes, d'apprécier pleinement Carpaccio ailleurs qu'à Venise, ou Frans Hals ailleurs qu'à Haarlem, mais Proust ne dédaignera pas de retourner voir, en 1921, "le plus beau tableau du monde", la *Vue de Delft,* dans une exposition au Jeu de Paume), et d'autre part l'architecture et la sculpture (au moins monumentale), qu'on ne peut "dépayser" sans les "déraciner", ni désaffecter sans les "assassiner". Voici en tout cas le début de la conclusion de l'article de 1904: "La protection même des plus belles œuvres de l'architecture et de la sculpture française qui *mourront* le jour où elles ne serviront plus au culte des besoins duquel elles sont nées, qui est leur fonction comme elles sont ses organes, qui est leur explication parce qu'il est leur âme, fait un de-

---

[14] Je respecte la syntaxe cahoteuse de cet avant-texte: il faut sans doute comprendre: "... et *qu'elle* ne saurait ..." Dans l'article du *Figaro*, Proust semble exhorter le même Hallays à choisir entre le moindre mal de la restauration et le mal absolu de la laïcisation (*CSB* 774).

[15] Son allure familière a même valu à cette vierge le surnom de "soubrette picarde".

[16] Un tableau d'autel (par exemple) transporté au musée perd bien une de ses fonctions, mais il lui reste au moins celle de représenter ce qu'il représente.

voir au gouvernement d'exiger que le culte soit perpétuellement célébré dans les cathédrales, au lieu que le projet Briand l'autorise à faire des cathédrales, au bout de quelques années, tels musées ou salles de conférences (à supposer le mieux) qu'il lui plaira..." (*CSB* 780) [17]. Sévère réquisitoire contre une pratique de désaffectation assimilée à un acte de vandalisme, mais surtout ardent plaidoyer pour une esthétique qu'on peut dire *fonctionaliste,* si l'on veut bien entendre par là une esthétique qui refuse de séparer la relation esthétique de la fonction pratique ou rituelle, et qui juge, selon la formule de Mikel Dufrenne, qu' "une église peut être belle sans être désaffectée" [18]–ou plutôt, dirait sans doute plus radicalement Proust, qu'une église ne peut être vraiment belle qu'à condition de n'être *pas* désaffectée, parce que sa "beauté" *implique* sa fonction.

La troisième trahison consiste en l'effacement des marques temporelles, qu'entraîne la restauration excessive des œuvres anciennes. Lorsque Swann qualifie de "déjections de Viollet-le-Duc" le château de Pierrefonds, il faut évidemment faire la part de la jalousie à l'égard d'un voyage qu'Odette fait sans lui, et où il serait bien vite prêt à la rejoindre sous le prétexte hypocrite de "se faire une idée plus précise des travaux de Viollet-le-Duc" (1: 288), mais on sait que Proust partageait l'hostilité à ce type de "travaux" d'un historien comme Emile Mâle, dont il s'inspire pour diverses descriptions dans la *Recherche* (ainsi que pour celle de l'église de Balbec [2: 196-98]), et à qui il écrit, en août 1907: "les monuments restaurés ne me donnent pas la même impression que les pierres mortes depuis le XIIe siècle par exemple, et qui en sont restées à la Reine Mathilde" [19]. Deux mois plus tard, à l'adresse de Mme Straus et à propos du *Dictionnaire raisonné,* où il admire pourtant le "génie de l'architecture", il ajoute: "C'est malheureux que Viollet-le-Duc ait abîmé la France en restaurant avec science mais sans flamme, tant d'églises dont les ruines seraient plus touchantes que leur rafistolage archéologique avec des pierres neuves qui ne nous parlent pas, et

---

[17] Cette conclusion fut elle aussi supprimée dans le recueil de 1919, sans doute pour cause de moindre nécessité politique: le fait est que le danger de laïcisation massive ne s'était guère réalisé (la révolution jacobine en avait jadis fait bien d'autres), et que les destructions matérielles dues à la guerre faisaient rétrospectivement paraître un peu excessives certaines de ces prophéties.

[18] *Esthétique et philosophie*, t. 1. Paris: Klincksieck, 1980: 29.

[19] *Correspondance*. Ed. Ph. Kolb. Paris: Plon, 1970: 7: 250.

des moulages qui sont identiques à l'original et n'en ont rien gardé" (8 octobre 1907; *Correspondance* 7: 280)[20]. Dans *Sodome et Gomorrhe*, il raille le "petit commerçant" qui s'en va le dimanche éprouver "la sensation du Moyen Age" devant des voûtes qui "ont été, par des élèves de Viollet-le-Duc, peintes en bleu et semées d'étoiles d'or" (3: 275)[21], et prête à Albertine, devant l'église (fictionnelle) de Marcouville-l'Orgueilleuse, "moitié neuve, moitié restaurée"–ce qui ne laisse pas beaucoup à l'original–cette phrase révélatrice de l'influence d'Elstir, qui est son Ruskin à elle, et qui lui a enseigné "la précieuse, l'inimitable beauté des vieilles pierres", mais aussi, aux yeux du narrateur, témoignage "de la sûreté de goût qu'elle avait déjà en architecture": "Elle ne me plaît pas, elle est trop restaurée" (3: 402). Marcel observe toutefois que le "fétichisme attaché à la valeur architecturale objective" met ici le peintre impressionniste "en contradiction avec lui-même"[22], puisqu'il ne devrait tenir compte que de la manière dont le soleil couchant illumine cette façade, restaurée ou non: selon la leçon de Rembrandt (qui était déjà, en fait, celle de Chardin), "la beauté n'est pas dans les objets, car sans doute alors elle ne serait si profonde et si mystérieuse" (*CSB* 380). Le respect du Temps, qui exige qu'on laisse les objets dans l'état qu'ils ont acquis peu à peu ("dans leur jus", comme disent gracieusement les antiquaires) pour les laisser "nous parler depuis leur époque et à travers "la rumeur des distances traversées" (1: 77)[23], n'est en somme qu'une étape vers le subjectivisme, dont l'impressionnisme offre une illustration symbolique, et qui comprend que la beauté est toute entière, selon la formule anglaise, *in the eye of the beholder.* De ce point de vue, "qu'importe qu'un monument soit neuf s'il paraît vieux; et même s'il ne le paraît pas!" (3: 673), pourvu que l'œil sache y poser le "rayon spécial" (4: 474) d'une vision esthétique.

La gradation, plutôt qu'opposition, de Chardin à Rembrandt, esquissée dans la célèbre ébauche d'article apparemment abandonnée en 1895 (*CSB* 372-82), revient encore, mais pour avorter de

---

[20] C'est pendant cet été 1907 que Proust visite en voiture quelques églises et châteaux de Normandie, entre Cabourg et Paris.

[21] Ce type de décor, je le rappelle, sévissait déjà chez Lenoir.

[22] Même remarque, dans une autre conversation pédagogique avec Albertine (3: 673).

[23] A propos de la réminiscence de la madeleine; il s'agit bien sûr des distances temporelles.

nouveau, dans une page du manuscrit des "Journées de pèlerinage" [24]. "Chardin vous a appris à ne pas bâiller d'ennui et de dédain de votre modeste salle à manger en rêvant de splendeurs inconnues. En vous révélant la vie de la nature morte, en vous apprenant à admirer comme une des plus belles choses qui soient au monde le rayon de soleil qui fait briller votre verre d'eau, ou le relief de votre couteau sur les plis de la nappe, il vous a découvert la beauté de la vie de tous les jours. Et Rembrandt a achevé de vous émanciper de cette fausse croyance que la beauté est attachée à tels ou tels objets en vous attachant à trouver la beauté dans la seule lumière et dans l'ombre". Ce double abandon tient peut-être au caractère insuffisamment contrasté de ces deux leçons de subjectivisme, qui de fait n'en font qu'une: la beauté n'est pas dans les choses, mais dans la lumière et dans l'ombre, qui figurent évidemment le pouvoir esthétique de l'esprit, ce pouvoir qui permet à Chardin et à Rembrandt de "découvrir" la beauté de spectacles jusque-là dédaignés. Mais si l'on comprend que cette beauté est de source toute subjective, il s'ensuit évidemment que le privilège accordé jusqu'ici (depuis l'abside de Saint-Hilaire) aux objets les plus humbles et les plus familiers n'est qu'une expression trop simple, ou trop primaire, de ce subjectivisme, qui n'a pas plus de raisons de négliger les objets ordinairement tenus pour précieux. Une autre gradation s'esquisse alors, dans le même brouillon, avec un troisième terme dont la référence est ici Gustave Moreau: "Mais si la beauté habite dans les choses les plus humbles, il ne faut pas dédaigner les choses rares et penser qu'elles ne peuvent pas avoir aussi leur beauté. Gustave Moreau arrive à point pour restaurer en vous l'amour des bijoux et des belles étoffes". Dans une esquisse des *Jeunes Filles,* à propos de la leçon d'Elstir, Proust reprend cette désormais triple gradation, et ajoute à l'exemple de Moreau celui d'un autre peintre, plus couramment (et en particulier chez Proust lui-même) emblématique d'un art voué au luxe et à l'éclat: Véronèse. "Quand on est trop sous l'influence de *La Raie* de Chardin qui nous montre que les plus simples lois du relief et de la consistance suffisent à rendre inestimablement précieux les plus modestes objets, ou du *Bon Sa-*

---

[24] Parues en article dans le *Mercure de France* d'avril 1900, puis dans la Préface à *La Bible d'Amiens*, puis dans les *Pastiches et mélanges* de 1919–toutes reprises accompagnées de diverses modifications. Cet avant-texte manuscrit est donné dans *CSB* 724-25.

*maritain* de Rembrandt qui fait consister tout le prix de la matière dans un éclairage qui rend divine la corde du puits et l'ombre de la porte, la vue des *Noces de Cana* ou de certains Gustave Moreau n'est pas inutile pour nous montrer que si les choses les plus communes sont aussi belles que les plus opulentes, les plus opulentes ne sont pourtant pas exceptées et ont leur beauté aussi" (2: 975). Ce morceau ne passe apparemment pas dans le texte final, mais on verra plus loin le sculpteur Ski s'amuser à un rapprochement implicite et paradoxal entre le Véronèse des *Noces* et une nature morte qui aurait pu inspirer Chardin: "Vous remplirez tous nos verres ["de château margaux, de château-lafite, de porto"], on apportera de merveilleuses pêches, d'énormes brugnons, là en face du soleil couché; ça sera luxuriant comme un beau Véronèse" (3: 330).

Ce nom nous emporte inévitablement à Venise, même si les *Noces de Cana,* transférées au Louvre depuis Napoléon, y font cruellement défaut (pour les raisons susdites, on peut se demander quel parti prendrait Proust dans certaine campagne actuelle pour leur retour au réfectoire de San Giorgio Maggiore), et donc aux pages d'*Albertine disparue* qui évoquent le séjour du narrateur dans la cité des Doges en compagnie de sa mère. C'est là que s'explicite enfin l'opposition cardinale autour de laquelle tournaient depuis longtemps les pages avortées ou abandonnées que nous venons de rencontrer: "... nobles surfaces de degrés de marbre éclaboussées à tout moment d'un éclair de soleil glauque, et qui à l'utile leçon de Chardin, reçue autrefois, ajoutaient celle de Véronèse" (4: 205). On ne peut dire que la vision de marches de marbre éclaboussées de soleil glauque évoque le plus naturellement ce dernier artiste, mais Proust ne semble guère porté sur Canaletto ou Guardi[25], qu'on attendrait pourtant davantage, et cette évocation est déjà (au moins) dans deux avant-textes: "... vastes surfaces de marbre, mouillées d'un rapide soleil, d'un escalier comme dans Véronèse et qui ajoutaient à la leçon de Chardin–que les plus pauvres choses peuvent devenir belles au reflet de la lumière–cette autre leçon que les choses les plus somptueuses le peuvent aussi et ne sont pas exemptées de la beauté", et: "... des courants d'air marin et du soleil, lustrant d'ombre de vastes étendues de marbre comme dans Véronèse, donnant ainsi la leçon contraire de Chardin que même les choses opu-

[25] Il fait mentionner le second par les Goncourt dans le pastiche du *Temps retrouvé* (4: 288), dont un avant-texte porte ici un "Canaletto" biffé (v. 756).

lentes peuvent avoir de la beauté"[26]. La relation la plus pertinente est donc clairement pour lui, on l'a vu, entre le peintre de *La Raie* et celui des *Noces*. On la voit ici qualifiée en termes qui hésitent entre le complémentaire ("ajouter") et le contradictoire ("contraire"); elle illustre en fait ce que j'appellerai en termes pseudo-hégéliens, et donc peu indigènes, une dialectique de l'humble et du luxueux (ou "luxuriant", comme dit Ski), où l'attachement aux objets humbles constitue un premier degré naïf, puis l'acceptation, malgré leur prix, des objets précieux, un deuxième degré antithétique ("seconde simplicité", dirait Yves Bonnefoy[27]), en vue de ce dépassement final qui reconnaît l'indifférence de l'objet[28], et la subjectivité radicale de l'appréciation esthétique.

Mais dans le séjour à Venise, cette relation prend la forme plus neutre d'un parallèle à la fois analogique et contrastif, ou plus précisément d'une *analogie avec transposition,* entre ces deux pôles symboliques que sont Combray et Venise (dont Chardin et Véronèse offrent évidemment une variante picturale). Le motif de ce parallèle, que nous commençons à bien connaître, est clairement indiqué dès le début de ce chapitre[29]: "Comme il peut y avoir de la beauté, aussi bien que dans les choses les plus humbles, dans les plus précieuses [je goûtais à Venise] des impressions analogues à celles que j'avais ressenties autrefois à Combray, mais transposées selon un mode [on pourrait dire, plus fidèlement à la métaphore musicale, "dans une tonalité"] entièrement différent et plus riche". Cette transposition se développe donc sur deux ou trois pages, dont le procédé constant consiste, avec diverses variations, en un "comme à Combray..." aussitôt corrigé par un "mais à Venise...": le soleil du matin ne frappe pas les ardoises de Saint-Hilaire, mais l'ange d'or du campanile de Saint-Marc; la rue en fête du dimanche est ici "toute en une eau de saphir"; les maisons alignées sont ici des palais de porphyre et de jaspe; les stores sont ici "tendus entre les quadrilobes et les rinceaux de fenêtres gothiques"; les "humbles particula-

---

[26] Esquisse XV 1 (4: 693); Esquisse XV 3 (4: 694).

[27] C'est le titre d'un essai sur le Baroque, dans *Un Rêve fait à Mantoue*. Paris: Mercure de France, 1967.

[28] Je dis "indifférence *de*", et non *à* l'objet, parce que la relation esthétique n'est certes pas une relation d'indifférence, mais qu'elle investit à sa guise, et aussi passionnément qu'on voudra, un objet dont l'élection, et la "beauté", dépendent d'elle.

[29] Il s'agit du "Chapitre III, Séjour à Venise" d'*Albertine disparue* (4: 202-35), où le parallèle occupe l'essentiel des pages 202-09. Divers avant-textes en sont présentés, sous le titre d'Esquisse XV: 689-98.

rités" et "asymétries" qui rendaient si "éloquente" la façade donnant sur la rue de l'Oiseau ont ici leur "équivalent", mais leur message est dévolu "à l'ogive encore à demi arabe d'une façade qui est reproduite dans tous les musées de moulage et tous les livres d'art illustrés, comme un des chefs-d'œuvre de l'architecture domestique au Moyen Age", etc. Ce thème complaisamment exploité implique nécessairement qu'on abandonne le parti consistant à ne présenter de Venise que les aspects les plus humbles, voire "misérables" [30], puisqu'une telle présentation réduit à néant le contraste sur lequel il repose, en donnant à Venise, pour la rendre "plus intime et plus vraie... de la ressemblance avec Aubervilliers", alors qu'ici, pour le narrateur, "ce sont des œuvres d'art, les choses magnifiques, qui sont chargées de nous donner les impressions familières de la vie".

Pour le narrateur, mais aussi, par procuration [31] et de manière tout à fait symbolique, pour sa grand-mère, intraitable gardienne et interprète de l'esthétique combracienne. "Comme ta pauvre grand-mère eût aimé une grandeur si simple!", s'exclame sa fille devant le palais des Doges. "Elle aurait même aimé la douceur de ces teintes roses, parce qu'elle est sans mièvrerie. Comme ta grand-mère aurait aimé Venise, et quelle familiarité qui peut rivaliser avec celle de la nature elle aurait trouvé dans toutes ces beautés si pleines de choses qu'elles n'ont besoin d'aucun arrangement, qu'elles se présentent telles quelles... Ta grand-mère aurait eu autant de plaisir à voir le soleil se coucher sur le palais des doges que sur une montagne". Le maître-mot est là: *nature.* La grand-mère, bien sûr, est déjà morte à ce moment, sans jamais être allée à Venise. Mais Proust avait songé, un temps, à réaliser cette confrontation symbolique. C'est dans l'Esquisse XXVII de *Du côté de chez Swann,* déjà citée, et précisément un des avant-textes de la description du clocher de Saint-Hilaire, encore à l'état de clochers de Chartres: "L'année où elle mourut d'un mal qu'elle connaissait et dont elle savait l'échéance, elle vit pour la première fois Venise où elle n'aima vraiment que le palais

---

[30] Proust ne précise pas à quels peintres il pense ici, mais cette tradition "réaliste" pourrait assez bien se réclamer de l'admirable *Cour du maçon* de Canaletto (Londres, National Gallery)–peintre qui certes ne s'est pas borné à des "vues" aussi familières.

[31] La procuration est ici double, ou plutôt triple: la grand-mère exprime par la bouche de sa fille une esthétique que partage son petit-fils le narrateur, et leur "père" à tous, l'auteur Marcel Proust, qui l'a souvent défendue en marge de son roman.

des Doges" (1: 737) [32]. La boucle était ainsi bouclée d'avance, et l'on croit entendre l'absente murmurer sur la Piazzetta, comme jadis sur la place de Combray: "Mes enfants, moquez-vous de moi si vous voulez, il n'est peut-être pas beau dans les règles, mais sa vieille figure bizarre me plaît. Je suis sûre que s'il jouait du piano, il ne jouerait pas *sec*" [33].

---

[32] On doit se rappeler que les deux personnages de la mère et de la grand-mère se sont distinguées par scissiparité à partir d'une figure commune, et que Proust a bien, en 1900, visité Venise en compagnie de sa mère.

[33] Proust n'ignore certainement pas les commentaires de Ruskin sur l'asymétrie de la grande façade du palais des Doges (*Les Pierres de Venise* 108).

# MEURSAULT AND NARRATIVE

*by Gerald Prince*

It is commonplace to note that the meaning of *L'Etranger* stems from the juxtaposition of two different kinds of narrative, two different renderings of a series of events.[1] The first half of the novel presents Meursault's killing of the Arab from the point of view of the protagonist whereas the second presents the same killing from the point of view of "justice" and society. Indeed, Camus himself drew attention to the "parallelism of the two parts"[2] and his text underlines it repeatedly: senseless (absurd!) gesture or intentional act; accidental murder or premeditated crime; implausible – but true – series of unconnected events (Meursault is the anti-Forster) or plausible – but false – sequence of related actions. More specifically, Meursault finds everything that happened "very simple" (1171) and concentrates on the "how," on the murder and the events preceding it: "Raymond, the beach, the swim, the fight, the beach again, the little stream, the sun, and the five gunshots" (1171-72). Just the facts. . . On the other hand, the examining magistrate (like the judge and the prosecutor after him) favors complexity, wants to know "why," studies the murderer, and focuses not so much on the events as on their interpretation (1171-72). Meursault sees no link between his behavior on the day of his mother's funeral and his killing of the Arab (1171). But even his lawyer does not quite agree (1171). As for the prosecutor, he calls the protagonist a monster (1191), tells the court that it is facing the very same man who, "on

---

[1] *L'Etranger* in Albert Camus, *Théâtre, récits, nouvelles*. Paris: Gallimard, 1962. All my references are to this edition and the translations are mine.

[2] Albert Camus, *Carnets II*. Paris: Gallimard, 1964: 30.

the days following his mother's death, indulg[ed] in the most shameful debauchery" (1191), and accuses him of having killed his mother (1195) and even of being guilty of another parricide that the same court is getting ready to examine (1195-96). Meursault states that he had no intention of killing the Arab (1186, 1196) and that he did it "because of the sun" (1196); but the prosecutor claims that Meursault's actions were deliberate (1193, 1194) and successfully argues that the murder of the Arab results from "the workings of a criminal soul" (1193).

If Meursault's (or Camus's!) narrative has been the object of considerable study and if the (essential) traits of his narratorial manner have been well analyzed (the affinity with syntactic parataxis and coordination as opposed to subordination, the preference for the *passé composé*, the refusal of introspection, the terseness, and so on), Meursault's attitude as a narratee, as a receiver of narrative, like his more or less explicit comments on the stories he thinks about or comes in contact with have elicited less attention. If Meursault the narrator and his narrative stance are famous, Meursault the theorist or critic of narrative and his metanarrative positions are not. Yet there are many stories mentioned or reported by the protagonist, even apart from the ones produced during the trial by the judge, the lawyers, or the witnesses: the old janitor's account of funerals in Marengo (1128), for example; the Fernandel movie that Marie would like to see (1137); Raymond's narrative of the conflict with his lover and her brother (1143-46); the story of Meursault's father attending a public execution (1201); and so forth. There are also many direct or indirect comments by the protagonist about these stories. For instance, he finds "correct and interesting" the janitor's tactless remarks about the necessity of burying the dead "very quickly, because it was hot down in the plain, especially in these parts" (1128) and he considers the Fernandel movie "funny in parts but really quite silly" (1137).

Perhaps the most famous story mentioned by the protagonist is "the story of the Czech fellow" (1180) which he reads in an old bit of newspaper. After an absence of twenty-five years, a villager from Czechoslovakia returned to his country and decided to give his mother and sister a surprise. He booked a room under an assumed name in the small hotel that they ran. Failing to recognize him, they murdered him to take his money and, upon discovering his identity, they killed themselves. A similar story was reported in 1935 in *L'Echo d'Alger* and *La Dépêche Algérienne.*[3] Besides, versions of it can be found in many different folk traditions (1780). In any case, Camus used it for the plot of *Le Malentendu* and wrote that the play suggested "an ethics of sincerity. If man wants to be recognized, he has to say plainly who he is. If he keeps silent or if he lies, he dies alone and everything around him is condemned to misfortune. If, on the contrary, he speaks the truth, he will die, no doubt, but after having helped others and himself to live" (1785). Meursault too, who read the story thousands of times and was characterized by Camus as a man who "doesn't play the game" and who "refuses to lie" (1920) finds that "the traveler had deserved it a little and that one should never play" (1180). Of course, both the traveler's story and Meursault's involve violent deaths and if, in the *fait divers*, a mother kills her son, in the novel, Meursault is accused of matricide. Moreover, both stories feature a "protagonist-as-stranger" and it should be noted that Meursault discusses the Czech traveler just before the famous "recognition" scenes in his cell, when his facial expression first does not correspond to its reflection in a metal dish and then does and when he hears a voice which he identifies as his (1181). In fact, Meursault's critical evaluation of the *fait divers* could be applied to his own narrative. About the story of the traveler, he notes: "In one way, it was implausible. In another, it was natural" (1180). Later on, during his trial, he thinks that the prosecutor's "way of viewing the events [is] plausible" (1194) and he is very much aware that his own explanation of his actions – "it was because of the sun" (1196) – sounds ridiculous. But "le vrai peut quelquefois n'être pas vraisemblable . . ."

At least one other feature of the news item calls for comment. According to the novel's protagonist, the first part of it is missing, though he gathers that the events took place in Czechoslovakia (1180). The beginning of Meursault's narrative is missing too or, at any rate, it is imprecise: "Today, mother died. Or maybe yesterday. I don't know" (1125). So is the end, in a way, since it refers to the future and to the virtual: "For everything to be accomplished, for me to feel less lonely, what remained was to wish that there should be many spectators on the day of my execution and that they should

[3] Roger Grenier, ed., *Album Camus*. Paris: Gallimard, 1982: 128.

greet me with cries of hatred" (1209-10). More significantly, though Meursault and the prosecutor do not contradict each other with regard to what happened, the beginnings of their accounts differ. As pointed out earlier, in his interview with the magistrate, Meursault began with Raymond (1171-72). The prosecutor, on the other hand, sums up the facts "from [the] mother's death onward" (1193-94). The ends of the two accounts also differ. Meursault mentioned the five gunshots. His accuser points to the murderer's utter lack of regret for his crime – "Not once in the course of the proceedings has this man seemed moved by his abominable offense" (1194) – and he claims that it constitutes further proof of what really happened. For him, the end conditions the beginning just as it is conditioned by it and they both illuminate what comes in between: his narrative is an "Aristotelian" one, a doubly oriented whole with an interacting beginning, middle, and end. For Meursault, on the contrary, whatever links obtain between his being Raymond's friend, his going to the beach, and his killing the Arab are only contingent.

If the protagonist contests teleologically determined narratives and verisimilar ones, it is not because he is incapable of understanding or evaluating them and their effects. Meursault is a stranger, no doubt, but, as he himself would argue, he is not necessarily strange: "I was like everybody else, absolutely like everybody else" (1171). He drinks wine and *café au lait*, eats fried eggs, bread, and pasta, plays billiards, goes to the races, likes to swim, and has a "girl." He is also a good employee, a good neighbor, and a good friend who "knows what's what" (1146) and is "all right" (1189). Though he may never have had "any real imagination" (1203), he can invent narratives in which a condemned prisoner escapes at the last minute (1200) and he can picture himself getting out of jail and attending an execution (1201). Moreover, he can be an effective narrator – "I told Marie [Salamano's] story and she laughed" (1149) – even though he often is an impatient one: "I stayed behind to explain to the women what had happened. Mme Masson was crying and Marie was very pale. It annoyed me to explain to them. I fell silent after a while and I smoked, looking at the sea" (1163).[4] When he goes to the movies with his friend Emmanuel, whose name – like that of Marie or that of Céleste – is so evocative and

---

[4] The protagonist is also an impatient narratee (1156, 1173, 1193, *et passim*) and his impatience has a bearing on his fate.

"who does not always understand what is happening on the screen" (1148), Meursault clarifies things for him. He even seems able to tell the kind of movie that people have seen from the way they look when coming out of the theater: "Soon the neighborhood movie houses disgorged a stream of spectators into the street. Among them, the young men were gesturing with more determination than usual and I thought that they had seen an adventure movie" (1139). He can certainly appreciate the source and function of narratives – desire, memory, killing time, or pedagogy (1178, 1200, 1201, 1208) – as well as their plausibility or lack thereof, their coherence or incoherence, their effectiveness, their power. Whereas Meursault considers the prosecutor's account plausible and relatively clear, for instance, he thinks that his own defender is much less talented and he finds his speech ridiculous. In particular, he notes that the defender fails to refer to the funeral and he understands that it is a serious omission (1197).

No, what motivates the protagonist's narrative preferences is not a lack of judgment or understanding. What motivates him is a regard for truth. It should be noted that most of Meursault's narratological comments pertain to "true" narratives, purporting to relate what actually happened, what really occurred at some real point in time and space. Not that he has no use for fiction. He seems to enjoy going to the movies and even does it twice with Emmanuel in less than a week (1148); he mentions having read – in some novel? – the description of an examination scene (1169) and also mentions having read "that one ended up by losing track of time in jail" (1180); and, as pointed out above, he invents escape narratives and imagines himself free again: "it was not reasonable. . . . But, obviously, one cannot always be reasonable" (1201). Still, given his situation, what could be more ordinary – what could be less *strange* – than Meursault's interest in facts and in the adequacy of accounts to what is the case?

Perhaps the very first kind of narrative (implicitly) criticized in the novel is journalistic narrative. Because newspapers are a "little short of copy in the summer" (1183), Meursault's trial is given undue attention and its importance is exaggerated. But Meursault believes that "one should [not] exaggerate" (1178) and he dismisses narratives conditioned by their (potential) exchange value – like the journalists' but also like the prosecutor's or the defender's (a narrative for money, a narrative for a life) – tendentious accounts in which facts yield to rhetoric. No doubt, it is Meursault's distrust of rhetoric that explains, at least partially, the very quality of his own narration in general and his terseness in particular. The novel repeatedly underlines that the protagonist is a man of few words. The examining magistrate, for example, speaks of his reputation for taciturnity (1171) and, during the trial, Céleste recognizes that he "doesn't to waste his breath for nothing" (1189), Salamano explains that he "no longer had anything to say to [his] mother and that that was why [he'd] fixed her up to enter the home" (1190), and the prosecutor emphasizes that "he knows the value of words" (1194). But if Meursault's reserve is a matter of temperament (the strong silent type) as well as a matter of culture – Céleste, after all, points out that everyone knows what "being all right" or "having a stroke of bad luck" means (1189) – it also springs from his rhetorical convictions and his attempt to provide a minimally distorting representation of what actually took place: the simpler the narrative configuration adopted, the more accurate the results; the less said the better.

The protagonist's "anti-rhetorical" stance intersects – and is underlined by – the motif of "good references" (of adequate acts of referring), which the novel uses insistently. Apart from the title of the novel (who – or what – is *l'étranger*?), apart, too, from the killing of the Arab (accidental murder or premeditated crime?) and from the killer himself (should he be called a criminal and parricide?), there is, for example, the matter of Raymond's real activities (pimp or warehouse-keeper?), the identity of the Czech villager (unknown traveler or brother and son?), Meursault's refusal to address the prison chaplain as "Father" – "I answered him that he was not my father: he was with the others" (1208) – and, above all, his reaction to one of his lawyer's oratorical maneuvers: "At one moment, however, I paid attention because he was saying: 'It is true that I have killed.' Then he went on in that vein, saying 'I' every time he referred to me. I was very surprised. . . . I thought it was a way of excluding me even more from the case, of reducing me to nothing, of taking my place" (1196-97).

Like the other cases in which the problem of reference comes to the fore, the protagonist's "surprise" at his lawyer's flourish can be linked not only to his impatience with rhetoric but also to the Œdipal configuration sketched by Camus's novel. It has often been pointed out that Meursault, who kills a man accidentally and is denounced as a parricide, proves frequently antagonistic to "fathers" (*Perez*, the *patron*, the prison chaplain, etc.) and, of course, the Œdipus myth develops in terms of referential ambiguities (is the best answer to the Sphinx's riddle "Man" or "Human beings" or "Me"? did Œdipus kill Laius or an old man? did he marry Jocasta or his mother? etc.). But there is more (also relatable, no doubt, to Œdipal questions). Commenting on his trial, the protagonist remarks that "it is always interesting to hear oneself being talked about" (1193) but adds that he found one thing rather annoying: whenever he tried to intervene, he was advised not to. He felt excluded from the case, as if his fate was being decided without him and he wanted to remind everyone that he was the accused and that "[i]t is important to be the accused" (1193). Soon, however, he came to "recognize that the interest found in being talked about doesn't last very long" (1193). The implicit criticism of "identification narratives," of "relevant" narratives, of narratives telling about their receivers, is notable. But more crucially, and as in the case of the defense lawyer's first-person rhetoric, what is repudiated is speaking for someone, in place of someone, about what happened to someone.

The difficulty (the impossibility!) of speaking accurately about something one has not experienced, of commenting appropriately on situations one has not lived is invoked throughout the protagonist's narration. Céleste, for example, always says that the way Salamano treats his dog "is a crying shame" but Meursault thinks that "no one can really know" (1142). When Raymond asks him what he would do if he were in his shoes, he again says that "one [can] never know" (1145). When Marie wonders whether she loves him, he, of course, cannot "know anything about that" (1154). As mentioned above, he had read that, in prison, "one ends up by losing track of time" but it is only after he is jailed that this actually means something definite to him (1180-81). Similarly, it is only after he realizes he has been talking to himself aloud that he remembers and appreciates what the nurse had said at his mother's funeral: "there [is] no way out" (1181). Later, he also remembers a story his mother used to tell him: although the mere thought of it made him sick, his father had gone to see an execution and, on returning home, he had been violently ill. Meursault had found this behavior a little disgusting; but now he understands: "[i]t was so natural. How had I not seen that nothing was more important than an execution and that, ultimately, it was the only really interesting thing for a man" (1201). It is not unlike Meursault's beliefs about the guillotine. For a long time, perhaps because of the French Revolution and what he learned in school, he thought that, "to get to the guillotine, one had to go up steps and climb on to a scaffold" (1202). Then, one day, he remembered a picture in the newspaper: the guillotine actually stood flush on the ground: "One always has exaggerated ideas about what one doesn't know" (1202). Finally, in the very last pages of the novel, as he is facing the end of his life, the protagonist understands why, with death so close, his mother had been ready to make a fresh start and he realizes that he too is "ready to start life all over again," that he has been happy, and that he is "happy still" (1209).

The moral seems clear: you've got to have been there (or, even, you've got to be there); and it constitutes more than an indirect plea not to be judged (more than a way of asking who, other than Meursault, can know or understand what happened on the beach). Thematically, it helps to put into question the accuracy of (narrative) representation – after all, the map is not the territory, the story not the event, the word not the thing – as well as the ultimate validity of ethical or epistemological judgments founded on representations, that is, perhaps, the ultimate validity of any ethical or epistemological judgments.[5] From the point of view of characterization, the moral helps to account for Meursault as stranger and, in particular, for his estrangement from himself. The protagonist admits, at one point, that he does not feel much regret for what he has done and he goes on to explain that he has "never been able really to regret anything" (1195). Presumably, he is no longer "there. . ." Later in his narration, as he describes waiting for the day of his execution, he says: "I've never liked being taken by surprise. When something happens to me, I prefer to be there" (1203). But is there a there there and can one ever be – or stay – there? Last but not least, from a narrational perspective, the moral helps to explain why it is impossible to situate in time and space Meursault's act of telling. Does it occur after the killing or also before it? Does it take place in jail or also out of it (1125, 1141, 1200, *et passim*)? Perhaps it is above all because no one is ever quite there that the narrating instance is so elusive and that Meursault is a stranger.

---

[5] This may be one basis for Camus' discomfort with "history" as well as for his continued preoccupation with judges and judging.

# FRANCIS PONGE AND THE AGON OF LANGUAGE

*by Beth Archer Brombert*

The prose of Francis Ponge is elusive, misleading, perplexing. The very appearance of Ponge's pages is disorienting. The orderly lines, grouped familiarly on the page in everyday paragraphs, suggest immediate communication. Even the language, at first glance, seems to be everyday language. And what could be more everyday than the subjects: an orange, a potato, a pebble?

A clue to the surreptitious nature of this writing can be found in the Renaissance view of poetry as something so wonderful it must be concealed from the common gaze. Like Holy Scripture, it reveals its mystery to the wise, but should not be exposed to "the irreverent that they cheapen [it] by too common familiarity." [1] Myths, fables, allegories were therefore used to communicate with the learned reader who knew how to find the meaning beneath the surface of gods, heroes, and animals. "The poet who associates his hero with Hercules or Achilles shows him... in a preexisting heroic form. At the same time, the poet puts an important part of his meaning in code [which] will only be understood by the reader familiar with mythology and with the further truths it conceals." [2]

In the prose poetry of Francis Ponge, coming as he does in an un-heroic age fashioned more by scientific than classical studies, the direction is down rather than up, smaller rather than larger. The subjects of his allegories or fables belong to a lower world than that

---

Reprinted from F. Ponge and B. Brombert (trans.). *The Voice of Things.* NY: McGraw-Hill, 1972, with permission of The McGraw-Hill Companies.

[1] Boccaccio, *De Genealogia Deorum*, trans. Charles G. Osgood, in *Boccaccio on Poetry* (Princeton: Princeton UP, 1930).

[2] Eugene M. Waith, *The Herculean Hero* (New York: Columbia UP, 1962), 50.

of the gods and heroes of antiquity, and are treated zoomorphically, as opposed to the anthropomorphism of an Aesop or a La Fontaine. However, like his Renaissance antecedents, he too is creating a new humanism. He states his purpose to be "a description-definition-literary art work," which, avoiding the drabness of the dictionary and the inadequacy of poetic description, will lead to a cosmogony, that is, an account, through the successive and cumulative stages of linguistic development, of the totality of man's view of the universe and his relationship to it.

Disclaiming any taste or talent for ideas, which repel him because of their pretension to absolute truth, he abandons ideas and opts for things. In a short piece dating from 1930 entitled "Plus-que-raisons," which would appear to be a phenomenological manifesto, he says:

> It is less a matter of truth than the integrity of the mind, and less the integrity of the mind than that of the whole man. No possible compromise between taking the side of ideas or things to be described, and taking the side of words. Given the singular power of the established order, only one attitude is possible: taking the side of things all the way.[3]

Ideas then, at least in any conventional philosophic form are not for him. Since the truth they lay claim to can be invalidated by contradictory ideas, since there is no acquired capital, no solid ground to step on or over, ideas remain in a state of flux, like the sea, and provoke in him a feeling of nausea. This aversion to ideas is discussed at length in a later essay, "My Creative Method," whose vocabulary (*écœurement*, *vague à l'âme*, *pénible inconsistance*, *nausée*) irresistibly recalls Sartre's *La Nausée.*

It is of little importance to determine here who influenced whom. The chronology would seem to indicate, if anything, a curious interplay. Some of Ponge's early theorizing dates back to 1922 and 1930 in such essays as "Fragments métatechniques" and "Plus-que-raisons." The texts comprising *Le Parti pris des choses* were written over a period of two decades prior to their publication in 1942. *La Nausée* appeared in 1938; "My Creative Method" in 1947. What is interesting is that a line from *La Nausée* – "The truth is that I can't let go of my pen: I think I'm going to vomit and have the im-

[3] *Nouveau Recueil* (Paris: Gallimard, 1967), 32.

pression that I can hold it back by writing. And I write whatever comes to mind"[4] – is echoed – after innumerable repetitions of "ideas provoke in me a kind of nausea" – by "I never said anything except what came into my head at the moment I said it, on the subject of perfectly ordinary things, chosen completely at random."[5]

Sartre's protagonist Roquentin, after laboring for years on an insignificant biography, and experiencing the disgust and despair of humanistic clichés – the empty commonplaces of philosophy, politics, religion, history, that pass themselves off as unalterable truths – rediscovers the little jazz melody, "Some of these days," and through it seems to discover the validity of the work of art.

> *It* [the melody, *elle* in French] does not exist. It is beyond, always beyond something, the voice, the note of the violin. Through the many thicknesses of existence, it reveals itself, thin and strong, and when one wants to take hold of it, one only comes upon existents... empty of meaning. It does not exist, because there is nothing too much in it; it is everything else that is too much in relation to it. It *is*. (*La Nausée* 218)

Ponge also discovers the validity of the work of art; and for him, it too has an inner life that goes beyond existence:

> And yet, if one observes carefully, *she* [*The Goat*, also *elle* and also italicized by the author] lives, *she* moves a bit. If one approaches, she pulls on her rope and tries to flee.

There is nothing to count on, no truth to explain the whys and hows of our existence. But there is the melody, the work of art, and that at least *is*. "So one can justify one's existence?" Roquentin asks, thinking of the poor guy who was suffering his own anguish in some New York apartment when he wrote "Some of these days":

> Couldn't I try... Evidently not a piece of music... but in some other way? It would have to be a book; I don't know how to do anything else. But not a history. History talks about what has ex-

---

[4] Jean-Paul Sartre, *La Nausée* (Paris: Gallimard, 1938), 216. All translations are by the author.

[5] "My Creative Method," in *Le Grand Recueil* II (Paris: Gallimard, 1961), 38. Translations of the cited works by Ponge can be found in *The Voice of Things*, edited and translated by the present author (New York: McGraw-Hill, 1972).

> isted – an existent can never justify the existence of another existent. Another kind of book, I don't know what kind – one would have to guess behind the printed words, behind the pages, at something that would not exist but would be above existence. (*La Nausée* 221-22)

In "My Creative Method," Ponge writes: "If I must exist... it can only be through some creation on my part," and goes on to explain what kind of creation he envisions. For Sartre, it is the novel, a multiplicity of words. For Ponge, it is the word, in the singular, which reveals a life beyond its functional existence; a literary creation, yes, but a new form, a poetic encyclopedia that accounts for man's universe and justifies the creator through the many thicknesses of the word's existence, "borrowing the brevity and infallibility of the dictionary definition and the sensory aspect of the literary description."

However, it is not to be a hermetic form that exists for its own sake. Ponge is no partisan of art for art. "Of course, the work of art immortally leads its own life, animated by the inner multiplication of references, and the mysterious induction of the soul within the proportions chosen. But wherever there is soul, there is still man." [6] The artist can proceed by many means to achieve his aim. But the end product, the art work, must be less concerned with mere narration or description of the object, be it a man, an event, or a thing, than with the secrets it holds, the multiple notions behind it: "It is less the object that must be painted than an idea of that object" (*Nouveau Recueil* 17). It is 1922 and he still uses the word "idea" ingenuously. Warding off the anticipated accusation of "Romanticism! It is nature we need instead of ideas, nature and her eternal traits," he replies, "Where do you see them except in yourself, where can I see them except in myself? Nature exists, in us. Beauty exists, in us" (*Nouveau Recueil* 17).

The artist-creator, using nature as God used clay to fashion Adam, fleshes his bare creation with his ideas, clothes it in an artistic form – the chosen genre, uses his style to give expression to the face. This is where language, for the form chosen by Ponge, becomes all-important. "One can make fun of Littré, but one has to use his dictionary. In addition to current usage, he provides the

---

[6] "Fragments métatechniques," in *Nouveau Recueil* 16.

most convenient source of etymology. What science can be more necessary to the poet?" (*Nouveau Recueil* 15). Words are the raw material of poetry, containing in themselves a beauty which the poet can release, just as a particular block of marble is both material and inspiration for the sculptor, the cut or grain of the piece suggesting its ultimate form.

In *Le Parti pris des choses*, which is the entrance gate to Ponge's domain, one sees these blocks of marble in miniature. The orange, the oyster, the snail, the pebble, are not merely described; they emerge as do figures from stone, characters from a novel. "It is less a matter of observing the pebble than installing oneself in its heart and seeing the world with its eyes, like the novelist who, in order to portray his heroes, lets himself sink into their consciousness and describes things and people as they appear to them. This position allows one to understand why Ponge calls his work a cosmogony rather than a cosmology. Because it is not a matter of *describing*."[7]

"The Oyster" provides a fair sample of the Ponge method, which, alas, no translation can render fully. For Ponge is really using the French language, with all its particular characteristics – visual, vernacular, grammatical, etymological, phonetic. The raw material in this work is the noun *huître*, whose circumflex followed by the letters *t*, *r*, *e* determine the choice of descriptive adjectives: *blanchâtre* (whitish), *opiniâtre* (stubborn), *noirâtre* (blackish), *verdâtre* (greenish). Now endowed with size, color, character and even vulnerability ("it is a world stubbornly closed, but it can be opened"), its intrinsic characteristics, Ponge goes on to its broader aspects, its external significance. Its "stubbornly closed world" is expanded into "a whole world to eat and drink." In its literal twofold meaning, it is both the specific liquid-solid delicacy immediately available to the palate, and the representative of the liquid-solid universe which in a larger time-scheme provides us with nourishment. In its figurative meaning, also twofold, it becomes the perfect subject-object. And the duality of the subject-object, the description-art work, is expressed by the twin shell, the "skies above and the skies below," the "firmament" (a reference to an ancient notion of a solid covering over the earth) and the "puddle," shimmering "nacre" and "a viscous green blob." It is both a thing of

[7] Jean-Paul Sartre, "L'Homme et les choses" in *Situations I* (Paris: Gallimard, 1947).

beauty in itself – the animal, its objective description – and an artistic creation – the pearl, the thing created by the oyster, and the poem, the thing created by the poet. Yet some may see it merely as a blotch on the page, edged with the "blackish lace" of printed letters. In a final remove, the poet views his creation as also having a life of its own "that ebbs and flows on sight," objective observation of the reader, "and smell," subjective response to the poem. He then views himself as showing off his stylistic gifts at the expense of the authentic thing, snatching the pearl to adorn himself. The small form, the globule produced by the oyster (in French the pun is more evident: *formule* is a small form as well as a formula), has become the little work formed by the poet.

The very title of the collection, *Le Parti pris des choses*, contains all of the linguistic, semantic, and ideological ambiguities of Ponge's entire œuvre, and deserves some of the same exegesis as the texts. "Taking the side of things," though the commonly accepted translation, is inadequate because it neglects the basic ambiguity of the title. *Parti pris des choses* can be the "parti pris" *for* things, but it can also be the "parti pris" *of* things. *Parti pris*, in its primary meaning, is an inflexible decision, a consequence of will and intellect. In common usage, it has come to mean an arbitrary choice of one thing over another, a partiality, a bias. Ponge uses the expression in both aspects of its primary meaning: the poet's option for things over ideas, and the will expressed by the things themselves. The first is elucidated at considerable length in his methodological writings. ("My Creative Method" and "The Silent World is Our Only Homeland," are among the shorter ones, translated in *The Voice of Things* (see note 5); others, such as *La Rage de l'expression*, *Pour un Malherbe*, *Le Savon*, are individual volumes combining method and poetic practice.)

The second primary meaning has to be gleaned from the more strictly poetical writings. Snails, trees, flowers, pebbles, the sea, all express an indomitable will, a striving for self-perfection, a single-minded purpose, that assumes heroic proportions combining the excesses and self-mastery characteristic of the noblest of mythological heroes. The wrathful fury of a Hercules or an Ajax is echoed by the tree's rage for expression as it floods the world with more and more leaves, the snail's proud drivel that remains stamped on everything, the rose's excessive petals, the shrimp's persistent return to the same places. Yet in their weakness and their extravagant expressions of self lie the makings of their greatness, just as Hercules' domination of his anger and other heroes' control of their mortal fear led to their god-like valor. By continuing their efforts to conquer their vulnerability, their mortality, the apparent futility of their acts, they brave destiny by becoming more of what they are, "They are heroes," Ponge says in "The Snail," "beings whose existence is itself a work of art."

Beyond the connotation of option and will lies a more concealed and more complex implication in the arbitrary, partial quality of the expression as it is commonly used. Man, arbitrarily placed in the world, makes an arbitrary choice that allows him to survive in it before being arbitrarily removed from it, like the crate, used only once and then tossed on the trash heap. The poet, having chosen literature to make his life meaningful, uses words which can only partially convey his meaning, as his art, or the work of any man, can only partially express the man, or man the cosmos.

Where "The Oyster" offers us a succinct example of Ponge's art – the universe in a shell, so to speak – "The Goat" provides us with a vast panorama of man in the universe and of Ponge's artistry. Here we see the magnifying process of Ponge's lens.

The poem begins with a seemingly unpretentious description of the goat, a pathetic beast dragging a swollen udder, a patch of dark hair across her rump, grazing on the sparse though aromatic grasses that grow between the barren rocks, her little bell clanging as she moves.

In that short opening, Ponge has stated all his themes. The goat is at once revealed as a metaphor for the poet, and in a broader sense for humanity, and everything she is, wears, and does relates to a totality of humanity's view of itself. In the first line we are still looking *at* the goat, commiserating with *her* plight. But in the fourth line, a single word, "*la pauvresse*" (the poor thing), determines our real optic. We, looking *through* the goat, are moved because we see ourselves as the poet in a harsh world, carrying around the milk of human thought – reason, artistic creation – nurtured by the meager aliment of words, those "nibblings." Insignificant? That is what most people would say. But those tenacious trifles – words, thoughts, poems – are the very things that last. The goat, as a work of art, lives on: "*she* lives, *she* moves."

And she really does move. Beginning with the never ceasing bell, she leads us rapidly into the world behind us. The bell, like a call to prayer, and the goat's belief in the grace surrounding her offspring, evoke Mary and her divine infant, and even more broadly, man's belief that he is made in the image of God. Like the kid, he is always reaching higher than his condition. He is capricious (a pun that works equally well in French and English, from *capra*, goat), headstrong, ready to affront anything with his minuscule means: the kid, his horns; man, his mind.

"Untiring wet-nurses, remote princesses, like the galaxies," leads us even farther back, to Greek mythology. Hera, eternal milk-giver, was duped by Zeus into nursing Hercules to make him immortal. When she suddenly withdrew in pain, her milk splattered across the sky and became the Milky Way.[8] This allusion, sandwiched between Christian references, is not the artistic *non sequitur* it would seem to be. For Hercules and Jesus became fused in Renaissance thinking, and for reasons apparent to anyone familiar with the Herculean myth.

Zeus begot Hercules to have a son powerful enough to protect the gods and men from destruction. Alcmene, a mortal like Mary, was carefully selected for her genealogy as well as her virtues to bear him. Hercules, though immortalized by Hera's milk, had to achieve his godhood through his labors which freed the world of monsters and tyrants. The notion of the world's redemption through the divine hero's suffering (The Labors, The Passion) and self-mastery (Hercules' anger, Jesus' temptation in the desert) provides a striking link between these two divinely begotten figures. And linked to them is man who, through his gift of intellect and his mortal anguish, also seeks some manner of redemption. Hercules' victories were seen in the Renaissance as the triumph of the mind over vice, and his slaying of the Nemean lion was interpreted as the domination of anger. The lion skin, which he continued to wear as invulnerable armor, came to symbolize reason, man's unique armor. "Perfect yourself morally, and you will produce beautiful verses. First, know yourself. In keeping with your lines." This is the lesson Ponge seriocomically draws from the snail. The goat's rug that passes for a shawl evokes the lion skin, but on the downtrodden goat-man it is a pathetic tatter, a remnant of past glory, perhaps a reminder to continue to strive.

---

[8] Another detail in the myth that curiously relates to the poem is Hera's epithet of "goat-eating," coming perhaps from Hercules' sacrifice of goats when he raised a temple to her in Sparta. Robert Graves, *The Greek Myths* (Penguin, 1955), II 186.

Although Ponge preaches phenomenology and accepts the label of "materialist" – which some of his admirers use to distinguish his work from the politically tainted literature of bourgeois humanism – he himself recognizes his debt to Rimbaud and Mallarmé, who come out of an idealist tradition. And since the "thingliness" he practices does not function in a vacuum, he further recognizes that "everything written moralizes." It is in this connection that the allegorical nature of his poems appears. In so far as these works utilize animals and things to point to a veiled meaning, they are fables. But they are not conventional fables, in that their purpose is not to moralize. They neither condemn immorality nor advocate virtue, except perhaps in the sense of existentialist virtue, the *virtus* of antiquity, both of which are self-achieved and self-discovered. They are perhaps more in the nature of a modern fairy tale, like Orwell's *Animal Farm*, which moves the reader precisely through its dispassionate tone, its absence of direct appeal. On the level of a fairy tale, Ponge is offering us a view of life transcribed into mute symbols, whose function is "to express (the object's) mute character, its lesson, in almost moral terms."

Unlike Orwell, however, he is not portraying man's incorrigible nature. Quite the contrary. He is showing us that the condition of life is mortality, but in death there is life. From the corpse of one culture another is born, carrying with it, through words, the chromosomes and genes of the past. The pebble, final offspring of a race of giants, is of the same stone as its enormous forebears. And if life offers no faith, no truth, it nonetheless offers possibilities. For trees, there may be no way out of their treehood with the means available to them. Their leaves wither and fall, but they do not give up; they go on leafing season after season. They are not resigned to their condition. This is the first "lesson," the heroic vision, and the first weapon against mortality. The second is the creative urge, the "will to formation" and the perfection of whatever means are unique to the individual: the tree has leaves, the snail has its silver wake, man has words. He also possesses all the virtues of the world he lives in: the fearful fearlessness of the shrimp, the stubbornness of the oyster, the determination of water, the cigarette's ability to create its own environment and its own destruction – all of them treated by Ponge in *Le Parti pris des choses*. The ultimate weapon is the work of art, the sublime regenerative possibility, which man carries within himself, like the oyster its pearl and the orange its pip.

These are not morals in any strict didactic sense, but they are lessons, of the kind that the Renaissance learned from antiquity – models of exemplary virtue to follow.

To return to "The Goat," the poem continues its Christian metaphor with the key words that follow. "Kneeling," "decrucifying their stiff limbs," the goat, now plural, hence all men, "starry-eyed" with a memory of paradise and the hope of redemption, "do not forget their duty," for there is no longer any repose. They have tasted of Beelzebub ("hairy as beasts," "Beelzebumptious") and know the torment of mortality, now bound to their human condition like the goat to its tether, "rope at the end of its rope, a rope whip" – the Flagellation – cast out "to haunt rocky places."

The milk, once of immortality, now of knowledge, tastes of "flint," the brimstone of hell, Satan's touch. Yet it is still life-giving in its dual qualities of milk-milt, intellect and semen: "readily convulsive in his deep sacks" – the milky lobes of the brain, the semen-laden glands, also dual. Burdened with consciousness and desire, man is both Goat-Satyr and Goat-Satan. Like Satan, man was cast out and seeks to regain his lofty place by reaching ever higher, *ad astra per aspera*, but like the goat, powerless, sacrificial victim, he cannot go beyond the topmost crags of his futile climb to immortality: "no triumphal soaring." "Brought closer and closer by [his] researches," he discovers it leads nowhere he can go, and he has "to back down to the first bush," like Sisyphus, to begin all over again. This is yet another reason why we are so moved by the sight of the goat, this "miserable accident, sordid adaptation to sordid contingencies, and in the end nothing but shreds" – the history of human achievement, from Pericles to potsherds, Deuteronomy to Dachau.

We can hardly take pride in this milk of our reason, or in the progeny of our seed, though it is for us to use, and all we have, as a means to "some obscure regeneration, by way of the kid and the goat," our successive creations.

"The Goat" is a prime example of Ponge's semantic genius. Every word is a signpost pointing in all directions, and every word construction a vast game, like children's board games that lead around a circuit of pitfalls and repeated beginnings to some marvelous finish line – an endlessly fascinating game, like the game of life itself, with the reward just beyond reach. The tools of his game are the dictionary, an inexhaustible memory for historical, literary, and pictorial references, archaisms, neologisms, even barbarisms when necessary, and countless puns, which make translating Ponge something of a sport: hunting, to be precise. Since Latin is a parent common to both languages, it is sometimes possible to come away with a genuine trophy. At other times, one has to make do with an approximation: antlers bought from a taxidermist.

No occasion is lost. He starts from the very first sentence: "...because between her frail legs she carries...." The French reads: *pource qu'elle comporte*, *pource* being the fusion of *bourse* (bag, sack) with *pour ce que* (for the reason that); *comporte* means literally "carries with" but it also means "connotes." There are innumerable puns on the "goatliness" of the subject: variations on *cornes*, horns, such as *cornemuse*, bagpipe; *corniaud*, knucklehead, coming closest to the idea of an antlered fool; *têtu*, headstrong; *il fait front*, he affronts anything, from *front*, forehead, and *faire front*, face squarely up to something; *entre deux coups de boutoir*, between two sallies, from *bouter*, to push or drive out, and *buter*, come up against an obstacle, *boutoir*, a sharp retort, a witticism (sally, in English, carries a similar double meaning of a sudden forward thrust and a witty remark), and finally, *buté*, the adjective derived from *buter*, obstinate – all of which summons the image of relentless butting.

The short passage in which both sound and meaning are joined in a brilliant goatly cadenza deserves to be quoted in the original:

> Ces belles aux longs yeux, poilues comme des bêtes, belles à la fois et butées – ou, pour mieux dire, belzébuthées – quand elles bêlent, de quoi se plaignent-elles? de quel tourment, quel tracas?

Not only are all the characteristics of the goat as animal and symbol utilized, Ponge even finds inspiration in the spelling of the noun, *chèvre*. Its grave accent marks the goat's seriousness and low-pitched bleat, and serves as a humorous criticism of his own "psalmodizing." And its last syllable, that suspended consonant with its mute "e" hanging in mid-air, furnishes him with an invented pun, *la muette*, from the feminine for *muet*, mute, and *la mouette*, the gull or mew. The goat has been examined in all its aspects: goat-hero, goat-Satan, goat-satyr, tragic goat-man, and even comic goat-man, the paper- and tobacco-loving old bachelor.

Despite its shortcomings, its shabbiness (another pun: *loque fautive*, faulty tatter, *fautif* suggesting both defectiveness and guilt), its pitifulness and uselessness, it is still a marvelous thing because it functions, it produces, it *is*. Man, this "magnificent knucklehead," weighted down by his grandiose ideas, knows that deep within him are love and reason. He is free to become: beast or hero, derelict or artist. Reason remains, so does the work of art, and with it perhaps "some obscure regeneration."

Since it is impossible to analyze all of Ponge's works in these pages, and meaningless to indulge in generalities without textual examples, I have selected "L'Huître," "La Chèvre," and "Le Pré" as prime examples of Ponge's art.

"Le Pré," in that it incorporates all of Ponge's ideas, techniques, sensibility, and eccentricity, seems to me his magnum opus. First published in 1967 in *Nouveau Recueil* (the last volume of his collected works to appear in the Gallimard edition), it was later reprinted in a handsome Skira edition, along with the journal Ponge kept during the four years of its composition and which provides the title, *La Fabrique du Pré*. It is a fascinating, albeit tedious, account of the poem's genesis and the poet's thought process.

Ponge's approbation, and appropriation of nature; his awareness of himself as spectator and participant in an exterior world; his equally keen awareness of the reality of the verbal world of language, as valid and as external as the physical world, all reach their apogee in this poem. We see here concretized and poeticized the dual genealogies that run parallel throughout Ponge's work: the course of human, vegetable, or mineral evolution, and its counterpart in the semantic history of words, the evolution of meaning.

The ultimate achievement for Ponge would be for each word composing a text to be taken in each of its successive connotations throughout history. This, were it possible, would be not just the tracing of language in a historical, philological sense, but the consecration of the birth to death rite that goes beyond the word to creation itself.

The creative urge, like the reproductive urge, is a movement toward death, in the sense of the self expended, and with the same goal: the birth of a new entity. The need to bridge the silence of mortality is the desire to fulfill one's function.

> The relationship between Eros and Thanatos is evident, and death in this sense is part of life. I have often insisted on the fact that it is necessary in some way to die in order to give birth to

> something or someone, and I am not the first to have seen that the birth of a text can only occur through the death of the author. The sex act, the act of reproduction, also requires the presence of another. The two must die, more or less, for the third person, in this case the text, to be born. The second person for me is the thing, the object that provoked the desire and that also dies in the process of giving birth to the text. There is thus, at the same time, the death of the author and the death of the object of the desire – the thing, the pre-text.[9]

In "Le Pré" the process is vividly metaphorized. "J'ai d'abord eu, une fois... une émotion me venant d'un pré, au sens de prairie," Ponge explains. Using the emotion produced by the physical object, the prairie, as his pre-text he seeks to fix it, eternalize it, by writing it for fear of losing it. His concern, at first, is merely to express it, render it, as would a landscape painter, using words in place of paint. The word *pré* itself, however, soon becomes obsessive. It recurs everywhere, in every form; a simple phoneme whose implications far exceed its nominative function. Consulting the dictionary, Ponge discovers that "in fact, it is one of the most important roots existing in French" (*Entretiens* 172-73). Why? "Because *pré*, *le pré*, *la prairie*, come from the Latin *pratum*, which Latin etymologists consider a crasis, a contraction of *paratum* – that which has been prepared."

*Pré*, then, as that which has been made ready, has occurred before, implies a past-ness that gives the noun *pré-prairie* the significance of something previously prepared by nature – for food, rest, life – in all its organic spectrum; a perpetual rebirth of plant, animal, and man; a continuity of the life cycle – man lives on animals that live on grass that lives on their remains. However, *paratum-pré*, the anterior preparation, or what Ponge calls "le participe passé par excellence," does not remain fixed in the past since it becomes *pré-prairie*, which exists in the present. Even the prefix, implying what comes before, also indicates something to follow: precede, predict, preface, all point to some future quality or event. The simple phoneme, whether noun or prefix, consequently embodies the whole spectrum of time as well, past, present, future.

---

[9] *Entretiens de Francis Ponge avec Philippe Sollers* (Paris: Gallimard/Seuil, 1970), 171.

The *pré*, be it field, meadow, or prairie, is both the prelude to life as a place of nourishment, and a presage of death as a place of encounter. *Pré-aux-clercs*, the clerics' or scholars' field, meeting-place for medieval preceptors and students, the place of discussion and disputation, became the place of decision, the field of action, the dueling ground. Two vertical figures meet on a grassy field, cross swords in oblique thrusts, until one or both fall horizontally to the ground, first lying on top of the grassy surface, then buried beneath it. This scene, appearing in four lines in the poem, is also symbolic of the creative process, the duel between the author and the object of the creative urge, both ending in the creation, "Le Pré," which remains in an eternal present.

A certain graphic quality, arising perhaps from Ponge's initial impetus to render the prairie as landscape, is maintained throughout the poem, all the while moving out of nature into the works of man. Green is spread on a page, a small quadrangle, the words surging up from a brown page as grass rises out of the earth; a horizontal fragment of limited space, barely larger than a handkerchief, is pelted by vertical storms and adverse signs, as the page, about the size of a handkerchief, is struck by vertical, horizontal, and oblique signs of type. The earth regains the surface through the trampled grass, as the physical object, prairie, reappears through words: man's greening, regenerative faculty. The long procession of strollers in their Sunday finery recalls Seurat's *Grande Jatte*, where on the stippled green of the canvas banks they cannot soil their shoes.

The mysterious interjection, "Why then from the start does it prohibit us?" and the lines that follow seem also to refer to painting. Seurat's *Grande Jatte* and Manet's *Déjeuner sur l'herbe* can reproduce through color, light, and form the mood and the scene of those green expanses. But the poet, having only words, is held back, inhibited by his scruples, prohibited from the celebration. "That sacred place for a repast of reasons" ("Lieu sacré d'un petit déjeuné de raisons") [10] evokes Manet's *Déjeuner sur l'herbe*, in which the food scattered among the folds of the crumpled cloth suggests that the repast is over, and the nude young woman, con-

---

[10] Ponge's use of the rarer *déjeuné* for *déjeuner* seems to indicate an intent to give adjective and noun their full value of "little lunch" or light repast, rather than the locution *petit déjeuner*, meaning breakfast.

trasting with the reasoning gesture of one of her male companions, suggests that the discussion will also soon be over. "Here we are then, at the heart of pleonasma" – vernal redundancies, the poet's only logical possibility. The sanctity of the place is guaranteed by nature and the poet; no need for "prosternating" to any higher power, for such a horizontal movement would conflict with the "verticalities of the place," the upright sufficiency of grass, trees, hedges, and the words of the poem.

And did "the original storm," the creative urge which rivals the divine, "not thunder" within the poet so that he would leave behind all fear and formality, and produce a truth commensurate with the objective reality, a "verdant verity" in which he could revel, having fulfilled his nature? "The bird flying over it in the opposite direction to writing" reminds him of the concrete reality which his poem only approximates, and of the contradiction inherent in the word *pré* with its multiple levels of meaning and time. From the pleasurable image of blue sky seen overhead while reclining on the grassy surface, he turns to the final rest beneath the same surface. Coming to an abrupt end, as does life itself, he places himself (his name) beneath the poem through which his name will flower like the grass above his grave.

There would seem to be no way out of ambiguity. Man cannot escape the ambiguity of his immortal spirit in a mortal condition, nor the poet the ambiguities of language by means of words, and the critic is enmeshed in them when talking about a writer like Ponge. Even his chosen métier is ambiguous. He steadfastly refuses to consider himself a poet, or his writing poetry. At most, he grants it the name of "proêmes." Yet these short pieces, even the ones on art, are undeniably poetic. He admits he "uses poetic magma" but hastily adds, "only to get rid of it." Just as he insists that "ideas are not my forte," yet ideas spring out of each page in dizzying profusion. And everything points to man – his formidable capacity for renewal, the glory of his mind and soul, albeit in a non-religious yet strongly metaphysical context. "The veneration of matter: what can be worthier of the spirit? Whereas the spirit venerating spirit..."

And so, Ponge is a would-be encyclopedist compiling poetic language; a would-be materialist composing metaphysical texts in the least concrete of media; an anti-idealist who, like the plant that only uses the world as a mine for protoplasm, digs into humanist culture merely for raw material, but evolves a neo-humanism combining classical techniques with romantic self-awareness; a fabulist who ridicules his moralizing; a Renaissance craftsman who uses modern science to fashion jewels – all part of a search for beauty that doubtless exasperated his supporters among the cultural Maoists.

What Ponge gives us is a taste of genuine culture, a synthesis of past and present, at a time when sub-, counter- and multi-cultures are confusing our senses. Just as violins have been humiliated into making percussive sounds and rhythms have been reduced to a hallucinating throb in our contemporary music, so words have been simplified to the level of Orff instruments, limited to elementary meanings as are they to elementary sounds. In place of uniform bricks for factories, Ponge has produced varied materials for palaces and temples, be they no larger than a snail shell.

And finally, he constructs a cosmogony which turns out to be an account not of the origin, but of the agony of the cosmos, an agony of joy as well as an agony of death. Reading Ponge, one has a feeling of eternal resurgence and surprise, each word like Chinese boxes opening one into the other, each text a fresh attempt to seize a fragment of the universe. If a graphic symbol could characterize Ponge it would be the circle – the cycle of the seasons, the sea-rounded pebble, the orange, the plate, and above all, the circularity of his technique. He begins with the word, which inspires the form, which constructs the idea, which determines the word. In the beginning was the word, and in the end as well.

# SAINT-JOHN PERSE'S *OISEAUX*: FROM AUDUBON TO BRAQUE AND BEYOND

*by Carol Rigolot*

Saint-John Perse looked at birds with the expertise of a naturalist and the affinities of a poet. Ushered into his poetry in 1907 with *Pour fêter des oiseaux*, [1] they remained there forever, soaring in *Oiseaux* to the place of honor as theme and protagonist, poem and *art poétique*. "Le thème de l'Oiseau semble avoir hanté toute sa vie Saint-John Perse" (1134), [2] writes the poet himself in the (auto)biographical chronology that opens the Pléiade edition of his works, published in 1972. Indeed, birds abound in Perse's poetry – some 106 references to 55 families or species (Rieuneau 340) – and they have been the focus of excellent critical studies. [3] At the same time, this passion was more than purely literary. The Pléiade biography is peppered with references to bird-watching expeditions, sightings of rare birds, and to Perse's admiration for ornithologists. The entry for 1905 is the first mention of a close encounter with a bird: "Rencontre, en haute montagne désertique, d'un oiseau solitaire qu'il ne devrait plus jamais revoir, mais dont le souvenir ne pourra s'effacer de sa mémoire: le 'tichodrome échelette' ou *Tichodroma Muraria* de Linné, plus connu des alpinistes sous le nom de *Rose-des-Alpes*"

[1] This later became *Cohorte*. On this poem and birds in general in Perse's work, see Maurice Rieuneau.

[2] Saint-John Perse 1134. All references to Perse's poetry and prose are drawn from this edition and indicated in parentheses in the text.

[3] See especially Marie-Noëlle Little, "L'Aile, motif et réseaux des poèmes d'Amérique," *Espaces de Saint-John Perse* 3 (Université de Provence, 1980); Pierre van Rutten, *Le langage poétique de Saint-John Perse* (The Hague, Paris: Mouton, 1975); Christian Doumet, *Les Thèmes aériens dans l'œuvre de Saint-John Perse* (Paris: Minard, 1976); Jean Dorst, "*Oiseaux* vus par un ornithologue," *Espaces Saint-John Perse* 1-2 (Université de Provence, 1979).

(xiii). More than half a century later, one of the final entries, dated 1969, records Perse's pleasure about progress on a law "pour la protection des derniers grands rapaces de France (loi promulguée seulement en 1972)" (xlii). The parenthetical update to 1972 makes this, in fact, the final event in the Pléiade chronology, which otherwise ends with 1971.

Perse's personal library, now at the Fondation Saint-John Perse in Aix-en-Provence, contains dossiers of newspaper clippings and more than fifty books about birds, with abundant annotations. A typical example is his copy of Thoreau's classic *Maine Woods*. Using as a checklist Thoreau's "List of Birds which I saw in Maine between July 24 and August 3, 1857," Perse noted how many of Thoreau's birds he himself had observed.

But if Perse wrote both as naturalist and as poet, if his birds are both real and figurative, they take on yet another dimension in *Oiseaux* where the protagonists of the title are, at least in part, the painted birds of another work of art. To enter into Perse's last major work, we must first situate this "oiseau peint" (411) and then let it guide us to the central issues of the poem.

On first reading, Georges Braque fills much of the horizon of *Oiseaux.* His twelve extraordinary lithographs, entitled *L'Ordre des oiseaux,* seem, as the narrator suggests, to be its subject. But this may not in fact be true, for while *Oiseaux* is ostensibly about Braque's birds, it is unlikely that Braque was its initial inspiration or subject. Perse in fact took pains to affirm that the collaboration with Braque occurred very late in the process of creation and that the text was "conçu en toute indépendance, les références à l'Oiseau de Braque y étant ajoutées après coup" (1030). Among Perse's papers there is a detailed, typewritten account in which the poet explains:

> Je crois bon de vous éclairer sur les conditions dans lesquelles cette œuvre a été écrite . . . En fait, le texte d'OISEAUX n'a pas été écrit pour illustrer ou commenter la suite lithographique de Braque, et ne s'y réfère point directement, non plus qu'à aucune œuvre particulière du peintre. L'œuvre écrite et l'œuvre peinte étaient indépendantes l'une de l'autre. Encore moins pouvait-il y avoir subordination de l'une à l'autre, la première étant antérieure à la seconde.
>
> A l'heure (1961) où Braque se mettait au travail pour la préparation du grand album d'Oiseaux à publier à l'occasion de son

> 80ème anniversaire (1962), on avait su, à Paris, que j'achevais moi-même ici une œuvre poétique sur le thème de l'oiseau. On m'a demandé, pour faire plaisir à Braque, avec qui je partageais une réelle affection, de réserver la publication originale de mon texte pour une présentation simultanée des deux œuvres dans une même grande édition de luxe et sous un titre commun de circonstance. Je m'y suis prêté de grand coeur, et l'émotion qu'en a manifestée Braque m'a profondément touché. La communication de mon manuscrit l'a amené à réclamer plusieurs ajournements du projet en cours, pour lui permettre d'ajouter quatre planches nouvelles s'inspirant directement de quelques pages de mon œuvre poétique (et dans une conception beaucoup moins statique que celle qui lui était coutumière). (Braque était déjà familier avec mes œuvres antérieures, et plus particulièrement avec AMERS.) J'ai eu à cœur, de mon côté, d'ajouter à mon texte poétique quelques pages de méditation esthétique se reférant incidemment à la vision métamorphique du peintre et à l'Oiseau de Braque en général.[4]

Perse insists here that his work is not an illustration of Braque's lithographs, and indeed that it pre-dates their collaboration, except for some minor additions. His clarification serves, in the first instance, to warn that *Oiseaux* is not a mere accompaniment to Braque's art. At the same time, this elaborately-detailed chronology raises the essential question about what the poem was conceived to be *before* its last-minute association with Braque. If the references to Braque were added "après coup," what was the poem about before this belated association? Who were the birds in its original conception?

The narrator of *Oiseaux* takes care to tell us that Braque's bird is not a motif: "Il n'est point filigrane dans la feuille du jour, ni même empreinte de main fraîche dans l'argile des murs" (416). But if these words are true for Braque's lithographs, they are much less accurate for Perse's own work, for it is possible to see behind this poem, precisely like a watermark or the trace of a fresh handprint, a figure whose unspoken presence is more decisive than Braque's, someone who appears as a kind of "filigrane" (416), helping to illuminate the meaning of the poem, a presence other than Braque's, which shapes the poem in important ways and points us toward some of its deepest mechanisms.

---

[4] *Oiseaux* dossier, Fondation Saint-John Perse, Aix-en-Provence.

As a poem about a work of art, *Oiseaux* uses the rhetorical resources of ecphrasis, the description of a real or imagined art work. It thus fits into an illustrious tradition that goes back to Homer's depiction of Achilles' shield in *Iliad XVIII.*[5] Perse himself had already experimented with this figure in one of his earliest, unpublished poems, *L'Animale,* devoted to a painting by Gauguin. He returns to the ecphrastic mode in this last major work which is both a poem and a meditation on poetry.

All his life, Saint-John Perse reflected on his place in an illustrious lineage of literary and historical predecessors – from the classical and biblical authors to Hugo, Claudel, and fellow French travelers to America, including Crèvecoeur, Chateaubriand, and Tocqueville. In *Oiseaux* Perse continues this on-going meditation about ancestors and the task of fusing past with future, inheritance with originality. Although the poem seems at first reading very different from Perse's other work, it is really a sequel, in which the poet renews his colloquy with French ancestors in the New World, following in the footsteps of one of his most colorful precursors, a man never referred to in the poem, but who nevertheless plays a major role in our understanding of it. He is Jean-Jacques Audubon, known by the name he chose in the New World, John James Audubon, premier ornithologist in the American imagination, whose name is virtually synonymous with birds.

My contention is that Audubon plays a more compelling role in the poem than does Braque, and that *Oiseaux* most likely began as a meditation about Audubon which was transformed, with only minor revisions, into a tribute to Braque, in response to the artist's invitation to create a collaborative work. On close observation we can see that much of the supposed description of Braque's birds actually applies more accurately to Audubon's.

Saint-John Perse had a life-long fascination with Audubon, which is not difficult to understand, given the magnetism of this most exotic French settler. Born in the Caribbean a century before Perse, of a Creole mother and a French father, Audubon spent nine years in the Antilles before moving to France. Legends surround

[5] Other Homeric examples of ekphrasis include Haephestus' houses, the lyre of Apollo, the shield of Agamemnon, the shield of Hector, the robe of Hera, the sword of Neptune; and in Vergil, the shield of Aeneas. See Jean H. Hagstrum, *The Sister Arts.* Chicago: U of Chicago P, 1958.

him. One myth, which he encouraged to camouflage his illegitimate birth, claimed that he was the Dauphin, son of Louis XVI and Marie-Antoinette, rescued by a French naval officer and taken to the West Indies. Another probably apocryphal story has him studying art in Paris with the painter David. It has been said that Audubon was a man "congenitally incapable of telling merely the unvarnished, unembellished truth. Seldom could he resist the temptation to make a good story better. And some details of his own biography he made out of whole cloth" (Levering 82).

At age 18, Jean-Jacques was sent to America to engage in commerce, but showed little interest in anything but ornithology. His grand idea was to draw a complete collection of American birds in their natural habitat, accompanied by commentaries. The project was immensely ambitious, since life-size depictions meant that the pages had to be almost 40 by 30 inches large, in a format known as double elephant folio. When the set was finished, it contained 435 plates and sold for $1000 – a fortune at the time. In 1826 Audubon set off for Europe to sell subscriptions. Playing into the European fascination for Sir Walter Scott, Washington Irving, James Fenimore Cooper, Davy Crockett and Daniel Boone, he received a hero's welcome in England and an introduction from Cuvier to the French Royal Academy, but he garnered only 49 subscriptions to *The Birds of America.*

During his lifetime Audubon published over 500 "bird biographies," based on his observations of birds' habits, settings and characteristics. Saint-John Perse owned a copy of *The Bird Biographies of John James Audubon,* selected and edited by Alice Ford in 1957, which he had annotated, but his acquaintance with Audubon went back much farther. As early as 1913, Perse wrote to Claudel about the "marcassin de Guyane [. . . ] pour lequel Audubon cherchait ses plus jolis mots de Yankee louisianais" (726). Audubon merited a cameo appearance in *Vents*: "Et ce n'est pas assez de toutes vos bêtes peintes, Audubon! Qu'il ne m'y faille encore mêler quelques espèces disparues: le Ramier migrateur, le Courlis boréal et le Grand Auk..." (200).[6] And he figures in two letters to Roger Caillois about the Anhinga bird.[7]

---

[6] See Maurice Rieuneau's commentary on this verse, 342.

[7] "L'Oiseau Áninga' (Vents, II 4), à mon très grand regret, existe bien scientifiquement sous ce nom (Anhinga Anhinga), illustré depuis longtemps par

In these references, Audubon is cited in his capacity as a naturalist and illustrator, but elsewhere Perse evokes him more intimately. The Pléiade chronology lists the following event for 1951: "Découvre aussi le portrait, au crayon gras, d'un Audubon vieilli et barbu, fait par lui-même à Londres avec cette inscription de sa main: 'Almost happy!'" (xxvi). This same bearded man returns in a letter Perse addressed to his benefactress, Mina Curtiss, after taking possession of the Mediterranean villa she had helped purchase for him: "'Almost happy!' ai-je lu un jour, à la Nouvelle-Orléans, au bas d'un autoportrait, au crayon gras, d'Audubon (daté je crois de Londres, vers la fin de sa vie) – un Audubon âgé, barbu et grave, grisonnant, mais toujours aussi beau sous l'étendue de son immense regard créole" (1058).

Under this "immense regard créole," the two men shared a kinship that emerged from their similar backgrounds and parallel itineraries. Both were "hommes d'Atlantique" (xl), natives of the Antilles, transplanted back to France and then to America. Both had a naturalist's eye for detail, a predilection for precise nomenclature, and a determination to study the world in its specificity. Finally, they possessed the artist's capacity to transform reality into works of imagination. Their trajectories – from the Caribbean, to France and America, a century apart – hold many similarities, including an anecdotal incident that figured prominently in both lives. One of Audubon's worst moments had to do with a trunk, as he relates:

> Once, before proceeding to Philadelphia on business, I looked to the welfare of all my drawings, placed them carefully in a wooden box and left them to the care of a relative for several months. On my return I asked for my box and what I was pleased to call my treasure. It was produced and opened. But reader, feel for me . . . a pair of Norway Rats had taken possession, and reared a young family among the gnawed bits of paper which, a few months before, had represented nearly a thousand inhabitants of the air! (Ford, *Audubon, by Himself* 72)

---

Audubon. Son nom populaire est 'Water-Turkey' ou 'Snake-Bird'" (561). In a subsequent letter Perse elaborates that the bird has been "Vulgarisé par les illustrations d'Audubon (*The Birds of America, 1827-30*) sous la présentation suivante: 'Black-bellied Darter, Poltus Anhinga, Linn'" (965).

This nightmare of opening a container to find all the pages destroyed calls to mind one of the most memorable (and possibly apocryphal) episodes in Perse's own autobiography in which the poet relates the shipment of his father's books from Guadeloupe to France. When the cases were opened in Pau, all that remained was the title page of Baudelaire's *Fleurs du mal* amid the moldy, malodorous remains of a library (xi).[8]

When the narrator of *Oiseaux* cites "Les vieux naturalistes, dans leur langue très sûre et très révérencieuse" (410), he alludes to a whole tradition of ornithologists, from Linné forward. But at the same time he is surely referring to that other old French naturalist, the "Almost happy" Audubon of the New Orleans drawing. And when he evokes "l'oiseau peint de Braque" (411), the prints described bear a much closer resemblance to Audubon's than to Braque's. The "gauchissement de l'aile" (420), the "tension dardée de tout le corps, ou cet allongement sinueux des anses du col" (422) are all familiar attributes of Audubon's birds.

The process of stalking, capturing and studying a bird may not have been a typical activity for Braque, but it was for Audubon the naturalist-painter, who seems so accurately portrayed in *Oiseaux IV*: "La fulguration du peintre, ravisseur et ravi, n'est pas moins verticale à son premier assaut, avant qu'il n'établisse, de plain-pied, et comme latéralement, ou mieux circulairement, son insistante et longue sollicitation" (413). One can easily imagine Audubon entertaining this kind of circular acquaintance with the bird he has captured, passing from the ravisher to the one who is ravished, sitting in rapt attention before his guest.

From birdwatcher and hunter to painter: such was the continual passage of Audubon with each new subject. The captured bird would begin his evolution, from drawing or painting to an engraving, which would then be colored: "L'oiseau, hors de sa migration, précipité sur la planche du peintre, a commencé de vivre le cycle de ses mutations. Il habite la métamorphose. Suite sérielle et dialectique. C'est une succession d'épreuves et d'états, en voie toujours de progression vers une confession plénière. . ." (413). The narrator

[8] One could find many other parallels between the two destinies. For instance, in 1842 Audubon was named a "citoyen natif des Etats-Unis" by President Tyler. And it seems to be a matter of pride for Saint-John Perse to note in his chronology for 1949: "Loi spéciale prise en Congrès pour l'admission d'Alexis Leger, comme citoyen français, au statut de résidence permanente aux Etats-Unis" (xxv).

credits Braque with a long and patient acquaintanceship with birds, but his words more accurately depict Audubon's "longue soumission au fait" (414). During the time Audubon devoted to a bird painting, his attitude might well be summed up by the words of *Oiseaux:* "Vivre en intelligence avec son hôte devient alors sa chance et sa rétribution. Conjuration du peintre et de l'oiseau" (413).

Audubon's goal was to capture each bird in the vigor of its movements, the precision of its details, and the essence of its natural setting. It would thus be like the bird described in *Oiseaux*: "chose vive, en tout cas, et prise au vif de son tissu natal" (411). Audubon captured the whole milieu of his birds, like the Mogol conqueror of the poem, who journeyed home with a bird, a nest, a song, and "tout l'arbre natal lui-même, pris à son lieu, avec son peuple de racines, sa motte de terre et sa marge de terroir, tout son lambeau de 'territoire' foncier évocateur de friche, de province, de contrée et d'empire..." (412).

Audubon's elephant-size pages offered 1200 square inches of space, but even this sometimes cramped larger birds who had to be hunched over prey to fit on the page. As a result, observes natural historian Michael Harwood, "the larger birds seem to be about to burst from the margins of his paintings; they convey a marvelous sense of unrestrained life and energy. . . . There are often two or more birds in a composition, usually *doing* something – fighting, courting, feeding young, defending the nest" (Harwood 43). Bent over, sometimes awkwardly, to fit on their page, and always threatening to break out of their confines, Audubon's birds are indeed reminiscent of the depiction in *Oiseaux*: "Et l'étirement du long désir est tel, et de telle puissance, qu'il leur imprime parfois ce gauchissement de l'aile qu'on voit, au fond des nuits australes, dans l'armature défaillante de la Croix du Sud..." (420). The awkwardness of their form on the page is part of the process of capturing their movement. In Audubon's colored birds the activity is palpable, as in the paintings evoked in *Oiseaux*: "Rien là d'inerte ni de passif. Dans cette fixité du vol qui n'est que laconisme, l'activité demeure combustion. Tout à l'actif du vol, et virements de compte à cet actif!" (416).

Here, as in other descriptions, the birds of *Oiseaux* call to mind the shape and feel of Audubon's drawings. At other times, these avian protagonists remind us as well of Audubon's language, since words and images come together in the work of this artist-naturalist-writer. Audubon's presence in the visual description of the birds is reinforced by the imagery of the poem.

The narrator proclaims that Braque's birds are "inallusifs et purs de toute mémoire" (425). Perse's birds, by contrast, are eloquent with allusion and memory. Indeed, the poem opens under the sign of an allusion, with an epigraph from Persius, "Plus que ne couvre le vol d'un milan."[9] The Kite bird, which is a kind of hawk, merits three separate prints in Audubon's *Birds of America*, depicting three different varieties. The Mississippi Kite, in particular, has a silhouette strikingly like that of a Braque lithograph. It would not have been difficult for the poet to take words that were originally composed about Audubon's Kite bird and apply them later to Braque's lithographs. But equally striking are linguistic echoes that link Audubon's birds to the protagonists of *Oiseaux*.

In the first stanza, one of Perse's birds is identified by his call: "Et son cri dans la nuit est cri de l'aube elle-même: cri de guerre sainte à l'arme blanche" (409). This sound evokes the Crusades, but it also harkens to one of Audubon's most celebrated and reproduced prints: the Man o' War Bird, *Fregata Magnificens*.[10] The Man o' War seems to have been one of Audubon's favorite birds, and perhaps Perse's as well, to judge from the annotations in his copy of *Audubon's Bird Biographies*. The bird is noted for his speed. In Audubon's words: "The power of flight of this bird I conceive superior to that perhaps of any other" (Ford, *Biographies* 24). His vision is so acute and his movement so fast that he "gains on his prey like a meteor" (Ford, *Biographies* 25) This makes him a kindred spirit to the hero of *Oiseaux* who descends "dans une vibration de faux, se confondre à l'objet de sa prise" (413) and who is also placed under the sign of war: "Son aventure est aventure de guerre" (416) with "lances levées à toutes frontières de l'homme!" (426).

Another striking model for *Oiseaux* is Audubon's Washington Sea-Eagle, *Falco Washingtoniensis*, one of the naturalist's most memorable profiles, for Audubon mistakenly believed that he had

[9] Nicholas Castin (11) has pointed out that the Latin epigraph, "*Quantum non milvus oberret*," is in fact inaccurate. The verb in Persius' poem is *errat*.

[10] In an earlier version of this verse, the poet explicitly mentioned the Crusades: it was a "cri de [croisade et de] guerre sainte." The Crusades were eliminated, but the holy war remains.

discovered a new species. (Actually the Washington Sea-Eagle is not a new species, but the immature bald eagle.) What relates this exceptional episode to *Oiseaux* is the dimension of naming. Audubon describes with poignancy and excitement his emotion on sighting this eagle: "It was in the month of February, 1814, that I obtained the first sight of this noble bird, and never shall I forget the delight it gave me. Not even Herschel, when he discovered the planet which bears his name, could have experienced more rapturous feelings" (Ford, *Biographies* 101).

Audubon could have baptized the bird with his own name, as Herschel the planet, but he had another design:

> The name which I have chosen for this new species of Eagle, the 'Bird of Washington,' may be considered by some as preposterous and unfit. But as it is indisputably the noblest bird of its genus that has yet been discovered in the United States, I trust I shall be allowed to honor it with the name of one yet nobler, who was the saviour of his country, and whose name will ever be dear to it. To those who may be curious to know my reasons, I can only say that as the New World gave me birth and liberty, the great man who insured its independence is next to my heart. He had a nobility of mind and a generosity of soul such as are seldom possessed. He was brave, so is the Eagle. Like it, too, he was the terror of his foes, and his fame, from pole to pole, resembles the majestic soarings of the mightiest of the feathered tribe. If America has reason to be proud of her Washington, so has she to be proud of her great Eagle. (Ford, *Biographies* 103)

Audubon plays a double role in this episode, first as a naturalist discovering a new species, and then as a poet attributing a name to his discovery. In this dual process he resembles his twentieth-century descendant, who had a lifelong preoccupation with names and with what he once described as the "plus haute vocation, qui toujours fut celle de nommer" (683). In naming the Washington Eagle, Audubon paid tribute to the New World, which gave him "birth and liberty," and to the father of the American nation. By a curious coincidence, Perse, another adopted Frenchman, ends his bird work with the same name, although as a geographical referent, for *Oiseaux* is signed "Washington, mars 1962."

*Oiseaux* evokes – perhaps with a touch of envy – "Braque qui connaît la gloire la plus enviable, celle de voir son nom porté par un navire de haute mer" (415). (John James Audubon had at least *three* boats named after him, including two in his lifetime.) [11] In the early days of American ornithology, Audubon often had the privilege of naming unknown birds. Perse assumes this privilege in *Oiseaux* when he invents for Braque's birds the new name of *Bracchus Avis Avis* (424). This formulation, which naturalists use to signify "le type élu comme archétype" (424), calls to mind the poet's own early pseudonym, Saint-Leger Leger, which was forged by doubling his patronym.

By an accident of birth, Alexis Leger had a name with inevitable linguistic connotations: *léger* = light, as in the French expression *léger comme une plume.* Abandoning the accent, and expanding the name to Saint-Leger Leger was a preliminary distancing from this connotation. [12] But a radically new pseudonym offered an even better way to exchange Leger for a name with more resonance, more mystery, and a grander genealogy. The signature *St.-J. Perse* first appeared in 1924. Both of its components are associated with eagles. The biblical Saint John is symbolized by the eagle of the Apocalypse, while the mythical Perseus soared in the air like an eagle, thanks to winged shoes provided by Hermes. In both allusions the bird is not *léger;* he is imposing, monumental, and awesome. It is as if, by an alchemy of language, the poet could replace one proverbial analogy – *léger comme une plume* – with a more appealing one, suggestive of vision and genius: *regard d'aigle.* This alchemy, first performed in the 1920s, was reenacted in the 1960s in *Oiseaux.* What more privileged site could there be for remotivating the *nom de plume* than a poem where the lightness of ordinary birds is replaced by the nobility of eagles?

During the period when Perse was composing *Oiseaux,* he was also writing the autobiographical chronology for the Pléiade edition of his works. Both texts share a concern with names and ancestors. In the biography, a detailed (and sometimes fanciful) genealogy links Alexis Leger to a long tradition of illustrious ancestors. Audubon may have nurtured the myth that he was the Dauphin,

---

[11] According to Paul O'Pecko of the Mystic Seaport Museum Library, sailing vessels named Audubon were built in 1834, 1846 and 1859.

[12] Research by Claude Thiébaut indicates that the poet's father first undertook efforts to remove the accent from Léger, but this did not remove its connotation of lightness. Jacques Prévert humorously dedicated a copy of his *Paroles,* now at the Fondation Saint-John Perse, to *Saint-Lourd Lourd.*

Louis XVII, but Leger proclaimed himself a descendant of Gaston de Foix, the 14th-century chevalier and patron of the arts (xxi). A similar preoccupation with genealogy pervades Perse's poetry where conversations with literary ancestors can be heard. [13] Sometimes it is Homer, Virgil, Persius, or another classical author; sometimes the biblical voices of the Psalms, or even mythological heroes like Perseus or Jupiter. In some poems, Saint-John Perse locates his place in the French tradition of Villon, Hugo and Claudel; in others, he takes on Frenchmen of the New World, like Crèvecoeur, Chateaubriand and Tocqueville. By entering into colloquy with these forebears, he establishes himself as a descendant of the giants of the Western literary tradition.

The birds of *Oiseaux* – whether Audubon's or Braque's – are likened to the "rassemblement d'une famille entière d'ailes" (422). Perse's own work might be seen as an effort to constitute a family, not so much of wings as of *plume* – pens – and to create a family tree that assembles the major writers of his literary heritage, with whom he feels and seeks an affinity. The word *affinité* appears four times in *Oiseaux*, and in no other poem, although it figures twice in the prose texts of the Pléiade edition. [14] These occurrences, in a homage to André Gide (1951) and a commentary on Léon-Paul Fargue (1963), help us understand why its fourfold repetition in *Oiseaux* is significant.

In the first instance, Perse praises Gide for having created a "libre réseau d'affinités littéraires où se retrouveraient un jour, en 1909, et comme à leur insu, les éléments divers et très épars d'une

[13] I have explored these conversations in other studies, including: "L'Amérique de Saint-John Perse: Référentielle ou Intertextuelle?," *Actes du Colloque Saint-John Perse*, October 1981; "Victor Hugo et Saint-John Perse: 'Pour Dante,'" *French Review* LVII May 1985: 794-801; "*Amers* – à la recherche d'une poétique du discours épique," *Saint-John Perse: l'obscure naissance du langage* (Paris: Minard "Lettres Modernes," 1987) 103-19; "The Textual Seas of *Amers,*" *Pour Saint-John Perse* (Schoelcher, Martinique: Presses Universitaires Créoles/L'Harmattan, 1988) 133-42; "*Neiges* d'antan, neiges d'Antilles," *Saint-John Perse: Antillais universel* (Paris: Minard, 1991) 93-108; "Ancestors, Mentors and the 'grands Aînés,' Saint-John Perse's *Chronique,*" *Literary Generations*, ed. A. Toumayan (Lexington, KY: French Forum, 1992) 196-204; "Les Eloges paradoxaux d'*Eloges,*" *Saint-John Perse: Les Années de formation*, ed. J. Corzani (Paris: L'Harmattan, 1996) 111-26.

[14] All Perse scholars owe a debt of gratitude to Roger Little, whose Word Index to the Gallimard editions first enabled such searches. Now complemented by Eveline Caduc's *Index de l'œuvre poétique de Saint-John Perse* (Paris: Champion, 1993) for the Pléiade edition, Little's work is still invaluable for tracing words in the prose texts.

singulière Pléiade: sans liens réels, sans engagement ni charte ni manifeste – pour une 'Défense' encore 'et Illustration de la Langue française'" (476). One of the members of that 1909 Pléiade was Leger himself, whose *Images à Crusoé* had been published that very year in the *Nouvelle Revue Française.* Through Gide, Leger entered this twentieth-century Pléiade and inherited the mission of a new Renaissance.

The second occurrence of the word *affinité,* in the tribute to Léon-Paul Fargue, dates from the same period as *Oiseaux.* Here Perse seeks to define Fargue's place in the "héritage français" (507). He reflects on Fargue's love of words, "les mots portés à leur inclination première et leurs affinités secrètes, par leur aînesse et leur jeunesse et leur élan vital" (525) and portrays Fargue as a "poète de pure naissance [qui] garde sa prérogative auprès des mieux situés de ses aînés" (510). The commentary gravitates around youth and age, lineage and inheritance, as Perse seeks to show how Fargue – and perhaps he himself – are equal to figure in the genealogy of their elders.

The same thematic network underlies *Oiseaux*, with its search for *affinité* and *filiation.* The narrator denies ancestors to Braque's birds: they are not descended from Noah's dove or Poe's raven, not related to Pindar, La Fontaine or Lautréamont, Baudelaire or Coleridge. They do not emerge from literature or legend, he insists. But they do have a special genealogy, for they are simultaneously (and like Léon-Paul Fargue) of a "caste nouvelle et d'antique lignage" (424). This is the crucial tension that Saint-John Perse had to resolve: how to take his place at the end of an illustrious French *lignage* while being at the same time the first of a *caste nouvelle.* On the one hand, a successor to his French and classical forebears, while on the other, a brand new voice, the first of a line with a heritage to bequeath.

The preoccupation with lineage and engendering underlies much of this poem, beginning with the "consanguins" (409) – blood relatives – of the first verse and prolonged through a semantic field, that includes:

sang (409)
commensaux (409)
tissu natal (411)
milieu originel (411)

affinité(s) (411, 416, 417, 422)
l'arbre natal [...] peuple de racines (412)
l'oiseau de grande seigneurie (413)
né sous le signe de la dissipation (416)
de lointaine ascendance (417)
nés d'une inflexion première
filiation (422)
une famille entière d'ailes (422)
semence heureuse/semences/semés/ensemencent/ensemencez/
semences (419, 423)
fécondé (423)
genre/espèce/ordre/type/archétype (424)
souche mère (424)
jamais hybrides (424)
caste nouvelle et d'antique lignage (424)
de création première (424)
étrangers (426)

This constellation of words is a road map to Perse's genealogical preoccupation at the time. In the very first entry of his Pléiade biography the author describes himself as the "seul garçon d'une famille de cinq enfants" (ix). As the only son, without progeny, he could not transmit the family name. But as a poet he could perpetuate that of Saint-John Perse through poems that would act as "semences" (423). This idea recurs six times in *Oiseaux* in the sequence of words *semence/ semences/ semés/ ensemencent/ ensemencez/ semences* (419, 423). Of Braque, the narrator declares: "vous *ensemencez* d'espèces saintes l'espace occidental" (423). Just as the artist fecundates the future with his works, the poet hopes that his pages might also "*ensemence[r]* à long terme nos sites et nos jours" (423), although we cannot help wondering if the haunting presence of sowing, seed and fertility does not belie an even deeper fear of sterility, both poetic and physical.

Where Leger traces his civil ancestry back to Gaston de Foix, Saint-John Perse alludes to an even more heroic genealogy. Through the eagle of Saint John, the wings of the legendary Perseus, and the Kite bird of Persius, he links his work to the three major strands of Western culture: the biblical, mythological and humanist traditions. He fuses the eagles of a heroic past with the modern painted birds of Audubon and Braque. In the process, his *Oiseaux*, which began as a poem *about* birds, becomes itself a kind of poetic Phoenix.

In the mythical genealogy of birds, this fabulous version of the royal eagle is a pre-eminent ancestor. Although there is no female in the species, the male ensures progeny by setting fire to a nest of aromatic plants and magical herbs. From the ashes a new Phoenix is born, making him the symbol of immortality. At its deepest level, *Oiseaux* is a meditation about immortality, about the legacy to leave to posterity. It is a poem about wings and flight, and how to conquer time.[15] The answer Perse proposes is the permanence of art, of works like Braque's and Audubon's (and, ideally, his own) which capture time and motion and render them eternal: "ils éternisent au point fixe le mouvement même du vol" (415) – "effusion faite permanence" (420).

If the poem is a kind of Phoenix, symbol of eternity, the poet, too, seeks to transform himself through language into a sort of Phoenix, capable of self-engenderment without need of a female. He looks back on a long line of forebears (all of whom, significantly, seem to be forefathers) and forward to the transmission of his poems and his name to future generations. Leger, whose civic identity connotes the lightness of a feather, becomes through the alchemy of the poem the most extraordinary of eagles.

As the crucible of this magical transformation, *Oiseaux* is both an *art poétique* and a work of art by which the poet hopes to immortalize the name of Saint-John Perse.

[15] In his Pléiade autobiography, Perse describes his grandmother, Augusta de Caille, "qui avait été admirée jeune fille par Lamartine et lui gardait toute sa ferveur" (xiv). Lamartine seems to be present also in *Oiseaux*, which can be read as an elaborate echo of *Le Lac*: "O temps, suspends ton vol!"

# NORTH CAROLINA STUDIES IN THE ROMANCE LANGUAGES AND LITERATURES

*I.S.B.N. Prefix 0-8078-*

## Recent Titles

JORGE LUIS BORGES AND HIS PREDECESSORS OR NOTES TOWARDS A MATERIALIST HISTORY OF LINGUISTIC IDEALISM, by Malcolm K. Read. 1993. (No. 242). *-9246-7.*

DISCOVERING THE COMIC IN "DON QUIXOTE", by Laura J. Gorfkle. 1993. (No. 243). *-9247-5.*

THE ARCHITECTURE OF IMAGERY IN ALBERTO MORAVIA'S FICTION, by Janice M. Kozma. 1993. (No. 244). *-9248-3.*

THE "LIBRO DE ALEXANDRE". MEDIEVAL EPIC AND SILVER LATIN, by Charles F. Fraker. 1993. (No. 245). *-9249-1.*

THE ROMANTIC IMAGINATION IN THE WORKS OF GUSTAVO ADOLFO BÉCQUER, by B. Brant Bynum. 1993. (No. 246). *-9250-5.*

MYSTIFICATION ET CRÉATIVITÉ DANS L'OEUVRE ROMANESQUE DE MARGUERITE YOURCENAR, par Beatrice Ness. 1994. (No. 247). *-9251-3.*

TEXT AS TOPOS IN RELIGIOUS LITERATURE OF THE SPANISH GOLDEN AGE, by M. Louise Salstad. 1995. (No. 248). *-9252-1.*

CALISTO'S DREAM AND THE CELESTINESQUE TRADITION: A REREADING OF *CELESTINA*, by Ricardo Castells. 1995. (No. 249). *-9253-X.*

THE ALLEGORICAL IMPULSE IN THE WORKS OF JULIEN GRACQ: HISTORY AS RHETORICAL ENACTMENT IN *LE RIVAGE DES SYRTES* AND *UN BALCON EN FORÊT*, by Carol J. Murphy. 1995. (No. 250). *-9254-8.*

VOID AND VOICE: QUESTIONING NARRATIVE CONVENTIONS IN ANDRÉ GIDE'S MAJOR FIRST-PERSON NARRATIVES, by Charles O'Keefe. 1996. (No. 251). *-9255-6.*

EL CÍRCULO Y LA FLECHA: PRINCIPIO Y FIN, TRIUNFO Y FRACASO DEL *PERSILES*, por Julio Baena. 1996. (No. 252). *-9256-4.*

EL TIEMPO Y LOS MÁRGENES. EUROPA COMO UTOPÍA Y COMO AMENAZA EN LA LITERATURA ESPAÑOLA, por Jesús Torrecilla. 1996. (No. 253). *-9257-2.*

THE AESTHETICS OF ARTIFICE: VILLIERS'S *L'EVE FUTURE*, by Marie Lathers. 1996. (No. 254). *-9254-8.*

DISLOCATIONS OF DESIRE: GENDER, IDENTITY, AND STRATEGY IN *LA REGENTA*, by Alison Sinclair. 1998. (No. 255). *-9259-9.*

THE POETICS OF INCONSTANCY, ETIENNE DURAND AND THE END OF RENAISSANCE VERSE, by Hoyt Rogers. 1998. (No. 256). *-9260-2.*

RONSARD'S CONTENTIOUS SISTERS: THE PARAGONE BETWEEN POETRY AND PAINTING IN THE WORKS OF PIERRE DE RONSARD, by Roberto E. Campo. 1998. (No. 257). *-9261-0.*

THE RAVISHMENT OF PERSEPHONE: EPISTOLARY LYRIC IN THE *SIÈCLE DES LUMIÈRES*, by Julia K. De Pree. 1998. (No. 258). *-9262-9.*

CONVERTING FICTION: COUNTER REFORMATIONAL CLOSURE IN THE SECULAR LITERATURE OF GOLDEN AGE SPAIN, by David H. Darst. 1998. (No. 259). *-9263-7.*

GALDÓS'S *SEGUNDA MANERA*: RHETORICAL STRATEGIES AND AFFECTIVE RESPONSE, by Linda M. Willem. 1998. (No. 260). *-9264-5.*

A MEDIEVAL PILGRIM'S COMPANION. REASSESSING *EL LIBRO DE LOS HUÉSPEDES* (ESCORIAL MS. h.I.13), by Thomas D. Spaccarelli. 1998. (No. 261). *-9265-3.*

*'PUEBLOS ENFERMOS'*: THE DISCOURSE OF ILLNESS IN THE TURN-OF-THE-CENTURY SPANISH AND LATIN AMERICAN ESSAY, by Michael Aronna. 1999. (No. 262). *-9266-1*

RESONANT THEMES. LITERATURE, HISTORY, AND THE ARTS IN NINETEENTH- AND TWENTIETH-CENTURY EUROPE. ESSAYS IN HONOR OF VICTOR BROMBERT, by Stirling Haig. 1999. (No. 263). *-9267-X*

RAZA, GÉNERO E HIBRIDEZ EN *EL LAZARILLO DE CIEGOS CAMINANTES*, por Mariselle Meléndez. 1999. (No. 264). *-9268-8.*

---

When ordering please cite the *ISBN Prefix* plus the last four digits for each title.

Send orders to: University of North Carolina Press
P.O. Box 2288
CB# 6215
Chapel Hill, NC 27515-2288
U.S.A.

The Department of Romance Studies Digital Arts and Collaboration Lab at the University of North Carolina at Chapel Hill is proud to support the digitization of the North Carolina Studies in the Romance Languages and Literatures series.

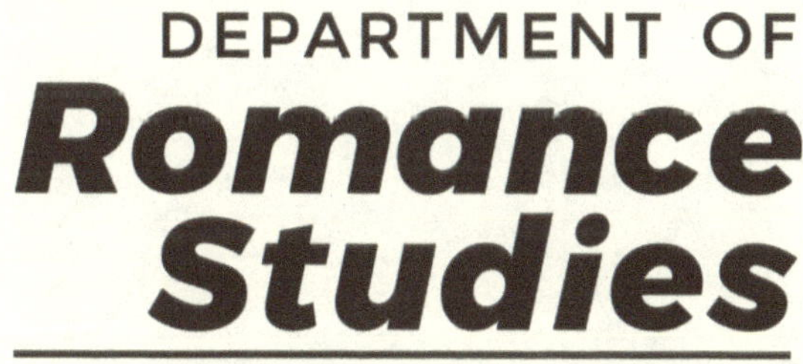

www.ingramcontent.com/pod-product-compliance
Lightning Source LLC
LaVergne TN
LVHW090936080826
845145LV00003B/764